イギリス債権法

English Law of Torts,
Contract and Unjust Enrichment

幡新大実

Omi Hatashin

東信堂

まえがき

本書は、現代イギリス不法行為法、契約法、不当利得法の手ごろな歴史的・比較法的手引たらんことを目指して書かれたものである。

明治維新後、鎌倉時代以来七百年の歴史を表向き否定した形で、主にフランスとドイツの民法典を模範として成立した近代日本民法の立場からすると、大陸法と構造および方法論を異にする英米法、とくにイギリス法は、基本概念も違ってとりつきにくく、かつ関連性も低いように見えるであろう。しかし、イギリス法を準拠法とする契約やイギリス法による商事仲裁裁判は世界中でよく利用されており、日本企業がその当事者になることは珍しくない。ロンドン商事仲裁裁判はかつて七つの海を支配した大英帝国よりも成功した世界帝国を築いているといえるかもしれない。またヨーロッパ共通民法典構想の打ち出される中で、将来イギリス法はどのような位置を占めるか、どこまで変容すべきなのか、あるいはすべきでないのか、という問いかけは、異質な法制度の受容と変容を経験してきた日本法にとっても、まったく無縁のものではなく、研究者・学生の基礎法学的関心をそそるであろう。

大陸法との違いを考えれば、歴史が大切であることはいうまでもないが、歴史だけでは不十分であり、それもイギリス法の国内的な歴史的発展だけを見て、大陸法、たとえばグロティウスやプーフェンドルフらの自然法学の影響やフランス（人）民法典の出現がイギリス法にもたらした革命的衝撃と近代化を見なければ、これもまた不十分である。そこで、できれば現代イギリス債権法を中世、近代を通して、将来のヨーロッパ共通民法典構想も踏まえた歴史的比較法的文脈を忘れずに理解できる概説書がないか、という問題意識から本書は生まれた。

その中で、一つ避けたいと考えてきたアプローチが、判例を法典の条文のように扱うことである。避けたい理由はイギリス法のつくりと流儀にできるだけ忠実であろうとするためである。たとえば「アメリカ」式に「イギリス契約法リステイトメント」などを作成してみた方が、日本の民法学者や学生には、たとえば岩波書店の昔の『コンパクト六法』の憲法のような形で、民法の各条文のわきに旧民法、フランス、ドイツ、スイス、韓国、アメリカ、イギリス等の対照条文を並べることができるように見えて便利かもしれない。こういう所は思いっきりが大切で、細部にこだわるのは野暮かもしれない。しかし、それではイギリス法の流儀に沿わない。イギリス法は判例を生み出した事実関係から離れて抽象思考しないことこそが命という側面がある。構造的にも、方法論的にも、換骨奪胎した比較対照には馴染まない。

そこで本書は、オックスフォード大学におけるヨーロッパ私法の講座を共同で担当しているフォーゲナウアー教授（ドイツ人で比較法担当）とカートライト教授（イギリス人でオランダのライデン大学の英米契約法も担当）らの着目する方法論的違いを重視することにした。本書はこのほか、ケンブリッジ大学の法制史のベイカー教授とイベットソン教授の著書等も参考にしているが、文責は一切、私にある。

本書が追求するものも、英米法・大陸法の中世・近代・未来への歴史的流れの中でのイギリス法の位置づけだけでなく、むしろ、イギリス法の構造や方法論を見て、民法を全く違った視点から捉えること、できれば日本が近代化の過程で置き忘れてきたものは何か、将来のために発見する糸口がないかということである。

今、振り返ってみると、至らないだけでなく、何か別のアプローチもあるように思われるが、同時に概説書はあまり独自すぎるものにしないことが大切であるように思われる。

二〇一〇年七月一日

幡新　大実

詳細目次／イギリス債権法

第12章　製造物責任……99

年　表

王朝	国王	出来事	日本の時代
Normandy	William I, 1066-1087		院政期
	William II, 1087-1100	1100 頃ローマ法再発見	
	Henry I, 1100-1135		
	Stephen, 1135-1154		
Plantagenet	Henry II, 1154-1189	Azo	
	Richard I, 1189-1199	Granvill	鎌倉時代
	John 1199-1216		
	Henry III, 1216-1272	Bracton; 1232 御成敗式目	
	Edward I, 1272-1307		
	Edward II, 1307-1327		
	Edward III, 1327-1377	Bartolus; 1336 建武式目	室町時代
	Richard II, 1377-1399		
Lancaster	Henry IV, 1399-1413		
	Henry V, 1413-1422		
	Henry VI, 1422-1461		
York	Edward IV, 1461-1483	Henry VI, 1470-1471	戦国時代
	Edward V, 1483		
	Richard III, 1483-1485		
Tudor	Henry VII, 1485-1509	事実訴権興隆; 1495 神聖ローマ帝国最高裁判所	
	Henry VIII, 1509-1547		
	Edward VI, 1547-1553	分国法の発達 16 世紀	
	Mary, 1553-1558		
	Elizabeth I, 1558-1603		
Stuart	James I, 1603-1625	Coke; Grotius	江戸時代
	Charles I, 1625-1649		
	Interregnum,1649-1660		
	Charles II, 1660-1685	1692 世間胸算用 両替屋振手形	
	James II, 1685-1688	Pufendorf; Domat	
	William III, 1689-1702	Holt	
	Anne, 1702-1714	1716-20 金公事成立	
Hannover	George I, 1714-1727	Pothier; 1742 公事方御定書	
	George II, 1727-1760	Mansfield	
	George III, 1760-1820	Savigny; 1804 フランス民法典	
	George IV, 1820-1830		
	William IV, 1830-1837	1852 Forms of Actions 廃止	
	Victoria, 1837-1901	Judicature Acts 1873-5; 1898 民法典施行	

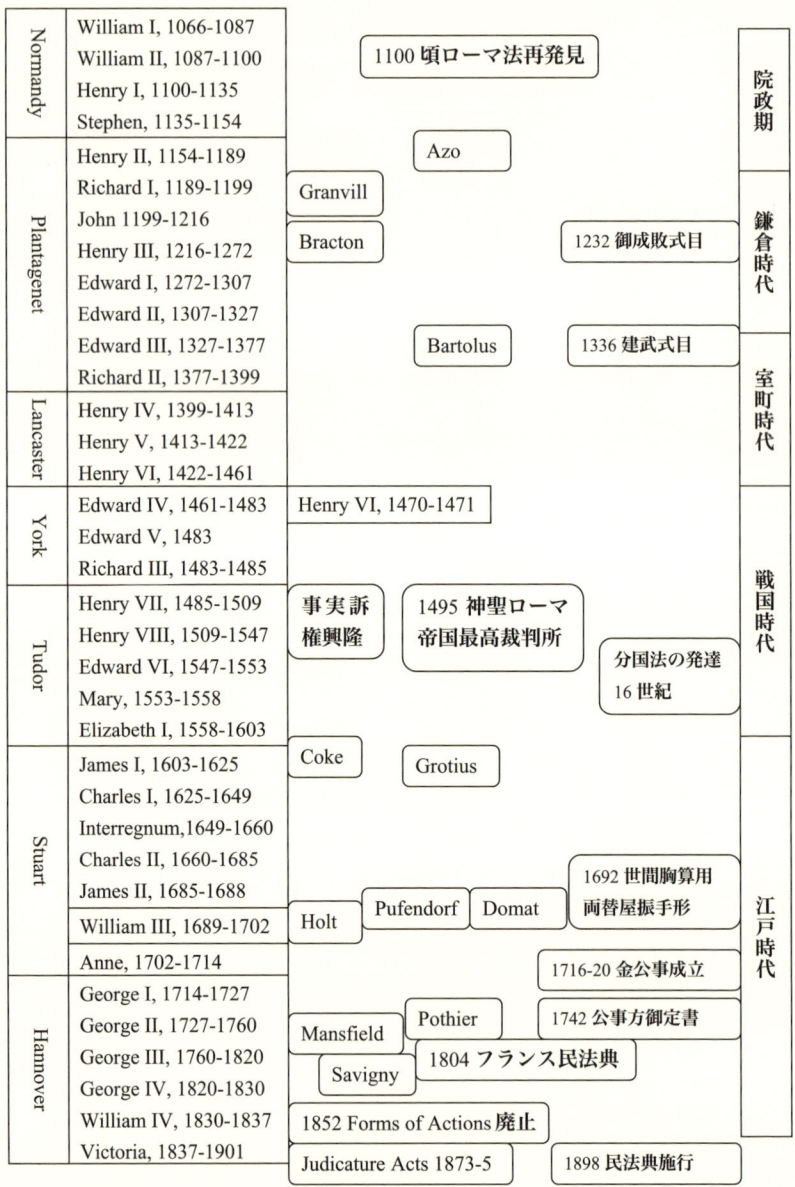

Hannover	William IV, 1830-1837		
	Victoria, 1837-1901	司法消極主義時代へ	
		The Law Reports 1865-	
		Translation of Savigny (1867)	現代
		Pollock (1876), Anson (1879) on Contract	
		Pollock on Torts (1887)	
		Sale of Goods Act 1893	
(Saxe-Coburg-Gotha) Windsor	Edward VII, 1901-1910		
	George V, 1910-1936		
		Donoghue v Stevenson (1931) HL	
	Edward VIII, 1936	民事陪審の廃止 Admin. of Justice Act 1933	
	George VI, 1936-1952		
		Fibrosa v Fairbairn (1942) HL	
		Law Reform (Frustrated Contracts) Act 1943	
	Elizabeth II, 1952-		
		Hongkong Fir v Kawasaki Kisen (1961) CA	
		Hedley Byrne v Heller (1963) HL	
		Misrepresentation Act 1967	
		European Communities Act 1972	
		Unfair Contract Terms Act 1977	
		Lipkin Gorman v Karpnale (1988) HL	
		Williams v Roffey Brothers (1989) CA	
		Henderson v Merrett Syndicates (1995) HL	
		Contracts (Rights of Third Parties) Act 1999	
		Birks on Unjust Enrichment (2003)	
		Supreme Court of the UK (2009~)	

不法行為法の発展

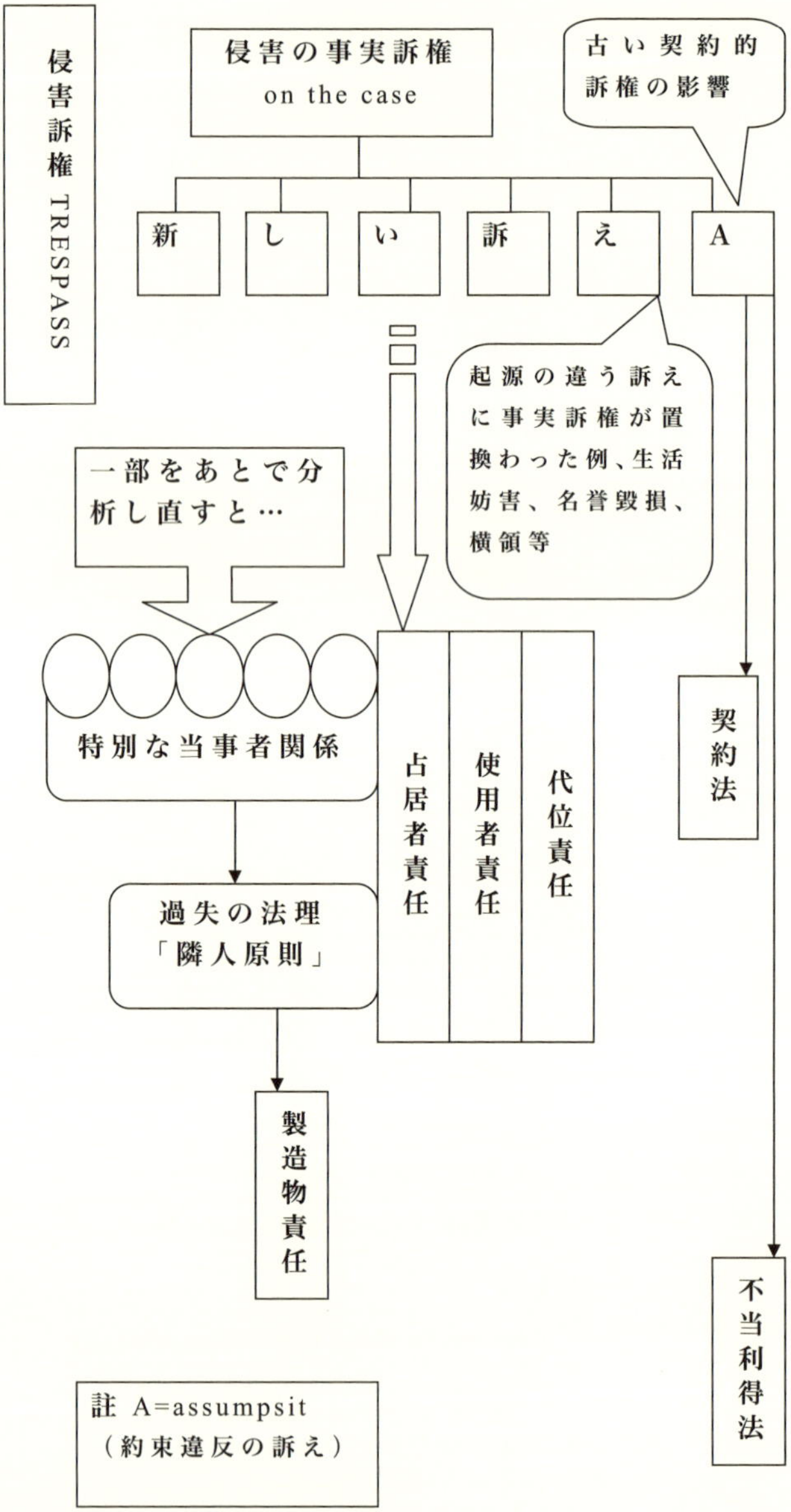

侵害訴権 TRESPASS
侵害の事実訴権
on the case
古い契約的訴権の影響
新
し
い
訴
え
A
起源の違う訴えに事実訴権が置換わった例、生活妨害、名誉毀損、横領等
一部をあとで分析し直すと…
特別な当事者関係
占居者責任
使用者責任
代位責任
契約法
過失の法理
「隣人原則」
製造物責任
不当利得法
註 A=assumpsit
（約束違反の訴え）

契約法と不当利得法の発展

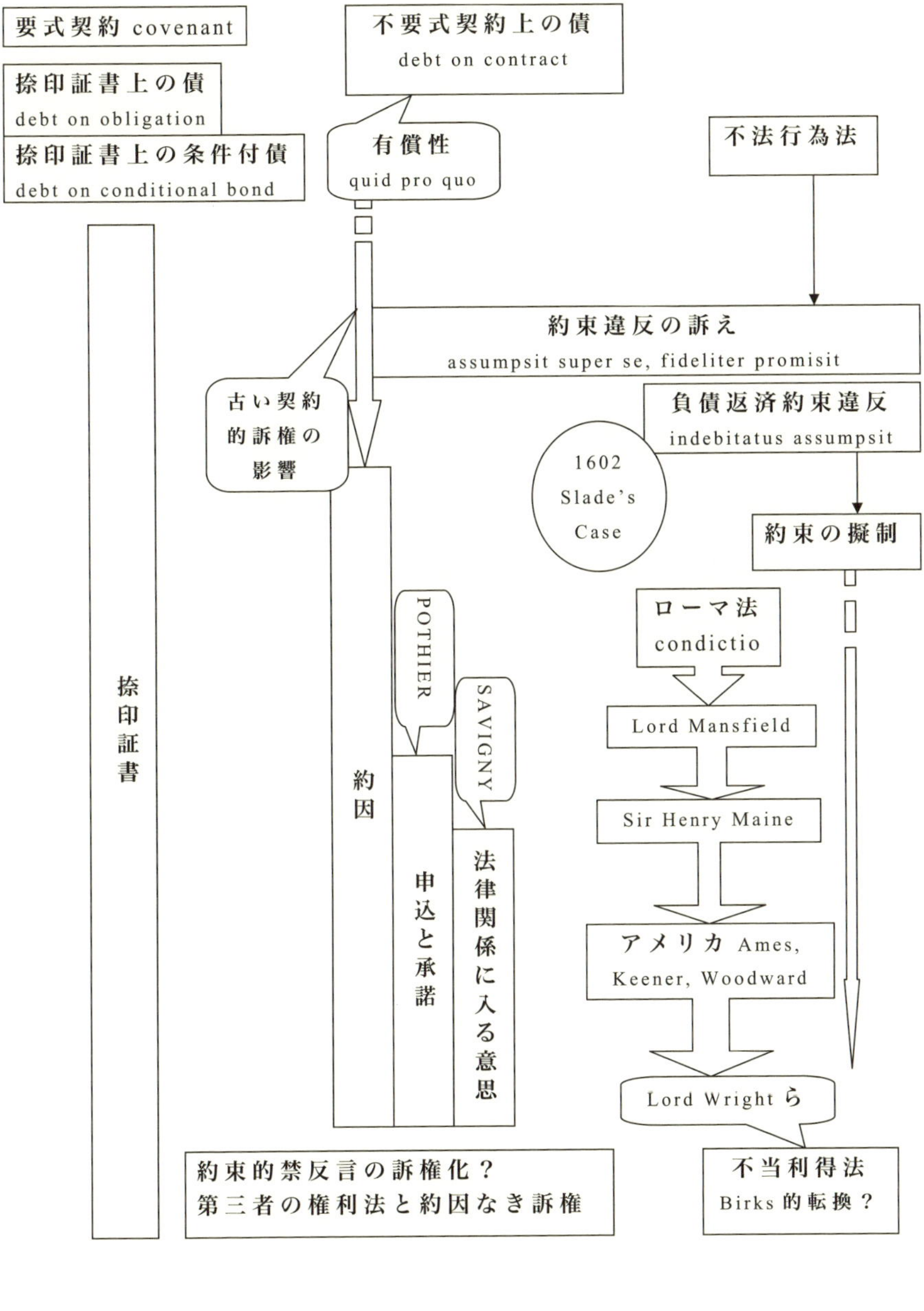

契約条項発展図

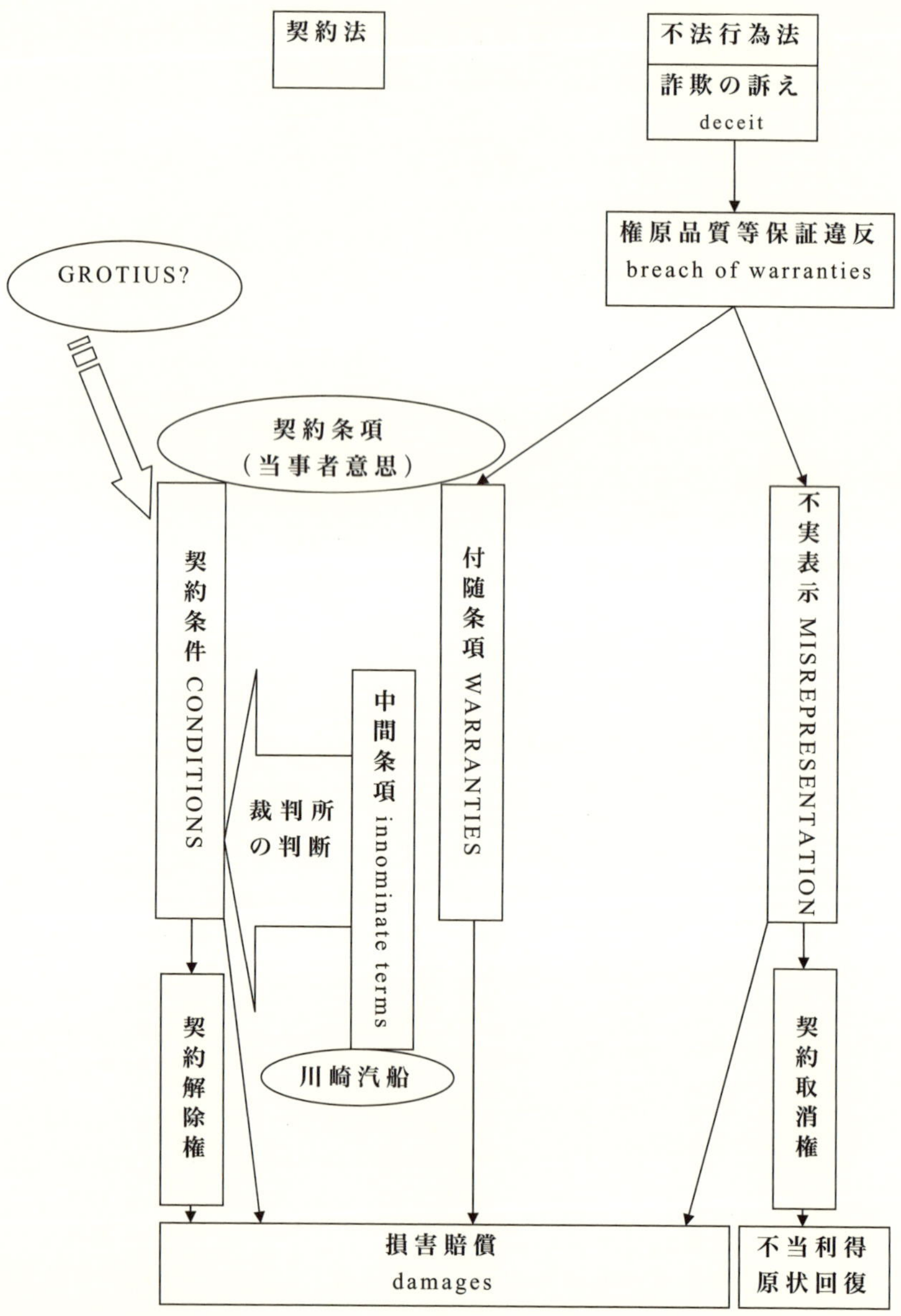
契約法
不法行為法
詐欺の訴え
deceit
権原品質等保証違反
breach of warranties
GROTIUS?
契約条項
（当事者意思）
契約条件 CONDITIONS
付随条項 WARRANTIES
不実表示 MISREPRESENTATION
中間条項 innominate terms
裁判所の判断
川崎汽船
契約解除権
契約取消権
損害賠償
damages
不当利得
原状回復

イギリス債権法

第一編　序　論

第1章　本書のねらい

一　本書のねらい

本書は、現代イングランドおよびウェールズ（以下「イギリス」という）の不法行為法・契約法・不当利得法（English Law of Torts, Contract and Restitution）を、簡略な歴史的文脈の中に位置づけ、大陸流の法的考え方とは違うイギリス流の法的考え方の特徴を踏まえた上で、概説することを目的とする。

実は、現代のヨーロッパ統合の流れの中で、とくにドイツ・イタリア系の学者の間で、中世、汎西欧的な「普通法」（ius commune）という法があったという学問的見方[1]に依拠して、それをモデルにして、現在、ヨーロッパ共通民法典、もしくは選択的ヨーロッパ共通契約準拠法、あるいはヨーロッパ契約法の収斂ないし相互理解のための共通参照枠組み（Common Frame of Reference）の制定を目指す政治的動きがある。中世の汎西欧的な「普通法（ius commune）」とは、神聖ローマ帝国の、各王侯領や各都市などの世俗権力の「固有法（iura propria）」に対する意味における帝国の「普通法」として帝国最高裁判所（Reichskammergericht）が適用した中世ローマ法を含むが、「普通法」実在論者は、むしろ、より広く、中世ローマ法学に基礎をおく法的知識や考え方が、同時に、同帝国の世俗的現実とは別のいわば理論的領域、すなわちローマ教皇庁の権威の及んだラテン語訳聖書キリスト教世界（Latin Christendom）全体にわたり[2]、各地の世俗権力の固有法より完全な理性法に近い広義の普通法（ius commune）、いわば書かれた理性（ratio scripta）として認識されて流布し、各地世俗権力の固有法のあり方やその現実の適用にも各地各様の影響を与えていたと考えているようである[3]。その方法論は、学問的にも、すでに従来から、英米法と大陸法という区分において後者をあえて「ローマ法系」とは呼ばない（ローマ法の伝統を両方が受け継いでいるから）ことに現れているように[4]、その現状における差異よりも、その歴史的発展における共通の伝統や土壌に焦点を当てる方法であるといえよう。

とくに、ツィムマーマンは、古典ギリシャ語とラテン語および現代西欧各国語に通じ、二〇世紀後半のドイツにおいて自ら経験したローマ法教育と民法典教育の間の断絶状態と、現代西欧各国法の一国孤立状態を憂い、その間隙を埋めるものとしてローマ法の中世的変容に注目し、かつ近代フランス民法典出現前のローマ系オランダ法がイギリス法と混在している現代南アフリカ法の実地研究、そしてイギリス法に対する中世ローマ法の影響の研究を通して、古代ローマ法から中世ローマ法を通して近代西欧各国法をつなぐと同時に、将来のヨーロッパ私法の統一への道を模索する壮大な構想を持つ[5]。

ローマ法の中世的変容とは、一一〇〇年頃、イタリアのボローニャ大学で、それまで久しく忘れ去られていた六世紀の『ローマ法大全』の中核というべき『学説彙纂』[6]が教材に採用され、註釈学派（前期〔Glossators〕と後期〔Commentators〕）の註釈を通して、スコラ哲学や教会法や封建法の要素を取り込みながら発展し、西ヨーロッパ各地に伝わり、ルネサンスの人文主義法学や自然法論、そして一七〜一八世紀の『学説彙纂』の当世に合わせた慣用（usus modernus pandectarum）」など、各地で多種多様な展開を見せたことをいう[7]。実は、「普通法」（ius commune）は、論者によって時空的範囲や意味に違いがあるようで、論争的でもあるため、本書では、便宜上、古代ローマ法と近代法典をつなぐものを「中世ローマ法」と呼び、その場合の「中世」は、やや長いが、一八〇四年のフランス民法典制定までを指すことにする。

ツィムマーマンが指摘するとおり、大陸における近代法典の採用が各国の私法学の一国孤立化を推進したことに似て[8]、イギリスにおいて、ほぼ同時期に進んだ大学におけるイギリス法の講学のあり方は、イギリス法（学）の一国孤立状態をさらに硬化させ、イギリス法の発展における大陸からの影響を無視する傾向があったことは、反省すべきであろう。

ツィムマーマンの『債権法・複数のローマ的基礎をもつ市民法の伝統』における大陸法の体系に沿ったイギリス法の該当項目の扱い方は[9]、この一国孤立主義を打破する上で非常に有効であり、かつ日本の民法研究者にとっても手頃なイギリス債権法研究の手引きになるかもしれない。しかし、これでは、逆にイギリス法をその歴史的文脈から断片的に切り離してしまっているだけでなく、第二編で詳述する法源と方法論の重要な差異も捨象してしまう。かつ、中世イギリスにおけるラテン語の用法は、極言すれば中近世の日本における全部ないし大部分漢字で表記された日本語の証文に似て、たとえ中世ローマ法と同じ「語彙」が出てきたとしても、それは中世ローマ法の「専門用語」や「基本概念」などではなく単なる英語のラテン語「的」表記に過ぎないことが多々あり（例三三五頁）、ツィムマーマンのイギリス法の記述には（とくに本書契約法編で見るように、シンプソン説[10]からやや飛躍して、契約の原因〔causa〕の亜種として「約因」〔consideration〕を説明している点[11]など）いくらか曲解ないし飛躍も散見される。

そこで、本書は、現代のイングランド・ウェールズ（イギリス）債権法の全体像を、ベーカーやイベットソンら現代イギリス法制史家が、シンプソン・ツィムマーマン説等を踏まえて批判的にとらえたイギリス法の歴史的文脈と[12]、フォーゲナウアーやカートライトら比較私法学者の法源と方法論[13]の両方を踏まえた上で、概説したいと思う。

二　表題について

本書の表題、『イギリス債権法』は、日本向けの便宜的なもので、イギリス法の成り立ちと構造から見れば二重の矛盾を抱えているので、以下説明する。

まず本書で「イギリス」とはイングランドとウェールズ（あわせて単一の法域を構成する）を意味する。スコットランドには別の法、スコット法（Scots Law）がある（二三頁）。北アイルランド（アルスター）とアイルランド共和国にはイングランド・ウェールズ法と似た法が適用されているが、それぞれ別々の法域であることは、本書の姉妹書『イギリスの司法制度』で説明したとおりである。

次に、詳しくは第二編の法源と方法論に譲るが、イギリスには民法典は存在せず、「債権法」という表題も本来イギリス法のものではなく、日本向けに大陸法から借用してきたもので、実際、イギリスで obligation と言っても実務法律家に通じないことが多い。不法行為（torts）、契約（contract）、不当利得（unjust enrichment）といえば、まだ通りがよいが、その区別は日本民法典第三編の同名の章（それぞれ第五、第二、第四章）の分け方と厳密に一致するものではなく、その順番もイギリス法の歴史的発展の一応のあり方を説明する都合上、不法行為を契約の前に置いた（ただし、後述するように、イギリス法制史上、契約法とよぶべきものが不法行為法とよぶべきものの後に発生したわけではない）。本書の構造（目次）をあえて大陸法の体系、分類学と違うものにしたのは、その成り立ち、つくりの違いを強調するためである。

第2章　イギリス法の成り立ち

一　訴えの定式（forms of actions）

そもそも物権と債権の区別も、元来、古代ローマの訴訟手続において原告の訴えの定式（formulae）を分析してみてラテン語の対格で表現される目的語に「物」と「人」の二種類があったことに着目し、そこから対物権（ius in rem）すなわち物権と対人権（ius in personam）すなわち債権が生まれたものであって[14]、古代ローマの訴訟慣習とラテン語の所産に過ぎない。そして『ローマ法大全』の『法学提要』は、債務（obligations）の発生原因を分析して、これを契約（contract）、準契約（quasi-contract）、不法行為（delict）、準不法行為（quasi-delict）の四つに分けて解説し、大陸法はこの分類を基本的に受け継いできた。

一方、イギリス法はもともと裁判手続における訴え（actions）の定式（forms）すなわち「訴訟方式」（forms of actions[15]）を基礎にして発展してきたもので、イギリスの訴訟方式とは、物権用、債権用、後者の下位概念として契約用、不法行為用などと、分類することのできないしろものであった。

イギリスの訴訟方式とは、事件が陪審の評決で処理されることを前提にして、法律専門家でない人間に被告が例えば「邪か否か」（guilty or not guilty）で判断できるように、あらかじめ定まった定型の文言どおりに訴えてもらうようにしたもので、陪審制のもとでは「破邪顕正」するにあたっても「正」（right 法・権利）と「邪」（wrong 不法・罪）の原因の細かい実体的分析をせずに済んだ。そのためイギリスでは陪審制が民事事件から後退した一九世紀から二〇世紀にかけて、実体法の理論化が、大陸法学説の裁判官および教科書執筆者による受容ないし継受という形で急速に進んだのである。

しかし、異質なイギリス法を大陸法の既成の箱に入れて分類、整理することは極めて困難で、現在でも、イギリスで法曹になるための第一段階の学術試験科目（法学部の講座の一部であるが他学部出身者用の学術試験もある）で、日本法でいえば「民法」に該当しそうな科目がどう分かれているかというと、土地法（Land Law）、エクイティおよび信託法（Equity and Trust）、不法行為法（Law of Torts）、契約法（Law of Contract）の四つに分かれる（本書は便宜上、あとの二つをまとめて概説し、最初の二つはまた別の機会に扱いたい）。不法行為法と契約法（とときには不当利得法）をまとめて講学上「債権法」（Laws of Obligations）と名づける場合もあるが、では土地法とエクイティおよび信託法が「物権法」なのかというと、たとえば「エクィティ上の債権」（equitable obligations）という表題の教科書もあり[16]、また不動産取引（conveyance）は契約の側面を含めて土地法の講座で扱われるもので、決して大陸法の区別とは一致しない。イギリス法で土地法（Land Law）というときの「土地」とは建物や固定物（fixture）も含めて「不動産」ととらえてよいが[17]、「不動産」（immovables）という言葉もスコット法の用語ではあってもイギリス法の用語ではない。

そこで、原点に立ち返って、中世イングランドで国王裁判所が管轄した多種多様の訴えの定式を単純に三つに類型化してみると、まず、①政治的に封建的支配関係の機軸であった自由身分の土地保有（freehold[18]）に関する訴えが特に重要視され、それと並んで治安維持のために②悪事「とが」（trespass）の訴え[19]も重視され、ほかに③家畜などの家財（chattels～家畜 cattle と同根だが麦や道具や貨幣なども含んだ[20]）に関する訴えなどがあった（それぞれ鎌倉・室町幕府の所務沙汰、検断沙汰、雑訴沙汰の区別に似る[21]）。

イギリスでローマ法の vindicatio（所有物返還請求）のような便利な抽象概念が採用されることはなく、たとえばローマ法系の見方では「契約」にもとづくものでも、イギリス法上は、次の二つ（または三つ）の訴えがあった。まず、第一に、詳しくは契約編で詳述するが、貸金品ないし預金品ないし売掛金品引渡しの訴え（action of debt[22]）があり、ここから一三世紀に貸した品（動産）ないし預けた品ないし買い掛け品の引渡しの訴え（action of detinue[23]）が分化した。両者において、イギリス人は、江戸時代の日本に「金主」「銀主」という表現があった[24]のと同様に、金品に対する一種の物権〔entitlement〕を主張していたと見るべきであろう。第二に、契約上の義務を果たす際に[25]蹄鉄を打ちそこなって馬を傷つけたとか治療ミスで身体を傷つけた場合でも「暴力と武器によるとが」（trespass vis et armis）を犯して国王の平和を破壊した（breach of the king's peace）と主張して、国王裁判所の保護を求めた[25]。また、詳しくは不法行為編で詳述するように、同じ「とが」の訴えで物に対する一定の権利を主張したり、実現したりした。つまり、イギリス法では、総じてローマ法学の体系・枠組みとはまったく別の次元で種々の訴えの定式（訴訟方式）を駆使していた。イギリスの裁判のあり方を最も基礎的なところで規定していたのは正と邪（rights and wrongs、権利と過ち）[27]の二つの概念であったように思われる。そして現代でもベイルメント（bailment、返還を明示または黙示の条件とした物の引渡し[28]）は契約と不法行為の両方にまたがる性格を持つ[29]。

イギリス法の分類で、中世から現代に至る特徴を見ると、①自由保有地（freehold）に関する財産権（realty『物権』）とその他の財産権（personalty『人権』）とを区別すること、そして、その他の財産権は「占有できる物」（choses[30] in possession）と「訴訟で実現される物」（choses in action）に分類され、後者が日本語でいう「債権」に相当するが、②契約上の金銭債権（debt）の物権的性格が強いということがある。たとえば、debt は損害賠償（damages）と違い外国の通貨単位でも請求でき、損害賠償ではないので損害の拡大を抑制する義務（mitigation）というものも発生せず[31]、いわば「物権」扱いである。

ただしイギリスの法曹がローマ法式の分類にまったく無頓着であったわけでもなく、中世西ヨーロッパ共通の教養の一部としての中世ローマ法学の影響は、概して緻密さに欠けるものではあったが、当時のイギリスで裁判にあたった人にも、ある程度、共有されていたようで[32]、時代が下るにつれて表向きの訴訟方式の裏でローマ法式の分類に注意する傾向も見られたのも事実である[33]。

第3章　イギリス法制史の時代区分

ここで、イギリス法制史の時代区分の目安を、イベットソンの『イギリス債権法の史的序説』[34]を参考に提示すると、ノルマン人による征服（一〇六六年）から一五世紀末（一四五五～一四八五年薔薇戦争）までを「中世」（Middle Ages）、一六～一七世紀（一五〇九年ヘンリー八世即位、一六八八年名誉革命）を近代への「転換期」、一八世紀以降を「近代」（Modern）とする。

このイギリス法制史上の「中世」は、一（二）で述べた「中世ローマ法」（ラテン語キリスト教世界の普通法〔ius commune〕）の「中世」（一一〇〇～一八〇四）とは別なので注意して欲しい。ただし、本書では、一八三二年から一八五二年にかけて、ローマ法式の分類とほとんど無関係に発展してきた「訴えの定式」（訴訟方式）がほとんど廃止された後、裁判所制度の上でコモンローとエクィティが同じ裁判所で利用できるようになった一八七五年の後を「近代」とし、それ以前は広い意味で「中世」と見てもよいと考える。

一　中世

イギリス法制史上の「中世」の幕開け、一〇六六年のノルマン人のイングランド征服から百年も経たない間に、オックスフォードにもボローニャ式の中世ローマ法註釈学が伝わった[35]。

そして一二世紀末から一三世紀半ばにかけてイギリス国王裁判所の訴訟手続の概説書が二点ラテン語で著された。それぞれ Glanvill と Bracton という御前（coram rege）裁判官の手になるものと伝えられ、その伝著者名で知られる[36]。その真の著者が誰であったにせよ、宮廷（裁判所 court を含む）や教会（裁判所も大学も含む）に仕えた教養人であったことに疑いはなく[37]、右記中世ローマ法学の用語を聞きかじっていた（体系的学習の対）ことは、イギリス法の基礎である「訴訟方式」（forms of actions）の名前に古代ローマの formulae を当てていることからも伺える。後世 Edward Coke が Bracton から引用した「王は何人の下に位置してもならないが、神と法の下に位置しなければならない。なぜなら法が王たらしめるからである」[38]という一節も元は「中世ローマ法」（ius commune）の法格言から借用したものであるが[39]、近代イギリスの「法の支配」原則の根拠となった。

もちろん Glanvill や Bracton（ともに人名ではなく作品を指す）に記されたイギリスの国王裁判所の手続は、野蛮なノルマン人のものではなく、征服以前のアングロ・サクソンのやり方を基礎にしていた[40]。征服後、王は一二〇四年にノルマンディーを失うまでフランスにいることの方が多く、その後も百年戦争（一三三九～一四五三年）の終わる頃までフランスの辺境を広く領有し、その後もしばらくフランス語のノルマン方言を宮廷（裁判所を含む）の公用語にしていたが、イギリス法は、Glanvill や Bracton のような文献（どちらも決して体系書とはいえない）を基礎にしてそれに注釈（gloss）を加える形で発展することはなく、おもにロンドンの法曹ギルド（Inns of Court）において師匠から弟子に「技」を伝える形で発展した[41]。この点が、ある意味で大陸法とは違ったイギリス法の成り立ち、イギリス法が「学」（science）としてではなく「技」（art）として発展するその基礎となったともいえよう。

二　「転換期」または「コモンロー復興期（ルネサンス）」

中世末期の薔薇戦争の前哨戦、一四五〇年のジャック・ケイドの農民一揆が、ロンドンに入京し逃げた王に代わって町衆に歓迎されたあと、「さて、まず手始めに法律家を皆殺しにしよう[42]」と暴徒化してしまったことが、シェイクスピアにより戯曲化（『ヘンリー六世』第二編）されている。イベットソンによると当時のイギリスは法律も裁判も極度の形式化、煩雑化、硬直化の末に末期的状況にあった[43]。

薔薇戦争を終結させたテューダー王朝は、次第に絶対王政を確立したが、これに並行して国王裁判所も「侵害の事実訴権」（trespass on the case[44]）の訴訟方式を大いに伸張、一般化させて、古い種々の個別の訴訟方式（教会裁判所の管轄下の名誉毀損訴訟を含む）に事実上取って代わらせ、これが近代不法行為法および契約法の生長する母体となる訴訟方式を提供した。イベットソンはこの時代を「コモンローの復興期（ルネサンス）」と呼ぶ[45]。実際、一六世紀のイギリスは、ルネサンス人文主義と並行して、判例の文献考証が充実するようになり、判例集の質も向上した[46]。

テューダー家とステュアート家が君臨した一六〜一七世紀の「転換期」、もし一五八八年の英仏海峡・北海の大海戦でイギリス艦隊がスペイン無敵艦隊の軍門に下っていたら、あるいはもしスコットランド系ステュアート王朝がカトリックに改宗しイギリスの議会と裁判官を圧倒していたら、イギリス法の独自の発展は阻害され、英米法圏という独自の法圏（Rechtskreis, legal family）は生まれなかったかもしれない。

イギリスの近代契約法は、この「転換期」または「復興期」において形式（訴訟方式）的には不法行為の約束違反の訴え（action of assumpsit）[47]から分化発生した。この歴史は現代イギリス法における契約法（Law of Contract）と不法行為法（Law of Torts）の関係においても無視できない影響を与えており、当事者間に契約関係があっても不法行為法の有用性、応用性は現在でも非常に高い。本書は、その歴史を踏まえて不法行為法（Law of Torts）を契約法（Law of Contract）の前に置くことにする。ただし、契約法というべきものが、それ以前の中世になかったわけではなく、中世イギリス契約法の影響は今日にも残っている。詳しくは契約法編に譲る。

三　「近代」

イベットソンによると「近代」とは訴訟方式が崩壊し[48]、裁判官の陪審員に対する統制力が強まるとともに法文献の流布にともない判決の理由づけの重みが増し、ローマ法系の自然法論その他の学説の影響を受けながら契約法と不法行為法の理論化が進んだ時代である[49]。

ローマ法的な法の分類とほとんど無関係に存在してきた訴えの定式（訴訟方式）は、一八三二年、一八三三年、一八五二年の立法を通してほとんどなくなった[50]。さらに一八七三年と一八七五年の最高法院法[51]によりコモンローを管轄する国王裁判所群とエクィティを管轄する大法官裁判所群が合体し[52]、コモンローとエクィティは、制度的には、同じ裁判所で適用できるようになった。

そして、フランスやドイツの学説が教科書に採用されるだけでなく判例にも反映されるようになった一九世紀後半から二〇世紀はじめを頂点として、特に第二次世界大戦後になると、一九世紀の近代理論に対する懐疑、理論の百家争鳴または脱理論化の時代を迎えている[53]。本書はエリザベス二世の治世以降を「現代」と表現する場合もある。

第4章　本論に入るにあたって

このように、イギリス法、さらに広く英米法を学ぶときには、現代の日本法がフランスやドイツから継受した大陸法系概念や法典を前提とした発想はひとまず忘れた方がよい。まず初歩的理解として、イギリス法とは近代日本法のモデルを提供した大陸法系とは別の歴史と別の思考様式（理論的思考よりも戦略的思考）に基づいて出来上がっており、フランス語やドイツ語から翻訳した日本語の法律用語にきれいに一対一対応する英語、イギリス法用語があるなどと思わないことが出発点である。イギリス法の思考様式については、第二編でさらに詳述する。

そして、より高次元で望むことは、イギリス法を学ぶことは、普遍性を志向する自然法学や近代法典のやり方を相対化し、すべてを少数の原則や観念から演繹的、体系的に理解することよりも実践的な訴訟戦略と解決に重点を置くイギリスのプラグマティズム（実践主義）、さらには、めぐりめぐって、明治維新で鎌倉時代から江戸時代まで七〇〇年にわたる自らの歴史を否定して「根無し草」（イギリス生まれのインド系の人が自らを言い表した uprooted という表現をもとにしている）として出発した近代日本法の置き忘れてきたものを、再発見する糸口となるかもしれない、ということである。

注

1 Kenneth Pennington, 'Learned Law, Droit Savant, Gelehrtes Recht: The Tyranny of a Concept' 20 Syracuse Journal of International law and Commerce (1994) 205-215; Andrew Borkowski and Paul du Plessis, Textbook on Roman Law, 3rd ed., Oxford University Press, 2005, pp. 355-391; Manlio Bellomo, The Common Legal Past of Europe, 1000-1800, The Catholic University of America Press, Washington DC, 1995; Reinhard Zimmermann, The Law of Obligations: Roman Foundations of the Civilian Tradition, Clarendon Press, Oxford, 1996, pp. ix-x.

2 オックスフォード大学世俗法教授（Regius Professor of Civil Law）故ピーター・バークスはこの圏を『ローマ法大全』のラテン語名 Corpus Iuris Civilis にかけて「文明」（civilisation）と呼んだ（二〇〇〇年一〇月オックスフォードにて筆者と会談時）が、ツィムマーマンの Civilian Tradition も似た表現である（Reinhard Zimmermann, The Law of Obligations: Roman Foundations of the Civilian Tradition, Clarendon Press, Oxford, 1996, p. x.）。

3 同右。

4 直近の例として Stefan Vogenauer, Die Auslegung von Gesetzen in England und auf dem Kontinent, Mohr Siebeck, Tuebingen, 2001.

5 Reinhard Zimmermann, Roman Law, Contemporary Law, European Law: The Civilian Tradition Today, Oxford University Press, 2001; 同佐々木有司訳『ローマ法・現代法・ヨーロッパ法』信山社二〇〇八年、同小川浩三訳「ローマ法とヨーロッパ文化、上下」法律時報一〇一四号（二〇〇九年）八八頁および一〇一五（二〇〇九年）七〇頁、同二〇〇九年一一月一四日早稲田大学比較法研究所講演会におけるハンブルクからの生中継公演。

6 『学説彙纂』のラテン語名 Digesta は「分類整理したもの」、ギリシャ語名 *Πανδεκται* は「百科全書（すべて収容したもの）」ほどの意味で、両語で同義を表すことが意図された。

7 河上正二『歴史の中の民法、オッコー・ベーレンツ教授「ローマ法史講義案」を参考に』日本評論社二〇〇一年刊三五〜五一頁、ツィムマーマン（小川浩三訳）「ローマ法とヨーロッパ文化、下」法律時報一〇一五号（二〇〇九年）七〇〜七九頁参照。

8 Zimmermann（佐々木有司）二〇〇八年一三頁。

9 Reinhard Zimmermann, The Law of Obligations: Roman Foundations of the Civilian Tradition, Clarendon Press, Oxford, 1996.

10 Alfred William Brian Simpson, A History of the Common Law of Contract: The Rise of the Action of Assumpsit, Clarendon Press, Oxford, 1975, 375-405.

11 Zimmermann, 1996, 554-6.

12 John Hamilton Baker, An Introduction to English Legal History, 4th ed., Butterworths, London, 2002; David Ibbetson, A Historical Introduction to the Law of Obligations, Oxford University Press, 1999.

13 Stefan Vogenauer, 'Sources of Law and Legal Method in Comparative Law' in Reimann and Zimmermann eds, The Oxford Handbook of Comparative Law, Oxford, 2006, 869-898; John Cartwright, Contract Law: An Introduction to the English Law of Contract for the Civil Lawyer, Hart, Oxford, 2007, 1-43.

14 The late Peter Birks, Regius Professor of Civil Law, Oxford の二〇〇〇年秋学期のローマ法の講義から。

15 田中英夫編『英米法辞典』（東京大学出版会一九九一年）では訴訟方式。

16 Robert Pearce and John Stevens, The Law of Trusts and Equitable Obligations, 2nd ed., Butterworths, London, 1998.

17 Law of Property Act 1925, *s.* 205 (1) (ix), 'Land' includes land of any tenure, and mines and minerals, ..., buildings or parts of buildings, ..., and other corporeal hereditaments, also...

18 『英米法辞典』では「自由土地保有権」。くわしくは戒能通厚『イギリス土地所有権法研究』（岩波書店一九八〇年）参照。本書では深入りしない。

19 Trespass『英米法辞典』では「侵害訴訟」と訳されているが、中世その意味は wrong 以上のものではなかった（Stroud Francis Charles Milson, Historical Foundations of the Common Law, 2nd ed., Butterworths, London, 1981, 285）。ちなみにキリスト教の主の祈り Lord's Prayer の一五二五年の英訳ではラテン語の peccati et delicti（罪とが）が一緒に trespasses の一語になっている。

20 一二世紀末に活躍した Granvill の著作に基づく（Ibbetson, 1999, p. 20）。ただし chattels は不動産に対する leasehold を含むので、動産を意味するためには区別のために goods（複数）という表現がよい。

21 所務沙汰は所領に関する訴訟、検断沙汰は刑事訴訟、雑訴沙汰はその他の訴訟。所務という言葉は江戸時代にも「所務わけ」（遺産分割）などの表現で残っていた（井原西鶴『世間胸算用』第二巻、三「尤始末の異見」大坂伊丹屋一六九二年）。

22 『英米法辞典』では「定額金銭債務訴訟」。Debt は金銭債務だけではなく金銭債権も意味するので、本書は「定額債訴訟」とする。

23 『英米法辞典』では「動産返還訴訟」。Debt も detinue も本来の持ち主から離して（de）保持している意。

24 石井良助『日本法制史概説』五二六頁。

25 訴えの中に契約への言及はないが文脈から明らか。

26 Ibbetson, 1999, 45. ただし「暴力と武器による」という部分と「国王の平和の破壊」は極度に柔軟に解釈され、不動産（家屋敷）、動産（家畜や家財など）、身体に対する何らかの物理的侵害という程度に希薄化されていた。

27 Ibbetson, 1999, 1, 'Penalties and Entitlements'.

28 William Jones, An Essay on the Law of Bailments, 9th ed., Philadelphia, 1836, p. 1.

29 Cheshire, Fifoot and Furmston's Law of Contract, 13th ed., Butterworths, London, 1996, pp. 88-89 は、bailment は契約ではなく独自の関係であるとしている。

30 chose はフランス語で「物」。ちなみに debt もフランス語の dette で、今も発音に影響している。

31 Ibbetson, 1999, 300.

32 Reinhard Zimmermann 佐々木有司訳『ローマ法・現代法・ヨーロッパ法』（信山社二〇〇八年）一七九頁。「ユース・コムーネが・・・大部分は法律家たちの解釈と裁判所の見解を通して発展する裁判上の法（法廷実務法学 iurisprudentia forensis）であったこと」。

33 契約法と不法行為法の別について Ibbetson, 1999, 133-5. ただし一六－一七世紀。

34 David Ibbetson, A Historical Introduction to the Law of Obligations, Oxford University Press, 1999.

35 Okko Behrends 河上正二『歴史の中の民法：ローマ法との対話』（日本評論社二〇〇一年）三五–四一頁に詳しい。

36 Sir Ranulf de Glanvill, Tractatus de legibus et consuetudinibus regni Angliae (c. 1190); Sir Henry de Bracton, De legibus et consuetudinibus Angliae (c. 1250).

37 Bracton について『英米法辞典』九二七頁。なお、中世において神学・人文哲学・ローマ法注釈学ないし共通法（ius commune）・天文学など中世ヨーロッパ共通の教養を身につけ宮廷（裁判所込み）と教会（大学込み）で活躍したもっとも著名な例は Thomas More (c.1477-1535) であろう。

38 ipse autem rex non debet esse sub homine, sed sub Deo et lege, quia lex facit regem (Bract. Lib. i. fo. 5), as quoted by Sir Edward Coke, Case of Prohibitions del Roy, (Mich. 5 Jacobi 1 = 1607) 12 Co. Rep. 63, 65.

39 Kenneth Pannington, The Prince and the Law 1200-1600, Sovereignty and Rights in the Western Legal Tradition, University of California Press, Berkley, 1993, pp. 92-3.

40 Baker, An Introduction to English Legal History, 2002, 12.

41 Baker, 2002, 176-177.

42 'The first thing we do, let's kill all the lawyers!'

43 Ibbetson, 1999, 95.

44 元来 trespass は wrong または tort つまり不法行為そのものを意味したが、一四世紀から事実関係を既定の訴えの定式（訴訟方式）に押し込みにくいときに事案に即して訴えを認める場合が発生し、ローマ法のアクィリウス法（動産侵害）の actio directa（アクィリウス法所定の訴え）に対する actio in factum 事実に即して裁量で認められる訴え、「事実訴権」）の区別に似ていることから、action of trespass in factum の意味で、trespass on the case（または単に case）と呼ぶ。旧来の trespass を一般主張侵害訴訟（general writs）、事案に即して認められる trespass を特殊主張侵害訴訟（special writs）とも呼ぶ。

45 Ibbetson, 1999, 95, cf. Frederick W. Maitland, English Law and the Renaissance (1901).

46 Baker, 2002, 180, 198.

47 「被告は自らに引受け誠実に約束した」(assumpsit super se et fideliter promisit) という令状の定型句から訳出した。『英米法辞典』では「引受訴訟」と訳されている。

48 とくに Uniformity of Process Act 1832; Real Property Limitation Act 1833, s. 36; Common Law Procedure Act 1852, ss. 2-3 による。くわしくは Baker, 2002, 67-69.

49 Ibbetson, 1999, 153.

50 Uniformity of Process Act 1832; Real Property Limitation Act 1833; Common Law Procedure Act 1852. 詳しくは Baker, 2002, pp. 67-69.

51 Supreme Court of Judicature Acts 1873-1875.

52 通常エクィティは形式的なコモンローを補完する潤滑油的な柔軟な法として説明されるが、近代のエクィティ裁判所（Courts of Chancery）の恐るべき形式主義と硬直化は Charles Dickens の小説 Bleak House（『荒涼館』）の Jarndyce v Jarndyce 事件に生々しく描写されている（Baker, 2002, 111-113)。

53 Ibbetson, 1999, 154.

第二編　イギリス流の法の考え方（法源と方法論）

第5章　比較法

英米法を学ぶとき、英米法系（common law systems）と大陸法系（civil law systems）の様々な違いの中でも、とくに、その法的方法（legal methods）、すなわち法的考え方（juristische Denkweise）の違いや、法源の識別や選択とその解釈や立論の方法（die Art der Rechtsquellen und ihre Auslegung）の違いに特に注意する必要がある。ツヴァイゲルトとケッツの分類する各種の「法系」ないし「法圏」（Rechtskreis; legal system or family）を分ける「流儀」（Stil; style）を特徴付ける要因には、

（一）歴史的由来と展開
（二）優勢で特徴的な法的考え方（大陸法の観念的思考と英米法の即物的思考）
（三）特徴的な法制度（英米法の信託制度、フランス契約法の原因、ドイツ法の契約締結過程の過失等）
（四）裁判手続における法源の選択と法源からの立論の方法（英米法の判例法と大陸法の法典体系）
（五）イデオロギー（社会主義、宗教など）

が挙げられている[1]。ツヴァイゲルトとケッツは比較法研究にとって（四）の重要度は低いなどと論じているが、とくに大陸法圏の法律家が、英米法ことにイギリス法を学ぼうとする場合には、むしろ（四）の違いがよく分かっていないと大きな誤解を生みかねない。ドイツ生まれで仏英に留学してイングランドと大陸（独仏および欧州共同体裁判所）における制定法解釈の史的比較研究をおこなったフォーゲナウアー[2]の比較法の重点がこの点にあることに注意すべきであろう[3]。

第6章　コモンローの4つの意味

英米法圏の法を広くコモンロー（Common Law）と呼び、大陸法圏の法（Civil Law）と対置させるが、コモンローには、実は、次の四つの意味がある。

一（比較法）、英米法（大陸法に対する）
二（法制史）、イングランド王国の共通法（地方の個別法に対する）
三（法源一）、判例法（議会制定法に対する）
四（法源二）、国王裁判所群の判例法（大法官裁判所群の判例法エクィティに対する）4

とくに法源の意味として、三の議会制定法（statutes）と対置される判例法（case law）は、四のエクィティ（equity）に対置される狭義のコモンローに加えて、エクィティそのものを含み、その意味で広義のコモンローである。

コラム　①神聖ローマ帝国の普通法とイングランド王国の共通法

ちなみに二の法制史的な語源としてのコモンロー、つまりイングランド王国の共通法は、地方の町（boroughs）や荘園（manors）や定期市（fairs）や市（markets）などの個別法と対置されるものだが、その対置の仕方は、神聖ローマ帝国における帝国の普通法（ius commune）としての中世ローマ法と各地のゲルマン的王侯領の固有法（iura propria）の対置と似ている。

さらに共通法（Common Law）が、普通法（Ius Commune）というラテン語の英訳、またはその逆に見えるのは、カトリック教会の中世ローマ法（教会法と世俗法の二元一体）によるローマ教皇と神聖ローマ皇帝の二元一体を頂点とする世界秩序の捉え方に従えば、偶然以上のものがあるかも知れない。つまり神聖ローマ帝国の権威は世界全体にあまねく及び、当然、その普通法（帝国の共通語であるラテン語で呼ばれる）は、ザクセン王領やハンブルク市などに限らず、イングランド王領にもあまねく存在するはずなのである。この理論上の捉え方と現実とをつなぐものは、判例解釈法にあり、四二–四三頁で詳述する。

もちろん、この世の実体としてのイングランド王国は、右の教会理論上の考え方や捉え方は別として、実体的「神聖ローマ帝国」の一部になどなったことはなく、王権が早くから強大で政治的統一が保たれ、領域内に領邦国家が林立する状態は出現しなかったため、コモンロー（中世ローマ法の影響がないとはいわないが限定的）による法的統一性も高かった。

なお、スコットランド王国は、もともと独立した存在であって、イングランドとの対抗意識から一六〜一七世紀にオランダやフランスから「中世ローマ法（ただし宗教改革でカトリックから切り離した自然法論上の）」を輸入した（ただし拘束力のある法源として認められたわけではない[5]）。この点に視野を広げると、様相はやや違って見える。一七〇七年の両国議会の合同による連合王国議会成立においても、実態としてはイングランド議会がスコットランド議会を吸収したといってよいが、両国の法制度は別々である。ただし、スコット法は、連合王国の中で、近代法典化の道筋をたどりえず、むしろイギリス法の影響が、スコット法を次第にローマ法的伝統から引き離したというべきである。

第7章　第一義的な法源としての判例法

第一義的法源（primary source of law）とは、以下に説明するように（一）独立法源と（二）「法典的」基礎法源の二つの意味があり、イギリスの判例法（法源一のコモンロー）はその二つの意味を兼ね備えている[6]。

一　独立法源としての判例

1．法源の種類と序列

イギリスの裁判所が認識する法源には、

一．議会制定法（statutes, Acts of Parliament）

二．判例法（法源一のコモンロー）

の二つがあり、この順序で法として拘束力（binding authority）を持つ。すなわち議会制定法だけではなく、判例法も、それ自体として独立した法源である。その意味で判例法は「第一義的な法源」である。ただし、理論的には、裁判所は法を「発見」するのであって「作る」わけではないため、判例法は、序列の上では、議会制定法に次ぐ独立法源となる。

◇ちなみに国際条約は、議会が制定法をもって明示で国内効力を与えない限り、国内効力をもたない（二元主義）。

◇したがってヨーロッパ共同体立法は一九七二年ヨーロッパ共同体法（European Communities Act 1972）の許す範囲で、連合王国国内で国内効力を有する。すなわち、ヨーロッパ共同体設立条約およびその関連条約と、その委任立法であるヨーロッパ共同体の議会・理事会・委員会の制定する規則（regulations）と、国内直接適用効を持つ命令（directives）は、それと矛盾するイギリスの制定法を排除して適用される[7]。これは「議会は将来の議会を拘束しない」、つまり議会は過去の制定法に拘束されず、新立法は旧立法を排除するという議会主権の修正を伴う。しかし、その効果も一九七二年の制定法の授権によると解釈され、ヨーロッパ連合の諸条約や規則や直接適用効のある命令がイギリス国内の独立法源になったわけではないと考えられている。

◇ヨーロッパ人権条約も、一九九八年人権法（Human Rights Act 1998）の許す範囲で、連合王国国内の裁判所で直接適用されている。詳しくは、制定法解釈の項に譲る。

二．先例拘束性

議会は自らの過去の立法に拘束されることはないが、裁判所は基本的に先例に拘束され先例で解決された争点を後から掘り起こさない（stare decisis et non quieta movere）ことにも、序列が現れている。貴族院が議会の一部ではなく裁判所として機能する場合は、この序列を反映して、当初、自らの先例に拘束されていたが、一九六六年の実務慣行声明[8]以来、貴族院は自らの先例には必ずしも拘束されなくなった。この点は、二〇〇五年憲法改革法(Constitutional Reform Act 2005）にもとづき二〇〇九年一〇月一日から貴族院（及びスコットランドの人権法事件等についての枢密院）の司法機能を現状のまま引き継いだ連合王国最高裁判所に受け継がれている。控訴院は貴族院と控訴院自身の先例に拘束される。詳しくは『イギリスの司法制度』を参照してほしい。

判例法として拘束力（binding authority）を持つのは、①該当裁判所を拘束する裁判所の先例の中で、②該当事件と先例の事実関係の間に重要な違いがない場合に、③法を提示しており、④「判決理由」（ratio decidendi）と呼ばれる判決の結論を導く理由の一部である部分である。「判決理由」は判決の結論に直接関係のない議論、「傍論」（obiter dicta）とは区別される。傍論は説得力（persuasive authority）を持っても、拘束力はない。反対意見に「判決理由」はありえず、傍論でしかありえない。

判例法の序列は、一八七三と一八七五年の最高法院法（Supreme Court of Judicature Acts 1873-5）と一八七六年の貴族院上訴管轄権法（Appellate Jurisdiction Act 1876）で整理され、貴族院と控訴院の判決理由に、この順序で法的拘束力がある。判例法は、もちろん、それよりはるか前から存在するので、先例拘束性の序列や程度については、英米法圏において各国ごとに歴史的発展の違いがあり、イギリスにおいては、素人裁判所というべきであった一八七六年以前の貴族院を別として、控訴院の祖先にあたる一八三〇年設立の財務府会議室裁判所（Court of Exchequer Chamber）と、そのまた祖先にあたる王座裁判所（King's Bench）と朝堂会議室（Council Chamber）と財務府会議室（Exchequer Chamber）のそれぞれの誤審令状管轄権（writs of error）[9]に一定の注意を払っておかなければならない。これらの旧裁判所の判例の中には、現代でも重要な意味を持ち、貴族院と控訴院の双方から尊重されているものがあるからである（例、二八五頁）。

二　「法典的」基礎法源としての判例法

歴史的な判例法の集積としての法源一のコモンローは、右記の議会立法との序列にかかわらず、日本でいう「六法」に相当する基礎法の大部分を構成している「法典的」法源であり、判例法が一般法であり、制定法は、それを部分的に補完し修正する特別法に過ぎないことが多い。カートライトも、法源の選択において英米法系裁判官にとっての判例法は、法典国系裁判官にとっての法典に近いとしている[10]。判例法は独立法源であると同時に、この一般基礎法源という意味においても「第一義的法源」なのである。ちょうど貴族院と控訴院が、一九世紀後半の近代裁判所制度確立以前の判例法に拘束されないにもかかわらず、これを尊重する傾向があるように、議会もまた、判例法に拘束されないにもかかわらず、これを尊重する。この傾向は、契約法や不法行為法や刑法の分野において、とくに顕著である。

なおカートライトは法典を「立法」(legislative enactments) の一種と説明しているが[11]、確かに「法典」(code) の語源は『ローマ法大全』の『勅法彙纂』(Codex) で、民法典とは公権的な立法手続を経て定められた制定法に違いない。しかし、その中身は、中世ローマ法（広義の普通法〔ius commune〕）というべき、古代ローマを水源の一つとし、中世を通して沢山の支流をあわせながら滔滔と流れてきた歴史的な大河のごとき学説法と慣習法の雑多な集合体を、整理統合発展させたものであった。法典も、そのような歴史的な経験知の集積を基礎にしている点において、イギリスにおける歴史的な判例法の集積に似た側面は確かにあり、またイギリスの歴史的な判例法の集積そのものに、本書の後の諸編で詳しく見るように、中世ローマ法学の所産の一部（自然法学説など）の継受ともいうべき現象があったことも事実である。判例法国における判例法が、法典国における法典に近い存在であることは、驚きではない。

ただし、「それでは判例法を法典化すればよいではないか」と思うのは、大陸流の法的考え方である。イギリス流の法のつくりと法的考え方からすると、法典化は非常に難しい。

大陸法が、古代ローマ社会の生んだ法を中世西欧社会に適用する必要性から身に付けた、具体的事実関係を捨象して、抽象的な一般原則を追求し、少数の抽象的原則からすべてを系統立てて論理的に説明し、ある種の数学的論理性さえ追求しようとするのに対し、イギリスの判例法は、個別具体の事件の解決から生まれたために、全般に抽象度が低く、射程が狭い。大法官ホールズベリー卿曰く「私の一般的見方を二つ述べてみたい。第一に・・・どの判決であれ、証明済みと見なされる特定の事実関係に適用されるものと理解されなければならない。それは、たとえ表現が一般的であっても、法の一般的説明を意図した表現ではなく、事案の具体的事実関係に支配され制限されたものであるからである。第二に、・・・判決を、そこから論理的に敷衍できると思われる立論を支持するものとして引用することを、私は決して認めない。その手の立論は、法とは論理的な体系(a logical code)であるという前提に立っているが、いやしくも法律家たる者は、法が常に論理的であるわけではないことに気づかないはずはない[12]」と。

このような考え方は、イギリスにおける「法典化」(codification)のあり方全般にも影響しており、一八八二年為替手形法(チャルマーズの一八七八年の『為替手形法判例彙纂』にもとづく[13])、一八九〇年パートナーシップ(組合)法(ポロック教授の一八七七年の『組合法判例彙纂』にもとづく[14])は、『ローマ法大全』のうち、「法典」の語源である『勅法彙纂』(Codex)ではなく、『学説彙纂』(Digesta)の名前を借りて、イギリスの該当分野の既存の判例をまとめた諸作品(Digests)から立法されたものであった。これらは民商法典の各論の一章はおろか一節程度に相当するような法典化であり、また、実は、イギリス契約法には典型契約のような類型がないので、そういう意味では、いずれもイギリス契約法全体からみれば例外規定、特別法なのである。このように、フランスやドイツや日本の民法典とは、随分性質が違う。

裁判官と法学者の権威については後述するが、この射程の短い各論の制定法化の傾向は、次に見るイギリス流の制定法の解釈および起草の仕方を通して、より詳細に理解されるであろう。

第8章　裁判所におけるイギリス流の法源解釈

次に、裁判所における法源、すなわち制定法と判例法の解釈の流儀およびそれに関連して制定法起草の流儀と裁判官の権威について、分析してみたい。

一　実定法主義（legal positivism）

一．法と道徳の峻別

その流儀は「実定法主義」と表現でき、後述（四五頁）する理由で、一九世紀前半から特に強化されるようになった[15]。裁判所が「法」（law）と認めるものは、「道徳」（morals）と峻別される。つまり「法」とは正統な制定権力をもつ機関において正式の手続を経て「法」として実定・確定された規範、すなわち制定法と判例法だけを指し[16]、学説や自然法や社会経済的正義のようなものは「道徳律」に過ぎず「法」とは認められない。英語の問題として、大陸法の「良俗」（boni mores; bonnes moueurs; gute Sitten）を「道徳（morals）」などと直訳すると主観的な概念と捉えられて語弊を生じ、「公序」（public policy）とすべきである。

実定法主義（positivism）は、「置く」や「定める」を意味する ponere の完了分詞から来ており、ニュアンスとしては「確実主義」あるいは「絶対主義（相対主義の対）」とも訳しうる。裁判の文脈において、学説や自然法や社会経済的正義などが法として認識されないのは、そういうものは個人的価値観に従って如何様にも解釈ができるので、法としての明確性、安定性がないということである。単純化すれば、赤信号で停止、青信号で前進、車両は左側通行という交通ルールに典型的なように、混乱や事故を防止するために例外を認めるわけにはいかないルール、あるいはサッカーのハンドなど、それを認めるとゲームそのものが成立しない、ゲームのルールが理想形かもしれない。

二．信義則について

法として認識できない例として、信義則（good faith）ついて、まずイギリスの指導的な私法学者の見解を引く。

● ロンドン大学（キングス・カレッジ）ブリッジ教授曰く、

アメリカの裁判所で実際に強い説得力（persuasive authority）を持つアメリカ法律協会（American Law Institute）の一九八一年契約法第二次リステイトメント[17]第二〇五条「すべての契約は各当事者にその履行と強行において信義と公正取引の義務を課す[18]」（これは一九三三年契約法リステイトメントにはなく、州法の統一モデルを提供する一九五二年統一商事法典第一編二〇三条[19]〔二〇〇一年改正後は第一編三〇四条〕をとりいれた）に即して、「信義と公正取引とは、倫理的基準に過ぎないものを法的イデオロギーと法的規範に不完全に翻訳したものであ（り）・・・裁判官に（制定法と判例という）法的根拠に基づいて理由つけされた判決を導く義務を放棄させ、かわりに分析不能の個人的な価値観を表す呪文を唱えさせるものである。[20]」

これを見ると、「信義（good faith）」という英語が、個人の内面の信条という、イギリス人にとっては他人にとやかく言われるべきでない純粋に主観的な価値観を示唆する傾向性を持つことに気づくであろう。そして「原則（principle）」という英語は、統一商事法典もリステイトメントも慎重に避けてはいるが、イギリス人が「これが私の原則である」という場合の意味を考えれば容易に推測できるように絶対的行動規範ともなる強い言葉である。「信義誠実の原則（principle of good faith）」などという英語表現は、まさに主観的な私的信条で客観的で合理的であるべき裁判所の公的機能を簒奪するという意味に捉えられかねない。その危険性をブリッジ教授の反応はよく示している。

さて、実定法主義とは客観的安定性・確実性を法の基本的な属性とする考え方である。右に、交通ルールやゲームのルールを援用したが、とくに商事契約においては、そういう性質のルールが尊重される傾向がある。ロンドンの高等法院（商事法廷）は『イギリスの司法制度』九八〜一〇〇頁で触れたとおり、世界有数の国際商事紛争解決センターとなっているが、その理由に、イギリス契約法のマネーゲームのルール的なドライさと取引の安定性（certainty）が挙げられている。

● オックスフォード大学グッド教授曰く、

「・・・世界の指導的金融センターであるイギリスにおいては、法的帰結の予見可能性が絶対的正義に優先する。商事においてビジネスマンは少なくとも自己の立場というものを認識している必要がある。イギリス法は酷かも知れないが、ロンドンまで訴訟しに来る外国人たちにとっては自分の立場は明確である。そしてイギリス法にもとづいて契約をしていない場合でも、イギリスに何の関係もなくても、イギリスに訴訟しに来る外国人は多い。もしイギリスの裁判所が契約上の取引を簡単に覆すようなことにでもなれば商人は商売の見通しをたてづらくなるのではないかとイギリス人は危惧する。イギリス人は公正のごとき曖昧な概念で裁判所の決定を予見不能にすることで、ロンドンの裁判所に集まってくる国際的なお客様を遠ざけてしまうことを最も恐れており、たとえそのために紛争の決着が特定の当事者にとって酷なものとなるとしても、イギリス人はそれも商事訴訟人の大多数の利益のために許容される代償なのだと理解するのである。[21]」

つまり、たとえば契約を破棄した場合の損害賠償額が予見しやすければ、営業戦略において、特定の契約を破棄して乗り換えた方が損なのか得なのか、計算しやすいという利点がある。また、一旦契約が締結された以上、「事情変更」によって、その内容が後でコロコロ変えられることはなく、また、契約内容といえば、契約の文面に明記されたことに限られ、「法の一般原則」や「公正」や「正義」などという雲をつかむような抽象概念から当事者の思いもよらない解釈が事後的に生まれる危険性が少ないことも、イギリス契約法の国際的信頼性につながっているとイギリス人は考えているのである。法と道徳の峻別のより実務的理由について二九七－二九八頁参照。

二　制定法の解釈

一・文字通り解釈則（Literal Rule）

イギリスの裁判所は、議会制定法の解釈において議会の意図を探るが、その際に議事録などを見て発議者の主観的意図を探るということはせずに、制定法の文面に現れた自然な通常の客観的意味をもって、議会の意図とする[22]。これが「文字通り解釈則」と呼ばれるルールであり、イギリス実定法主義をもっともよく表す。理由は、制定法の文面以外の情報から、文面に表れていない「議会の真意」などを探ったのでは、人によって勝手に解釈が分かれ、法の客観的な明確性、安定性、実定性を揺るがすことになるからである。

◇同じことは、契約の解釈についても当てはまる[23]。詳しくは第四編第19章一七〇―一七四頁に譲るが、日本民法典四一五条の「債務の本旨」なる表現は、そういうものを裁判所が契約文面に表れていない契約をめぐる状況や目的などから推測するという意味にとれるので、イギリス法曹を当惑させる。ただし、制定法解釈の場合は、裁判所が議会のかわりに「立法」しない、つまり越権行為をしないという趣旨であるが、契約解釈の場合は、当事者の契約の自由に不介入という趣旨である。

●もちろん制定法条文の自然な意味というのは、その自然な文脈の中での意味ということで、これを「連れ合いから認識する（noscitur a sociis）」と表現することがある。つまりその文言が連れ立っている文脈から判断する、ということである。

●この点で、個別条文の見出しや、制定法の正式名称（略称より長い）や前文を、補助にしてもよい。

二・黄金律（Golden Rule）

なお「文字通り解釈」は、文字通りの意味に幅があるときには、その範囲で、不条理でおかしな帰結を招かないように解釈することをゆるし、これを「黄金律」と呼ぶことがある。起源は、クックの「議会は、すべての訴えを、法（コモンロー）というまっすぐな金のはかりにかけて吟味するようにすべきで、縄目のように頼りなくたわんで勝手に基準が変わる裁量にゆだねるべきではない」[24]からきている。クックは『法学提要』のこの一節で、数々の抑圧的立法を列挙して批判していたのであるが、現実には「コモンローというまっすぐな金の定規」（黄金律）は、皮肉にも、条文の文字通りの意味に幅がある場合に、しなやかに広目または狭目に解釈し、どうしても必要な含みをもたせて、不条理でおかしな帰結を避けることに使われる。契約解釈における類似例として、シェイクスピアの『ベニスの商人』における「契約文言どおり、肉を切り取ってもよいが、血を流してはならない」という裁判官の解釈を参考にするとよいであろう（『イギリスの司法制度』二一八〜二一九頁参照）。これは解釈「則」というより、おそらく「術」の問題であるが、制定法解釈とは権力闘争であり、裁判官の腕の見せ所でもある。

◇歴史的には、黄金律の「どうしても必要な含みをもたせる（by necessary implication）」という裁判所の手法は、のちに議会が輸入して、たとえば一九七九年動産売買法（一八九三年動産売買法を継承）一三条の「売物が売主の描写に合致していること」などの「黙示条項」（implied terms）を契約内容として読み込む手法につながっている。

◇行政法（司法審査）における、自然的正義の原則（principles of natural justice）というものも、この「どうしても必要な含み」からきている[25]。

三・「欠陥補正則」（Mischief Rule）

これもクックのもので、制定法が、それまでの法（判例法を含む）の欠陥（mischief）を補正する目的で制定された場合は、その欠陥の補正に必要な限りにおいて法改正が行なわれたと限定的に解釈するルールである〔Heydon's Case (1584) 3 Co Rep 7a〕。

◇歴史的には、欠陥補正則は、判例法を最大限尊重することにつながり、判例法の「法典的」地位に貢献してきた。契約法の分野の制定法は多かれ少なかれ欠陥補正の立法になっている。

◇契約法編で詳述するが、制定法が特定の種類の契約に特定の種類の「黙示条項」を読み込む（一部は強行規定）場合、議会立法によるこのような契約自由の制限は、従来の法の欠陥の補正を目的とするものなので、その範囲は議会の介入が必要とされた特定の種類の契約に対するものと限定される。これは大陸法のアプローチとは逆になり、イギリスの裁判所は、例えばフランスの破毀院のように制定法の明示の授権の範囲を超えて、類推で、社会経済的正義のために、契約の内容を強権的に変えることはしない[26]。

◇裁判所が、制定法の客観的な文字通り解釈から離脱し、例外的に、法案の文面（一九七五年[27]以降）や議事録（一九九二年[28]以降）を参照することも、法の「欠陥」を発見する必要がある場合（一九九八年人権法が国内直接適用を許すヨーロッパ人権条約上の人権と議会制定法の両立性の審査を含む[29]）に限られる。ただし、裁判所が議会の議事録を吟味することは、一六八九年の権利の章典（Bill of Rights 1689）第九条（議会内言論の自由）に抵触するので今日でも論争的であり、裁判所が実際に制定法の文面以外の情報を参照することは滅多にない。

◇なお、「欠陥補正則」は、結局のところ、立法目的（欠陥補正）から解釈するもので、いわゆる目的論的解釈（teleological interpretation）の一種に他ならない。ヨーロッパ連合法とヨーロッパ人権法の二種類のヨーロッパ法における目的論的解釈については、五三頁で詳述する。右では、このルールの判例法の変更を最小限にとどめるという限定的、保守的効果の面を強調したが、実は、かならずしもそれだけではない。たとえば一八七二年酩酊酒販売統制法〔Intoxicating Liquor (Licensing) Act 1872〕一二条の公道において酩酊している「車両」(carriage)の運転手は令状なく逮捕できるという条文について、裁判所は「自転車(bicycle)」を含むと、補正目的、つまり立法目的から拡大解釈した[30]。日本語にしてしまうと「自転車」も「車」の字がついているので、通常の文字通り解釈でも問題はないように見えるが、英語(carriage)は、馬車の人を運ぶ部分を指すので、日本の「輿(こし)」とか「かご」さえ指しうるもので、これは汽車の客車をも指すと同時に自動車(car)の語源にもなったが、言葉としては、「輿」や「かご」では自転車(二輪)を含み得ないのである。なお、立法名は、通常の「文字通り解釈」では参照しないのが原則である。

四．その他の解釈の指針

● 文法の一般則は適用される。たとえば「類の中の一つ(eiusdem generis)」つまり、何らかの共通項のあるものの名前が非限定的に「・・・など」と列挙されている場合、共通項から類推を許すルール、つまり列挙されているものの名前の共通項から多義語の意味を解釈するルール、逆に文脈によっては「一つ明示することは他を排除する(expressio unius est exclusio alteris)」、つまり明示されたものがあれば、明示されなかった類似のものは排除されていると解釈するルールがある。

● 制定法が、それまでに複数の制定法を一まとめに整理したもの(consolidation)である場合は、不明確な語彙の解釈においては、旧法の解釈を補助にしてもよい。

五．制定法解釈上の推定(presumptions)

制定法に矛盾することが明記されている場合は、推定は適用されないが、無視できない重要性をもつ。とくにコモンローによる市民的自由の保障とは、実は、左の制定法解釈上の推定に依拠するところが大きかった。

●今日では、黄金律や、欠陥補正則は、制定法に曖昧さが残る場合の、裁判所の推定として捉えられている。

◇裁判所の管轄権を排除しない

◇コモンローを変更しない

◇遡及効はない

◇連合王国の外には適用されない

◇個人の自由には介入しない

◇刑事責任を認めるためには明確な条文が必要である

◇課税には、明確な条文が必要である[31]。

一九九八年人権法がヨーロッパ人権法をイギリス国内に適用させるまでは、このような制定法上の解釈上の推定が、基本的自由権の保障となっていた。

三　制定法の起草の流儀

イギリスの制定法解釈の流儀は、制定法の法文の起草の流儀にも深く影響している。

イギリスの制定法の文面を起草するときは、裁判官が、その文面を客観的に文字通り解釈すること、大陸法系の裁判官のように類推で穴を埋めたり、立法目的や精神から演繹的に立論したりしないことを前提として、起草する。そのため、起草者は、裁判所に解釈の自由を与えないように、またできるだけ穴や曖昧さの残らないように、できるだけ詳細に、抽象化せずに（抽象化すると意味が多義化する）、ありとあらゆる可能性を網羅して法文を起草することになる。一般に、イギリスの法文は大陸法の法文の三倍の長さになるとされる。そして同様のことが、契約解釈の流儀と契約文面の起草の流儀の間にもある。

制定法の条文の実例として、一．遺言の方式と、二．第三者のためにする契約について、ドイツとフランスと日本とイギリスの規定を比較する。

一．遺言の方式（署名の位置について）

● ドイツ民法典二二四七条一項

「遺言者は自筆で下に署名（unterschreiben）を付した意思表示をもって遺言を作成することができる[32]」

● フランス民法典九七〇条前段

「自筆証書遺言は遺言者の手で・・・そして署名されていなければ無効である。[33]」

● 日本民法典九六八条

「自筆証書によって遺言をするには、遺言者が、・・・及び氏名を自書し、・・・なければならない」

● イギリス一八五二年法律二四号「遺言改正法」第一条[34]

「ビクトリア女王陛下の治世元年に制定された『遺言に関する法を改正する法律』と題する法律において『遺言は遺言のすぐ下または末尾に遺言者または他の人が遺言者の指示のもと遺言者の面前において署名したものでなければ無効である』と定められているが、遺言者または前述の代理人の署名の位置に関する限り、次の要件を満たしている場合には、その遺言は前記法律のもとで本法律の説明するとおり有効である。署名が遺言の末尾に、またはその後、またはその次、またはその下、またはその横、またはその対面頁に位置しており、遺言の文面上、遺言者が該当文書に署名することによってそれを自己の遺言であると意図したことが明らかであること。以上の要件を満たしている遺言は、署名が遺言文面のすぐ下または末尾の次または直後にないからといって、または遺言の結語と署名の間に余白があるからといって、または証人確認条項の単語の間に署名されているからといって、または証人確認条項の次またはその後またはその下に余白が挟まるあるいは挟まらない形で署名されているからといって、または証人らの氏名または証人らのうち一名の氏名の次または後または下または横に署名されているからといって、または署名された場所がその上に何の条項も段落も遺言の本文も書かれていない紙の裏またはページまたは紙の一部分であるからといって、または遺言の書かれているのと同じ紙の裏またはページまたは部分またはその下部にも署名をするのに十分な紙面があるように見えるからといって、その効力を否定されるべきではない。上記の諸状況を列挙したことは前記法律の一般性を否定するものではない。前記法律または本法律の規定に従っている署名であっても、署名の下あるいは次に書かれた処分や指示に効力を与えるものではなく、また署名がなされたあとに挿入された処分や指示に効力を与えるものでもない。[35]」

（註、「証人確認条項」とは testimonium clause または clause of attestation のことで、「証人何の何某と証人何の何某の面前で何年何月何日に誰々が遺言を作成し署名した」という内容の条項）。

なお、イギリスには仏独日のような公証人制度がないので、二名以上の証人の立会いと署名など、自筆証書と公正証書の両方式を合わせたような方式をとっており、その分複雑になっている側面もあるが、このイギリスの改正法の要点は、署名の位置にある。ドイツ語では署名（unterschreiben）という単語そのものに「（本文の）下に書く」という語義があるが、それだけである。フランス語（signer）や日本語（氏名自筆ないし日本民法典九八九条四項の「署名」）ではそのような語義さえなく、日本語の場合は縦書きもあるので「本文に続いて」ということになるだろうが、仏日ではそういうことが常識的に想定されているだけで、位置については一切規定がない。しかし、イギリスでは、その署名の位置について、疑義をなくすために、ここまで細かいポイントを網羅して明確化する必要性に迫られたのである。

二・第三者のためにする契約の取消または変更について

● ドイツ民法典三二八条二項

「明示の規定のない場合は、契約の事情、とくに契約の目的から、・・・契約当事者が第三者の権利をその承諾なく取り上げ、または変更する権利を留保しているかどうかを推定すべし[36]」

● フランス民法典一一二一条後段

「この規定をした当事者は、第三者がその利益を享受する意思を表示した後は、これを撤回することができない[37]」

● 日本民法典五三七条二項～五三八条

「前項の場合において、第三者の権利は、その第三者が債務者に対して同項の契約の利益を享受する意思を表示した時に発生する。

前条の規定により第三者の権利が発生した後は、当事者は、これを変更し、又は消滅させることができない」

● イギリス一九九九年法律三一号「契約上の第三者の権利法」第二条[38]（二二三頁以下参照）

「（一）本条の諸規定の制限下において、第三者が第一条のもとで契約の条項を強制する権利を有しているとき、（イ）第三者が約束者の条項を承諾することを通知した場合、または（ロ）第三者がその条項に頼っていることを約束者が気づいている場合、または（ハ）第三者がその条項に頼ることを約束者の側で予見することが常識的に期待され、かつ第三者が実際に条項に依存している場合、契約当事者は、合意によって、第三者の同意なく、契約を取り消し、または第三者の権利を消滅させ、またはこれを変更することができない[39]。

（二）第一項（イ）に言及されている承諾は、（イ）言葉または行動によってすることができ、（ロ）郵便またはその他の方法で約束者に送られた場合、約束者がそれを受け取るまで、通知されたとは見なされない[40]。

(三)第一項は、(イ)「契約当事者は合意をもって第三者の同意なく契約を取り消しまたは変更することができる」という内容の明示の契約条項がある場合、または（ロ）第一項イ号から同ハ号までに規定されている場合のかわりに、第三者の合意が必要とされる場合が契約上明示されている場合には、適用されない[41]。

(四）第一項または第三項により第三者の同意が必要とされている場合、裁判所または仲裁機関は、契約当事者の申立により、（イ）第三者の行方が常識的に知りえないために同意を得られない、または（ロ）第三者が同意する心神上の能力を欠くと確認する場合に、その同意要件を排除することができる[42]。

(五）裁判所または仲裁機関は、契約当事者の申立により、第一項ロ号により必要とされる同意につき、第三者が実際に該当条項に依存しているかどうか、常識的に確かめられないと確認した場合は、その同意要件を排除することができる[43]。

(六）裁判所または仲裁機関が第三者の合意要件を排除する場合は、第三者に対する補償の支払いを要求する条件を含め、適切と思料する条件を課すことができる[44]。

(七）第四項から第六項により裁判所に付与された管轄権は、高等法院または県裁判所が行使することができる[45]。」

イギリスの規定は、要するに、フランスの規定（日本の母法）、つまり第三者が他の当事者間の契約の利益を享受する意思表示をした後には契約を撤回してはいけないという点に関するものといえる。どうもイギリスには民法典がないために、第三者の意思表示のあり方について、精神上の障碍による行為能力の制限など総則的なことまで、規定が必要になったように見える。ただし、この法律は契約法編（二〇五頁）で詳述するイギリス契約法の申込と承諾の一般ルールから郵便の場合の発信主義の特例を排除して適用しており、また第三者と契約当事者の間にはそもそも契約関係がないので契約成立のルールをそのまま適用できないこともあり、「民法典がないから」というのはやや一面的である。

イギリス人の視点からすれば、逆にドイツのように「契約の状況（Umständen）、とくに契約の目的から推定すべし」などという規定は、明確性を欠くだけでなく、裁判所に事後的に契約の内容を自由に変える権「能」を与えているように見えて、そんなことを一般原則として規定するのは、当事者の契約の自由の行き過ぎた制限に見えるので、イギリス人法曹ならこのような表現は用いない。その代わり裁判所の介入権「限」を必要最小限に限定するように起草したのが、イギリスの立法例なのである。

もちろん、ドイツの規定は、契約当事者が、ここで比較の対象にした第三者の権利の消滅変更についてだけでなく、そもそも第三者がそのような権利を取得するかどうか、そして権利取得が即座か条件付かという点について、明示しなかった場合に適用されるもので、逆に言えば、当事者に、「こういうことを事後的に裁判所に決めてもらいたくなければ、あらかじめ契約で明示しておきなさいよ」という注意でもある。したがって、イギリス人の目に映るほど、ドイツの規定が明確性を欠くわけではない。この点は、英独の法文作成の流儀の差といえよう。

さらに言えば、詳しくは第四編第23章（二一四-二一五頁）で詳述するが、フランスで契約の第三者の訴権（民法典には明文なし）が判例で一般に認められるようになったのは一八八〇年代のことで、フランスでもドイツでも、その後、百年あまりの判例の集積があるのに対し、イギリスは右に掲げた一九九九年の立法で初めて第三者の権利を導入したため、紛争のおこりやすい、その消滅変更などについて、仏独の経験（まさに判例法）から学んで細目を規定できたという事情も理解されるべきであろう。

四　判例法の解釈

裁判官による判例法の解釈は単なる解釈ではなく、裁判官は、判例法を発展させることができるので、判例からの立論（reasoning from the cases）[46]というべきであろうか。

ただし、近代イギリス法の形成期のヘイル首席裁判官やブラックストーン教授の解説書は、個々の判例は（それとは別の次元で存在する）法、つまりコモンローの証拠に過ぎず、裁判官の仕事は、その（隠れた）法を説き（expound）、明らかにし（declare）、世に知らしめる（publish）ことであるとしていた[47]。つまり、ちょうど、制定法の文面が立法者意思の客観的証拠であるように、判例がコモンローの客観的な証拠なのである。

理論的には、コモンローは「記憶のかなたから」(from time immemorial)、すなわちリチャード獅子心王の即位（一一八九年、日本では平泉落城・源頼朝の奥州制圧の頃）以前から伝わる古法ということになっている。もちろん、現実のコモンローは、たとえば江戸時代の日本の禁中（宮中）に奈良・平安の昔から「活きた化石」のごとく伝わっていた雅楽や儀礼（公事）などとは異なり、はるかに動的な「生き物」（a living system of law）で、上訴裁判官の手で絶えず発展している[48]。ただし、解説の仕方としては、それも歴代の裁判官がコモンローを「時代に即してより深く掘り下げて解説し、より明解にした」と説明できないわけではない。

なお、「記憶のかなた」から変わらない古法があり、現実の裁判所の判決は、そういういわば完全な法の不完全な証拠に過ぎないという考え方は、実は、キリスト教の天の法（完全無欠の正義）と人の法（不完全な正義）の二元論に通じるもので、決してイギリスに特有の考え方ではない。教会法と対置される世俗法の領域の中でも、中世ローマ法が、「書かれた理性（ratio scripta）」、より完全な理性たる「普通法」として、直近の世俗権力の、より不完全な理性としての「固有法」を遠くから照らしていると考える二元論があった。たとえばベロモ曰く「（後期註釈学派のバルトルスにとって）普通法と固有法とは同じ次元にはなかった。普通法は太陽であり、固有法は惑星であった。・・・太陽には命がないが地上のあらゆる命のもとであるように、普通法は地上に命を持たないが、地上の固有法に命を与える[49]」と。実は、判例が古から不変の見えない法（Common Law）の証拠であるという考え方は、この世俗法の中における二元論と根を同じくするもので、中世ラテン語キリスト教世界共通の発想に他ならない。

この発想の実際上の重要ポイントは、イギリスの裁判官は、もし中世ローマ法を普遍の理性法に近いものと考えるならば（そう考える理由は神学であっても自然法論であってもよい）、その理性法を反映しているように見えるイギリスの過去の判例を引用しながら、中世ローマ法をコモンローの名でイギリスに適用できるということである。実際に、第五編不当利得法（三二五頁）などで詳述するが、マンスフィールド首席裁判官の判決例などに、そのような例を見ることが可能である。

また、そういう「普通法」の輸入をしなくても、「法の発見」ないし「法の時代に即した解説、解明」という考え方は、裁判官の力量次第で、法を大きく変えうるが、そのよい例として、一九三一年五月二六日のドノヒュー対スティーヴンソン事件（Donoghue v Stevenson）貴族院判決[50]を見てみたい。

これは、清涼飲料水のビンにナメクジが混入していたため、これを知らずに飲み、ナメクジの腐乱死体を見て、吐き気をもよおすなどの損害を受けた消費者が、売主ではなく、製造主を訴えた事件で、直接の契約関係にない当事者の間で、不法行為責任が発生するかどうかが争われた事件であった。この事件を担当した貴族院の少数意見（二名）は、それまでの判例では、本来的に危険な製品の製造主の責任、そして製造主が製品の欠陥を知っている場合の例外的な責任しか認められていなかったと解釈して、ナメクジ混入を知らなかった製造主の責任を否定した。多数意見（三名）を率いたアトキン卿は「注意義務が発生する当事者関係の一般概念がなければならない」という確信にもとづき、方法論としては、まず、より広い範囲の判例を見ながら、少数意見とは逆に「判例集に書かれている個別の事件は、そういう一般的概念の具体的な例示に過ぎない」と帰納法的に論じて、次に、比較法的に見て「他の法体系における過失責任というものも、結局は道徳的過ちを犯したものが代償を支払うべきであるとする公衆一般の感情に根ざしているが、現実社会において、すべての道徳的過誤の被害者に救済を求める権利を与えるわけにはいかないので、原告適格と救済の範囲を限定する法が必要とされる」と論じて、「汝の隣人を愛せ」という聖書の原則（『レビ記』一九章一八節）から「汝の隣人を傷つけるなかれ」という法原則、つまり「隣人原則」という過失の一般原則を導き[51]、そこから、演繹的に、製造物責任を導いた[52]。詳しい内容は不法行為法編（七八－八〇頁）で詳述するが、隣人原則は、個々の具体的事件の解決に適用されるものではなく、先例のない新しい当事者関係の類型において注意義務を課す権限を、上訴審裁判所に付与する判例法の淵源となった。

判例が、コモンローという、いわば見えない法の証拠であるという考え方から、とくに近代イギリス法の形成期においては、大陸法学説が裁判官を通して判例に受容されたり（Donoghue v Stevenson 事件貴族院判決にもその側面はある）、あるいはイギリスの教科書が大陸法学説をイギリスに導入する際に、それがイギリス法の一部であることの証拠としてイギリスの裁判例を引用したりすること（たとえば契約法編（二〇一－二〇三頁）で詳述するように、契約の成立要件としての申込と承諾）がしばしば発生した。ただし、あくまでもイギリスの判例に少なくともその端緒が証拠として現れていることが大切である。

なお、Donoghue v Stevenson 事件貴族院判決のような「立法」的といえる判決とその後の過失責任法の発展は、イギリス判例法の非常に高い柔軟性と司法積極主義を示唆するが、この判決は、その立論のあり方といい、立法的な性格といい、例外中の例外であることも、強調されてしかるべきであろう。

むしろ、とくに一九世紀以来、イギリスの裁判所は司法消極主義の時代に入り、判例法の改正には、立法府の介入を要すると認識して慎重なことが多い。この背景として、一八三〇年代から二〇世紀初頭にかけて、通商産業分野の新興中産階級の期待に沿って、様々な社会改革が、議会の選択委員会や王立委員会や省庁委員会など様々な形の調査研究活動を通して試みられたことがある。その中で、法を変えただけでは社会は変わらないことが認識されただけでなく、この改革の時代の精神（Zeitgeist）をもたらした前世代のベンサムが、法の合理化目的として掲げていた「最大多数の最大幸福」や「苦痛と快楽の最善の均衡」という、分かったようで分からない功利主義は、裁判所にとっては、政治経済社会の分野の複雑な論争と捉えられた。そういう論争について、議会や王立委員会や省庁委員会のような調査研究能力を持たない裁判所は、首を突っ込むことを避け、その解決を議会に委ねるべきであると考えるようになり、自らは実定法の説明に専念するに至ったのである[53]。

五　裁判官の個人的権威

「（判例）法の発見者」としての裁判官の権威について、裁判官の階級とは別の裁判官個々人の個人的権威がものをいうことがある。たとえば商事法（なおイギリス法に「民法」と「商法」の区別はなく、イギリス契約法の基本モデルは商事契約である）の権威者は、第一位がスクラットン控訴院裁判官（Scrutton LJ）、第二位がアトキン貴族院裁判官（Lord Atkin）、第三位がライト貴族院裁判官（Lord Wright）である。

この歴史的背景として、先述の誤審令状管轄権は、財務府裁判所、人民間訴訟裁判所、王座裁判所という三つの国王裁判所（コモンロー裁判所）の計一二人の裁判官たちのうち原審裁判所以外の裁判官たちがその任に当ったということがある。うち王座裁判所の首席裁判官（Lord Chief Justice）は、単に首席裁判官と呼ばれることも多く、とくにクックが歴史的重要人物として振り返られるようになって以降は非常に高い権威を誇った。以上の三つの国王裁判所に大法官裁判所や海事裁判所や教会裁判所の一部とそれらの広い意味での控訴審部を統合して一八七五年に発足した最高法院（Supreme Court of Judicature）において、首席裁判官は、控訴院の実務につくものの、人事の上では次第に貴族院裁判官の中から選ばれることが多くなった。二〇〇五年憲法改革法では、イングランド・ウェールズ法域の司法部（裁判官団）の長と位置づけられている。貴族院判決の多数意見の判決理由がバラバラであるとき、どの裁判官のものが「判例」になるかというとき、控訴院の選択による部分が大きく、もし控訴院などで、首席裁判官がどの判決理由に従うかも大きな重みを持つ。

イギリスの裁判官の権威は、大陸法諸国の裁判官の権威とは比較にならず、それは神聖ローマ帝国（ドイツやイタリア）における法学者（ドイツ語圏では中世ローマ法といういわば学説法の最高権威として法学部の学者に裁判所が法的意見を問い合わせた[54]歴史もある）の権威に匹敵し、場合によってはそれを凌駕している。

したがってイギリスの裁判官は単に司法試験に合格し裁判官用の司法研修を終えたら自動的に裁判官になれるようなものではなく、長年の弁護実務経験が必要とされる。

この過程で、イギリスの裁判官は、フランス王国の世襲裁判官とは違って、法曹ギルドにおいて師匠（裁判官）と徒弟（弁護士）の関係の中で実務的に教育、訓練されたために、革命期フランスのように裁判官を特権階級による圧政の擁護者として懐疑的に見る傾向も、イギリスにおいてはジョン・ロックらを「例外」として比較的少なく、むしろ時の権力者が強権的に制定する法律を適用においてできるだけ市民的自由を制約しないように解釈する解釈術（法文解釈とはすなわち権力闘争である）に現れているように、市民的自由の擁護者としての裁判所のイメージが国民的に浸透している。

主たる法源と適用機関と法的有力者の英独仏三国の特徴を誇張した比較図

	法源	機関	有力者
イギリス王国	判例法	裁判所	法曹
神聖ローマ帝国	学説法	大学	学者
フランス共和国	制定法	立法府	代議士

この図は、フォーゲナウアー教授がオックスフォード大学における比較法の講義用にアリストテレス＝マックス・ウェーバー式の法的「有力者」（οἱ γνώριμοι, Notabeln）概念を中心として作成したものに依拠している。もちろん分かりやすいように各国の特徴的時代の特徴的傾向を誇張して比較対照したものである。

それでは、日本はどうであろう。神聖ローマ帝国において中世ローマ法が裁判所における法源であり、裁判所から大学の法学部に一種の上訴（Aktenversendung）があったなどという、ドイツ方面の歴史は、日本には共有されていない。確かにドイツ方面におけるラテン語とローマ法の教育が、日本の官学で、当初はフランス語とフランス法、ついでドイツ語とドイツ法に置き換えられ、比較法的に起草された民法典についても、ドイツ学説法の継受を経て、実際の民法を形成してきた歴史はあるが、いずれも明治以降の比較的短期間の現象で、日本の法学者の権威がドイツやイタリアにおけるほど高いのかどうか、学問と実務の乖離についての指摘もあり、いささか疑問なしとしない。より広い政治経済社会的実態から考えると、各分野の関連省庁（つまり法務省に限らない）の官僚こそが現実の「法的有力者」なのかもしれない。

第9章　イギリス流の法学と法文献

イギリスでは裁判官の権威が高い反面、伝統的に、法学者の権威は、決して高くなかった。法教育も、中世以来、実務家がロンドンの法曹座（Inns of Court）において法廷弁論術を伝授していた。

オックスフォード大学で初めてイギリス法が講義されたのは一七六三年のこと（ウィリアム・ブラックストーン）で、有能な後継者には恵まれなかった。イギリス法の学位を最初に授与したのはロンドン大学で一八三九年のことで、実務バリスタのアンドリュー・アモスが教授として夜間に教えていたが、これも一代限りの成功であった。大学における法学教育が成功するのは、一九世紀末、ケンブリッジとオックスフォードでメイトランド[55]、ダイシー[56]、アンソン[57]、ポロック[58]などの著名な法学者が教鞭を取ってからのことであった[59]。

それでも法学者の著作は、実務的には、しばしば「死んではじめて日の目を見る」（better read when dead）と呼ばれてきた。ただし、一九世紀末から本格化した大学におけるイギリス法教育が、大陸法理論の影響下に近代イギリス法の理論化に貢献することになったことは、見落とされるべきではない。

また、一九八〇年代以降、法学者の意見も法廷で重要性を帯びることが多くなった。労働法、環境法などの新分野では、学説が法発展の基礎となることもある。

一　体系性の欠如

イギリス法の発展に、大陸と異なり、中世ローマ法学者があまり貢献してこなかったことは、イギリス法の体系性の欠如に大きく貢献している原因の一つである。

二　法文献

イギリスの法文献は、古くから訴訟方式についての解説書と判例集から始まり、基本的に中世ローマ法学のような体系と分類（taxonomy）には従ったものがない。判例集は、人民間訴訟裁判所（通常は「衆座裁判所」〔Common Bench〕と呼ばれた）における訴訟記録である「年鑑」（Year Books）からはじまり、とくに一六世紀のプロウデン（Plowden）の判例注釈集（Commentaries）と一七世紀のクック（Sir Edward Coke）の判例集（Reports）が特筆に価するのと、一七五〇年以降、バーロウ（Burrow）、ダグラス（Douglas）、カウパー（Cowper）らの最初から公刊を目的とした質の高い判例集が出始めて、一八六五年に判例報告評議会（Council of Law Reporting）が公式の『判例集』（Law Reports）を刊行するために設置されて、報告者の名前の重要性が問われなくなるまで、実務家の個別名で知られる良質の判例集が出された。現在イギリス判例集（English Reports）にまとめられている、公式の『判例集』刊行以前の判例については、上記のプロウデンとクック（とくにクックの場合は報告の客観性よりもクック自身の権威で知られる）の独自の権威と、一七五〇年以降の個人名判例集が一定の信頼のおけるものといえる。ちなみに公式の『判例集』等を出している判例報告評議会の初代編集長はケンブリッジ大学のポロック教授で、この分野に法学者が登場する珍しい例であったといえる。

判例要約集（Abridgments）も一八世紀から良質のものが出始め、とくにヴァイナー裁判官（Charles Viner）の全二三巻の『コモンローとエクィティの判例法全書』（General Abridgment of Law and Equity）は、一八〇〇年以前のイギリス法を調べるにあたって最初に引用すべき作品で、いわば巨大な六法全書に匹敵する。ちなみにヴァイナーの名前は、オックスフォード大学初のイギリス法教授職（初代ブラックストーン）の基金名としても残っている。ヴァイナーの作品の六法全書的役割は、現在、大法官ホールズベリ伯爵の名前で知られる『ホールズベリのイギリス法全書』（Halsbury's Laws of England、初版一九〇七年）に受け継がれている（『ホールズベリのイギリス制定法全書』〔Halsbury's Statutes of England〕と対）。『ホールズベリのイギリス法全書』は、しかし、日本の六法の構造はとらず、アルファベット順に個別の項目、たとえば契約（Contract）、損害賠償（Damages）、名誉毀損（Defamation）、陪審（Jury）、警察（Police）などが並んでいる。

判例集以外の重要な法文献には、一五世紀のリトルトン裁判官の作、一七世紀はじめのクック裁判官の『イギリス法学提要』（題目は『ローマ法大全』の中の『法学提要』Institutiones によっている）、一七世紀半ばのヘイル裁判官の作品（公表は一八世紀以降）に続いて、一八世紀後半のウィリアム・ブラックストーン教授のイギリス法註釈（Commentaries on the Laws of England）以降、法学者の概説書も重要性を増した。

ただし、やはり実務家用の特定分野の法の概説書の裁判所における権威は高く、特に『チッティの契約法[60]』（初版一八二六年）や『アーチボルドの刑事弁論・証拠・実務[61]』（初版一八二二年）などは、編者が入れ替わりながら版を重ね現在まで続き、それぞれ商事事件と刑事事件における法廷実務上のバイブルとなっている。

そして、これに似て、一九世紀末に近づくと著名な法学者の名前を関した教科書、例えば『ポロックの契約法[62]』（一八七六年初版）、『アンソンの契約法[63]』（一八七九年初版）が法学生の間で広く読まれるようになり、編者を入替ながら版を重ね、『チェッシャーとファイフットの契約法[64]』（一九四五年初版）など現在に続く伝統ができている。『ウィンフィールドの不法行為法[65]』（一九三七年初版）も同様に編者を変えながら版を重ね、二〇〇二年で一六版に至っている。法学生が実務に入り裁判官になった後でも、こういう教科書を基本書として手元に持っていることは少なくない。

特に『アンソンの契約法』は大陸法式の体系的目次を試みた作品であり、二〇〇〇年にオックスフォード大学出版局が初版を刊行した『イギリス私法[66]』に至ると、ガイウスの『法学提要』の体系に魅せられて法の分類学(taxonomy)を重視したピーター・バークス教授の編によるものだけあって、第一篇法源(Sources of Law)、第二編人(Law of Persons)、第三編物権法(Law of Property)、第四編債権法(Law of Obligations)、第五編訴訟(Litigation)という見事な体系性を目次において実現している。しかし、結局、イギリス法を概説するには、項目の配列こそ法典国の体系に沿わせることはできても、その中身は、結局のところ、判例の説明と判例法発展の歴史に紙面を割くことになる。たとえば、バークス編『イギリス私法』の第四編債権法の内訳は、第八章契約総則、第九章代理、第一〇章動産売買、第一一章動産海運、第一二章雇用、第一三章ベイルメント(返還約束付きで物を預ける行為で、一部は契約訴権、一部は不法行為訴権)、第一四章不法行為、第一五章不当利得という具合で、イギリス契約法の特色、とくにベイルメントなど体系化の不可能な項目が、目次に不可避的ににじみ出てくる。ロンドンが国際商事仲裁センターであることを意識して、動産海運などが一種の典型契約として扱われていると同時に、ヨーロッパ連合法を意識して、雇用も典型契約として扱い、学問的、実用的両方の意義を高めようとした野心的な試みで興味深いが、例えば、本書の不法行為法編で扱う使用者責任を定義・解説した基本判例(Wilsons and Clyde Coal v English [1934] AC 57 HL)が、雇用を典型契約としたためか、契約の章にも不法行為の章にも出てこないという問題を抱えている。確かに、使用者責任の諸要素は、その後の多数の制定法と判例法の発展によって精緻化されているが、その根源にある判例に言及がないというのは驚きである。そもそも、著者・編者によって、契約法だけでもその編成が大きく異なってしまうことは、法典国では考えにくい。

今日でも、教科書の目次から体系を見出すことができない場合が多く、その表題も『概説と判例と資料』（Text, Cases and Materials）ということになりやすい。

本書の各論各編（不法行為法編、契約法編、不当利得法編）にも、イギリス法教科書のスタイルは必然的にある程度反映されている。

三　研究

フォーゲナウアー教授はイギリス流の法学研究の一般的特徴として次の三つを挙げる。

一．特定の実際の問題に即して議論し、一般論を避ける。

二．受動的（reactive）で（対語は proactive）、判例法の背後の原則を探るが、それ以上ではない。裁判所で争われない問題については解決をもたらさない。例えば、大陸法であれば、特定の理論的問題点に八種類の本が出てもおかしくないが、イギリスではそういうことは稀である。

三．非概念的で、定義や概念の探求を嫌う傾向がある。

補　章　二つのヨーロッパ法とイギリスの裁判所

一．ヨーロッパ連合法とヨーロッパ人権法の連合王国における直接適用

A．判例の拘束力

ヨーロッパ連合法（条約、規則、直接適用効のある命令）は、一九七二年ヨーロッパ共同体法により連合王国国内

に直接適用されるが、国内裁判所は、ヨーロッパ連合法の争点について、ヨーロッパ司法裁判所の判例に拘束される。

一方、ヨーロッパ人権法（人権条約一三条を除く全ての人権条項と第一議定書の一条から三条および第一三議定書一条）は、一九九八年人権法により、連合王国国内に直接適用されるが、国内裁判所は、ヨーロッパ人権法の争点について、ヨーロッパ人権裁判所の判例を参照しなければならない（法二条一項）。

B．解釈

ヨーロッパ連合法については、連合王国裁判所は、関連する連合王国議会制定法の通常の解釈とかかわりなく、常にヨーロッパ連合法の立法目的を優先して実現しなければならない[67]。かりに連合王国の制定法が、ヨーロッパ連合法と、明文で矛盾している場合においても、ヨーロッパ連合法の立法目的の実現が優先される。

ヨーロッパ人権法については、連合王国の裁判所は、連合王国の主たる立法（制定法とコモンロー上の王冠大権にもとづく枢密院における勅令など）と従属立法の両方を、「可能な限り」条約上の人権と両立する（compatible）ように解釈する（法三条）。ただし、両立解釈が不可能である場合は、従属立法については、ヨーロッパ人権法を優先し、主たる立法については、ヨーロッパ人権法と両立しないことを宣言しなければならない（法四条）。

この解釈の点で、ヨーロッパ人権法はヨーロッパ連合法に比べると弱い。

二．ヨーロッパ法の目的論的解釈（teleological interpretation）

ヨーロッパ連合法とヨーロッパ人権法という二種類の別々のヨーロッパ法においては、イギリス流の制定法とはむしろ逆に、多国間で合意の得やすいように、抽象度の極めて高いスタイルで、わざと柔軟な解釈が可能なように書かれており、そのため、法文の具体的事件への適用にあたっては、ルクセンブルクのヨーロッパ司法裁判所であれ、ストラスブールのヨーロッパ人権裁判所であれ、立法目的や、欧州統合や人権保障のそれぞれの政治経済社会的理想、理念、哲学、希望、社会正義の実現といった実定法の外の価値観や目的を法文解釈に持ち込むことが、ごく普通に行なわれてきた。これを目的論的解釈という。

◇なお、二つのヨーロッパ法のそれぞれの法文のスタイルも解釈の流儀も、フランス、イタリア、ドイツなど法典国のスタイルと似ている面もあると同時に、どちらも各国国内法典に比べて、はるかに政治性、イデオロギー性、理念性の高いものであることは疑いない。

先に「欠陥補正則」に即して、イギリスの制定法解釈の歴史において、目的論的解釈がまったくなかったわけではないことを示したが、ともかく、ヨーロッパ連合法とヨーロッパ人権法の解釈のあり方と、現代イギリスの制定法解釈の全般的あり方との違いは、まったく対照的であることは、これまで見てきたところから容易に想像がつくであろう。

三. イギリスの対応

イギリスの国内裁判所も、ヨーロッパ連合法やヨーロッパ人権法の文脈においては、これらに国内法効果を与えている議会制定法の権威のもとに、同様の目的論的解釈法を受容している。そして、一九世紀以来、全般的流れとして司法消極主義を取り続けてきたイギリスの裁判所にとって、二種類のヨーロッパ法は、新たな司法積極主義への転換の根拠と機会を与えている。また、ヨーロッパ法の分野においては、実務法曹ばかりでなく、法学者を含む学者の活躍は著しく、学者の地位や学説の立法や判例への受け入れられ方も、変わりつつあるといえよう。

同時に、これまで具体的かつ多角的に見てきたイギリス法曹の実定法主義と司法消極主義は、いうまでもなくヨーロッパ連合法とヨーロッパ人権法に対する懐疑や、猜疑心ないし警戒心につながっている。

いずれも外国の（イギリスの発言力が相対的な）法制定権力の正統性を認めないナショナリズムとも結びついてい

るが、決してそればかりではなく、法の基本的アプローチが、イギリス法曹が、少なくとも一九世紀以来、価値としてきたところと矛盾するからでもある。

もちろん、このような懐疑、猜疑心、警戒心が、今後、強くなるのか、弱くなるのか、即断はできない。長い目で見れば、イギリスの法曹が二種類のヨーロッパ法についてヨーロッパ法のやり方に慣れてくる可能性は高い。ただ、それが、イギリス法そのものにおける従来の古典的なやり方や流儀を根底から覆すことになるかどうかは、別の問題であろう。

コラム ②欧州連合法とイギリス法の権力闘争

欧州連合法とイギリス法の間で果てしなく続く権力闘争をよく示す最近の例として、二〇〇九年二月一〇日のアリアンツ社対ウェストタンカーズ社（Allianz v West Tankers）事件の欧州連合裁判所大法廷判決がある[68]。これは石油タンカーの事故で、傭船契約の仲裁裁判条項（arbitration clause）にもとづいてロンドンで仲裁裁判が行なわれ、タンカーの借主が損害賠償責任を負った。ところが、こうして借主に保険金を支払った保険会社（イタリア）は、イタリアの裁判所で仲裁裁判条項の無効を訴えてタンカーの貸主（米系）に損害賠償を請求した。貸主は傭船契約上の仲裁地であるイギリスの裁判所に、契約違反のイタリアでの訴訟の差止を求めた。そして欧州連合法の争点がイギリス貴族院から欧州連合裁判所（Court of Justice of European Communities）に付託され、欧州裁判所は、イギリスの裁判所がイタリアでの訴訟を差し止めることを欧州法違反と断じた。争点となった「ブリュッセル第一規則」（Brussels I Regulation）こと「民商事事件における裁判管轄権と判決の承認と執行に関する欧州共同体規則 Regulation 44/2001/EC」は、仲裁裁判が同規則の対象外であることを明文で規定している。にもかかわらず欧州裁判所は、裁判管轄権の選択に関する規範の域内統一と域内判決の承認と執行の自動化という同規則の目的と、同目的の実効化法理（doctrine of effet utile）という裁判所の政策と、その目的達成のために既に獲得済の欧州連合法（acquis communautaire）によって、契約上の当事者意思に基づくイギリス裁判所の差止命令を欧州法違反と断じた。このことは、次の二つの意味でイギリス法に対して挑戦的であった。第一に、これはロンドンから国際的な商事仲裁裁判の顧客、ひいてはロンドンの裁判所の国際的顧客を奪いかねない判決であり、第二に、欧州統合という政治的目的と判例法が制定法を覆すという、イギリス流の法律解釈ではありえない芸当をやってのけたことである。ロンドンの国際商事紛争解決市場から顧客を奪うというのは、先述のグッド教授の信義則についての懸念（三一頁）と共鳴する。そして、欧州連合法の目的の実効化法理による判決は、先述のブリッジ教授の信義則批判、すなわち「裁判官をして実定法的根拠に基づいて理由付けされた判決を書く義務を放棄せしめる」という懸念を具現化した（三〇頁）。この点、国際私法と仲裁裁判の専門バリスタであるレイトンは、欧州裁判所の判決が立法目的の実効化法理を強調する反面、判例など実定法的根拠をほとんど引いていないことを批判している[69]。イギリス人から見れば、欧州裁判所は法的根拠によって理由付けされた判決を導くことを放棄し、「欧州統合」というわけの分らない呪文を唱えて白を黒と言いくるめ、契約で決まっていたことを後でひっくり返して、終わった紛争を再燃させたのである。イギリスの法曹が、イギリス法は、大陸法のように簡単に契約の無効や事情変更を許さないことを誇りにするわけである。

ただし、ブリュッセル第一規則の検証報告の責任者の一人であるドイツのハイデルベルク大学比較法抵触法研究所長のヘス教授は、欧州連合裁判所の判断が政治的判断であることを認めながら、欧州連合構成国の司法制度に対する相互信頼の法理は最初に訴訟が提起された裁判所に自動的に絶対的優先権を与えるものではなく、今後のブリュッセル第一規則の改正に当たっては、当事者が契約で指定した裁判所や仲裁地の裁判所に優先権を与える体系を採用すべきであるという見解である[70]。また契約上の仲裁地の裁判所に、契約違反の他国裁判所への訴訟提起を差し止める力があるかどうかは国際商事契約の当事者にとって必ずしも優先順位は高くなく、かつ契約の書き方によって対応できるという見方もある[71]。従ってウェストタンカーズ事件の欧州連合裁判所判決によって、ロンドンの地位が低下するかどうかは、慎重に見守る必要があろう。

コラム　③イギリス人の生んだイギリス法

イギリス流の契約解釈術と契約起草術については第四編第19章（一七〇－一七四頁）に譲るが、ウェストタンカーズ事件欧州連合裁判所判決により、国際商事契約の仲裁裁判条項の起草術も、前述の遺言の本文と署名の位置関係についての一八五二年の遺言改正法（Wills Amendment Act 1852）の条文（三七－三八頁）のようなことになるのかもしれない。まるで蟻が地面を這っているようにも見えるが、法律にとどまらず、イギリスで印象深いのは、抽象度の高い表現を追求するとイギリス人には「表面的」あるいは「思索的過ぎる」と嫌われやすいことと、イギリスはまっすぐな言葉の文化、日本は沈黙の文化と思うことである。

抽象概念の定義や理論をこねくりまわすと嫌われ、日本人は大陸式の方が簡明直截と思うかもしれないが、イギリス人には、それでは何も言っていないのと同じで、イギリス式の方が明確で「深い」と思うようである。イギリスのある友人の表現であるが、イギリス人のやっていることは「例えば象の足を、象の足といえば良いのに、至近距離から虫眼鏡を持って象の前足の一本の周りをぐるっと回って、多方向から断片的に微細にデッサンして、それを貼り合わせて、この柱のようなものは何だろうと考えているようなものだ」と。こういう表現を用いると、愚かと思う人もいるだろうが、『ガリバー旅行記』のリリパット、小人の国で、ガリバーを縛り付けて色々研究している小人たちは何のことはない、イギリス人を風刺したもので、「木を見て森を見ず」みたいなときもあるし、逆に非常に着実、堅実という場合もある。つまり一次元の線形思考も、数をこなすと積分（二次元）になる。イギリス人の好きな帰納法や判例法というのも、そういう射程（幅）の狭い、細いひもをズラッと一面に並べて面にしているような感じである。

このようにイギリス法はイギリス人が極自然に作り上げているもので、日本の法学者や法学生が日本法について時々感じるような法の「仮象」性はないように見える。

イギリス人は野暮ったくても、あくまで頑固に自分のやり方を貫く傾向がある。それで、まともな結果が出るのなら良いではないか。「ヨーロッパ統一法典」というのは、おそらくドイツの法帝国主義であって、実現しない方が、世界全体の利益にかなうであろう。

注

1 Konrad Zweigert und Heim Kötz, Einführung in die Rechtsvergleichung auf dem Gebiete der Privatrechts, Band 1, Mohr Siebeck, Tübingen, 1984, S.79.

2 Stefan Vogenauer, Die Auslegung von Gesetzen in England und auf dem Kontinent, Mohr Siebeck, Tübingen, 2001.

3 Stefan Vogenauer, 'Sources of Law and Legal Method in Comparative Law' in Reimann and Zimmermann eds, The Oxford Handbook of Comparative Law, Oxford University Press, 2006, p. 869.

4 Stefan Vogenauer, 'Common Law for Civil Lawyers', lecture for BCL/M.Jur at the University of Oxford, 8 October 2009.

5 Stair Society 編『スコットランド法史』名古屋大学出版会一九九〇年八八頁註五。

6 注４

7 貴族院判決 R v Secretary of State for Transport Ltd (No. 1) [1989] UKHL1, [1990] 2AC85 (18 May, 1989), and the same (No. 2) [1990]

UKHL13, [1991] 1AC 603 (11 October 1990).

8 Practice Statement (Judicial Precedent) [1966] 1 WLR 1234.

9 地方の裁判所や「人民間訴訟裁判所」（「衆訴」Common Pleas を聞く「衆座裁判所」Common Bench, de banco）の誤審（error）は「王座裁判所」（King's Bench、元は王の「御前」裁判所 coram rege）に、「財務府裁判所」（Exchequer of Pleas、勘定方が王に債務のある人の債権を保護したところから管轄権が広がった）の誤審はもともと議会に管轄権があったが、一三五七年に特別の委員会ができ、一三七六年の議会立法でそのための「朝堂会議室」（Council Chamber）が登場し、のちに「財務府会議室」（Exchequer Chamber）と呼ばれるようになり、「王座裁判所」の誤審ももともと議会が管轄していたが、一五八五年の議会立法で前記とは別の「財務府会議室」（Exchequer Chamber）で訴えを聞くようになった。一八三〇年に誤審令状管轄権をもつ以上の三つの裁判所を統合した「財務府会議室裁判所」（Court of Exchequer Chamber）ができ、一八七五年に誤審令状が廃止され、かわりに大法官裁判所の控訴院などを合わせた新控訴院が成立した（John Baker, An Introduction to English Legal History, 4th ed., Butterworths, London, 2002, pp. 136-143）。なお田中英夫編『英米法辞典』（東京大学出版会一九九〇年）では Chamber が「会議室」と訳されているが、もとはアーチで支えた天井を持つ部屋（καμαρα, camera）のことで、かの「星室庁」（Star Chamber、一六四一年に廃止されるまで裁判所機能があった）も枢密院（Council、ニュアンスは朝堂）の一室に過ぎなかった。

10 John Cartwright, Contract Law: An Introduction to the English Law of Contract for the Civil Lawyer, Hart Publishing, Oxford, 2007, p. 34.

11 Cartwright, 2007, 8, 16 (legislative enactments).

12 Quinn v Leathem [1901] 1 AC 495 (HL) 506 per Lord Halsbury LC, 'there are two observations of a general character which I wish to make, and one is to repeat what I have very often said before, that every judgment must be read as applicable to the particular facts proved, or assumed to be proved, since the generality of the expressions which may be found there are not intended to be expositions of the whole law, but governed and qualified by the particular facts of the case in which such expressions are to be found. The other is that a case is only an authority for what it actually decides. I entirely deny that it can be quoted for a proposition that may seem to follow logically from it. Such a mode of reasoning assumes that the law is necessarily a logical code, whereas every lawyer must acknowledge that the law is not always logical at all.'

13 Bills of Exchange Act 1882; cf. Sir Mackenzie D. Chalmers (1847-1927), Digest of the Law of Bills of Exchange (1878).

14 Partnership Act 1890; cf. Sir Frederick Pollock (1845-1937), Digest of the Law of Partnership (1877).

15 歴史的背景について、詳しくは Baker, 2002, 215-217 参照。

16 cf. John Austin, The Province of Jurisprudence Determined and The Uses of the Study of Jurisprudence, Hackett, Indianapolis, 1998, p. 350.

17 Restatementとは、州ごとに判例法と制定法が違うアメリカにおいて、法を分かりやすいように単純明解に整理して、いわば「清書する」ことで、法の現状を「そのまま書き写す」だけではなく、各州法間の対立や矛盾の中で選択を行い、一部あるべき法（lex ferenda）を定式化（formulate）する側面も持つが、厳密には法的拘束力はない。一部、中世ローマ法（ius commune）に近い機能を持つといえよう。

18 Restatement Second of Contract (1981), s. 205, 'Every contract imposes upon each party a duty of good faith and fair dealing in its performance and enforcement.'

19 Uniform Commercial Code, 1952, paragraph 1-203, 'every contract within this Act imposes an obligation of good faith in its performance and enforcement'. 一九五八年改正でcontract or dutyと契約より広がり、二〇〇一年改正で「州法（this Act）」の部分が「[the Uniform Commercial Code]」となり州法の挿入の予定を明確化し、番号が1-304となった。

20 Michael G. Bridge, 'Does Anglo-Canadian Contract Law Need A Doctrine of Good Faith?' (1984) 9 Canadian Business Law Journal 385, 412-3, 'Good faith and fair dealing, ..., is an imperfect translation of an ethical standard into legal ideology and legal rules. ... In the form in which it is cast in s. 205 of the Restatement Second, good faith is an invitation to judges to abandon the duty of legally reasoned decisions, and to produce an unanalytical incantation of personal values.'

21 Royston Miles Goode, The Concept of "Good Faith" in English Law, Centro di Studi e Ricerche di Diritto comperato e Straniero Saggi Conferenze et Seminari 2, Rome, 1992, p. 9, 'One reason for the rigorous approach adopted by English law towards the observance of contractual undertakings is our view that in what we like to think – perhaps wrongly – is the world's leading financial center, the predictability of the legal outcome of a case is more important than absolute justice. It is necessary in a commercial setting that businessmen at least should know where they stand. The law may be hard, but foreigners who come to litigate in London – and many foreigners actually do so even where their contract is not governed by English law and has not contact with England – will at least know where they stand. We are worried that if our courts become too ready to disturb contractual transactions, then commercial men will not know how to plan their business life. (At the moment we are particularly keen on attracting business because as you may know the United Kingdom is not in a good economic state!) The last thing that we want to do is to drive business away by vague concepts of fairness which make judicial decisions unpredictable, and if that means that the outcome of disputes is sometimes hard on a party we regard that as an acceptable price to pay in the interest of the great majority of business litigants.'

22 Wilson v First County Trust (No. 2) [2003] UKHL 40 at [139] per Lord Hobhouse.

23 Cartwright, 2007, 25-26.

24 Co. Inst. IV, pp. 37, 41, 'a good caveat to parliaments to leave all causes to be measured by the golden and straight metwand (method) of the law, and not to the incertain and crooked cord of discretion'.

25 Baker, 2002, 151-2, 211n.104.

26 Cass. civ. 14.5.1991, D.1991.449; cf. Loi n° 78-22 du 10 janvier 1978, relative à l'information et à la protection des consommateurs dans le demaine de certaines opérations de crédit (loi Scrivener) ; Barry Nicholas, The French Law of Contract, 2nd ed., Clarendon Press, Oxford, 1992, pp. 141-4.

27 Black Clawson International Ltd v Papierwerke Waldhof-Aschaffenburg AG [1975] UKHL 2 (5 March 1975), [1975] AC 591.

28 Pepper (Inspector of Taxes) v Hart [1992] UKHL 3 (26 November 1992), [1993] AC 593.

29 Wilson v First County Trust (No. 2) [2003] UKHL 40.

30 Corkery v Carpenter [1951] 1 KB 102.

31 cf. John Bell, 'Sources of Law' in Peter Birks ed, English Private Law, vol. 1, Oxford University Press, 2000, p. 27.

32 BGB §2247 (1) „Der Erblasser kann ein Testament durch eine eigenhändig geschriebene und unterschriebene Erklärung errichten."

33 Code civil, article 970, «Le testament olographe ne sera point valable s'il n'est écrit en entier, daté et signé de la main du testateur.»

34 Wills Amendment Act 1852, c. 24.

35 'Where by an Act passed in the first year of the reign of her Majesty Queen Victoria, intituled "An Act for the amendment of the laws with respect to wills," it is enacted, that no will shall be valid unless it shall be signed at the foot or end thereof by the testator, or by some other person in his presence, and by his direction: Every will shall, so far only as regards the position of the signature of the testator, or of the person signing for him as aforesaid, be deemed to be valid within the said enactment, as explained by this Act, if the signature shall be so placed at or after, or following, or under, or beside, or opposite to the end of the will, that it shall be apparent on the face of the will that the testator intended to give effect by such his signature to the writing signed as his will; and that no such will shall be affected by the circumstance that the signature shall not follow or be immediately after the foot or end of the will, or by the circumstance that a blank space shall intervene between the concluding word of the will and the signature, or by the circumstance that the signature shall be placed among the words of the testimonium clause or of the clause of attestation, or shall follow or be after or under the clause of attestation, either with or without a blank space intervening, or shall follow or be after, or under, or beside the names or one of the names of the subscribing witnesses, or by the circumstance that the signature shall be on a side or page or other portion of the paper or papers containing the will whereon no clause or paragraph or disposing part of the will shall be written above the signature, or by the circumstance that there

shall appear to be sufficient space on or at the bottom of the preceding side or page or other portion of the same paper on which the will is written to contain the signature; and the enumeration of the above circumstances shall not restrict the generality of the above enactment; but no signature under the said Act or this Act shall be operative to give effect to any disposition or direction which is underneath or which follows it, nor shall it give effect to any disposition or direction inserted after the signature shall be made.'

36 BGB §328 (2) „In Ermangelung einer besonderen Bestimmung ist aus den Umständen, insbesondere aus dem Zweck des Vertrags, zu entnehmen, ... ob den Vertragschließenden die Befugnis vorbehalten sein soll, das Recht des Dritten ohne dessen Zustimmung aufzuheben oder zu ändern."

37 Code civil, article 1121, «... Celui qui a fait cette stipulation ne peut plus la révoquer si le tiers a déclaré vouloir en profiter.»

38 Contract (Rights of Third Parties) Act 1999, c. 31.

39 2 (1) Subject to the provisions of this section, where a third party has a right under section 1 to enforce a term of the contract, the parties to the contract may not, by agreement, rescind the contract, or vary it in such a way as to extinguish or alter his entitlement under that right, without his consent if – (a) the third party has communicated his assent to the term to the promisor, (b) the promisor is aware that the third party has relied on the term, or (c) the promisor can reasonably be expected to have foreseen that the third party would rely on the term and the third party has in fact relied on it.

40 (2) The assent referred to in subsection (1)(a) – (a) may be by words or conduct, and (b) if sent to the promisor by post or other means, shall not be regarded as communicated to the promisor until received by him.

41 (3) Subsection (1) is subject to any express term of the contract under which – (a) the parties to the contract may by agreement rescind or vary the contract without the consent of the third party, or (b) the consent of the third party is required in circumstances specified in the contract instead of those set out in subsection (1)(a) to (c).

42 (4) Where the consent of a third party is required under subsection (1) or (3), the court or arbitral tribunal may, on the application of the parties to the contract, dispense with his consent if satisfied – (a) that his consent cannot be obtained because his whereabouts cannot reasonably be ascertained, or (b) that he is mentally incapable of giving his consent.

43 (5) The court or arbitral tribunal may, on the application of the parties to a contract, dispense with any consent that may be required under subsection (1)(c) if satisfied that it cannot reasonably be ascertained whether or not the third party has in fact relied on the term.

44 (6) If the court or arbitral tribunal dispenses with a third party's consent, it may impose such conditions as it thinks fit, including a condition requiring the payment of compensation to the third party.

45 (7) The jurisdiction conferred on the court by subsections (4) to (6) is exercisable by both the High Court and a county court.

46 Cartwright, 2007, 31.

47 Sir Matthew Hale (d. 1676), Hale's Common Law of England, 6th ed. (1820), p. 90; cf. William Blackstone, Commentaries on the Laws of England, 6th ed., (1774) pp. 88-89.

48 Kleinwort Benson v Lincoln City Council [1992] 2 AC 349 (HL) 377 per Lord Goff.

49 cf. Manlio Bellomo, The Common Legal Past of Europe 1100-1800, Catholic University of America Press, Washington DC, 1995, p. 192.

50 Donoghue v Stevenson [1931] UKHL 3, [1932] AC 562 (26 May 1931).

51 [1932] AC 562, 579-580 per Lord Atkin, 'At present I content myself with pointing out that in English law there must be and is some general conception of relations giving rise to a duty of care, of which the particular cases found in the books are but instances. The liability for negligence, whether you style it such or treat it as in other systems as a species of 'culpa', is no doubt based upon a general public sentiment of moral wrongdoing for which the offender must pay. But acts or omissions which any moral code would censure cannot in a practical world be treated so as to give a right to every person injured by them to demand relief. In this way rules of law arise which limit the range of complainants and the extent of their remedy. The rule that you are to love your neighbour becomes in law: You must not injure your neighbour, and the lawyers' question: Who is my neighbour? receives a restricted reply. You must take reasonable care to avoid acts or omissions which you can reasonably foresee would be likely to injure your neighbour. Who then, in law, is my neighbour? The answer seems to be persons who are so closely and directly affected by my act that I ought reasonably to have them in contemplation as being so affected when I am directing my mind to the acts or omissions which are called in question. This appears to me to be the doctrine of Heaven v Pender as laid down by Lord Esher when it is limited by the notion of proximity...'

52 [1932] AC 562, 599 per Lord Atkin.

53 Baker, 2002, 216-217.

54 Aktenversendung. cf. Borlowski, 2005, 374.

55 Frederick William Maitland, 1850-1907, Downing Professor of English Law, Cambridge.

56 Albert Venn Dicey, 1853-1922, Vinerian Professor of English Law, Oxford.

57 William Reynell Anson, 1843-1914, Warden of All Souls College, Oxford.

58 Frederick Pollock, 1845-1937.

59 Baker, 2002, 170-172.

60 Chitty on Contracts.

61 Archibold's Pleading, Evidence and Practice in Criminal Cases.

62 Pollock on Contract.

63 Anson on Contract.

64 Cheshire and Fifoot's Law of Contract, 13th ed., Butterworths, London, 1996.

65 Winfield and Jolowitcz on Tort, 16th ed., Sweet and Maxwell, London, 2002.

66 Peter Birks, ed., English Private Law, Oxford University Press, 2000.

67 R v Secretary of State for Transport ex parte Factortame (No. 2) [1990] UKHL13, [1991] 1AC 603 (11 October 1990).

68 Allianz SpA (formerly known as RAS Riunione Adriatica di Sicurta SpA) v West Tankers Inc [2009] EUECJ C-185/07 (10 February 2009), [2009] 1 AC 1138.

69 Alexander Layton QC of 20 Essex Street, London, view, posted on 13 February 2009 at <http://conflictoflaws.net/2009/layton-on-west-tankers/>, 'It is striking how thinly reasoned this part of the judgment – paragraph 24 – is; there is no reference to any earlier decision on the point at all'.

70 Professor Burkhard Hess of the Institute for Comparative Law, Conflict of Laws and International Business Law, Heidelberg, views posted on 10 February 2009 at <http://conflictoflaws.net/2009/hess-on-west-tankers/>, '... I fully agree ... that the principle of mutual trust does not automatically imply the (absolute) priority of the court first seised in parallel litigation. ... To my opinion, the Brussels I Regulation should also adopt a hierarchical system giving priority to the court agreed upon in choice of court agreements and to the courts of the place of arbitration in arbitration proceedings.'

71 Nick Archer and Richard Hornshaw (Slaughter and May), 'Litigation - The practical implications of the West Tankers decision', 24 Butterworths Journal of International Banking and Financial Law (2009) 182-183.

第三編　不法行為法

第10章　侵害（torts of trespass）とイギリス不法行為法の歴史

一　用語について

まず、イギリス法のtrespassを「侵害」と訳し、イギリス法のnegligenceを「過失」と訳すことについて[1]、「侵害」がローマ法のinjuria、「過失」が同じくculpaを意味するところから、ローマ法学史とイギリス法史の両方から簡単な説明が必要と思われる。

ローマ法の「侵害」（injuria）は、元来、アクィリウス法において「違法性」（non jure）を意味したが、故意（dolus）と過失（culpa）の問題の中に吸収されていた[2]。なお過失（culpa）はユスティニアヌス帝の時代には注意義務（diligentia）違反と同値され狭義化されていた[3]。ローマ法の「侵害の訴え」は十二表法の八番目の中で手足をもぐとか骨を折るといった身体的侵害に次ぐものとして登場し、時代が下るにつれて「人格侵害」（の訴え）を意味するようになった[4]。つまり名誉毀損につながる。

イギリス法のtrespassを「侵害」と訳すとしても、やはりローマ法の侵害とは違うので、本書では歴史的に「悪事」、「とが」と訳すこともある。なおイギリス法のnegligenceは「懈怠」、「注意義務違反」として「狭義の過失」である。近代の自然法的不法行為法の「広義の過失」（故意を含む）にはfaultという英語（仏faute）を使う[5]。元来イギリス法の用語ではない。

二　中世の悪事の訴え（actions of trespass）から現代の不法行為（torts）へ

「はじめに」述べたとおり、イギリス法は訴え（actions）の定式（forms）を基礎として発展してきた。歴史的には悪事（trespass）は「暴力と武器により国王の平和の破壊する悪事」（trespass vi et armis contra pacem domini regis）と「事案に即して裁判所が訴権を認めた悪事」（trespass on the case）[6]の二つに大別でき、後者からさまざまな訴えの定式（forms of actions）が生まれ、数多くの不法行為（torts）へと発展した。後者のうちの多数については、一八世紀から二〇世紀にかけて自然法学者グロチウスやプーフェンドルフの帰責論（theory of imputation）[7]の影響を受けてイギリス法の過失（negligence）の一般理論が構築されるに伴い[8]、次第に「過失の不法行為」（tort of negligence）へとまとめられていった。過失（注意義務違反）の法理で厳密には統一できないものには、制定法上の義務違反、エクイティ上の信託義務違反、近代契約法の母体となった約束違反（assumpsit）の訴え（第五編で述べるイギリスにおける不当利得法の発展を阻害した）、本来は物権的な訴えであった生活妨害（nuisance）、本来は教会法上の訴えであった名誉毀損（defamation）、そして故意を必要とする詐欺（deceit）の訴えなどがある。とくに生活妨害、名誉毀損、そして歴史的な約束違反については、それ以前の古い訴えの定式の影響が残っている。訴えの定式は一九世紀の廃止後も個別の有名不法行為（nominate torts）の個々の名前とその構成要件（Tatbestand）ともいうべき定義（definition）に、その影響を残している。

また占居者の責任（occupiers' liability）と使用者責任（employers' liability）は起源を同じくし、占居者責任は今や過失の法理でよく説明しなおされているが、本来は別で、使用者責任から発展した代位責任（vicarious liability）の方は過失の法理では説明できない。しかし、代位責任の、企業組織体を中心とする現代社会における実際上の有用性は高く、同様の社会的背景で制定法等が定める厳格責任、そして保険制度の発展とあわせて、過失の法理ひいては自然法の個人主義的な過失責任の帰責論の限界を示唆している。

本編は、現代イギリス不法行為法の概説を心がけるが、その編成は、上記の歴史を踏まえて、第10章に侵害（trespass）をおき、第11章に近代イギリス不法行為法において一種の総論的役割を持つ過失（懈怠）の法理（doctrine of negligence）、第12章に製造物責任（product liability）、第13章に占居者責任（occupiers' liability）、第14章に使用者責任（employers' liability）と代位責任（vicarious liability）、第15章に制定法上の義務違反を置いて、過失の法理の発展と現代社会における限界にも視野を広げる。第16章に生活妨害（nuisance）、第17章に名誉毀損（defamation）という中世の名残を色濃くとどめながら現代でも活躍している有名不法行為の類型（nominate torts）を置く。第18章の救済は訴訟戦略上極めて重要なので一括して扱う。なお本書では現代イギリスに現存するすべての個別不法行為（torts）を網羅することはできない。ただし詐欺（deceit）のように契約編（二三三―二三五頁）で触れるべきものもある。

三　現在の侵害の不法行為（torts of trespass）

「暴力と武器により国王の平和を破壊する悪事」（trespass vi et armis contra pacem domini regis）は、元来は「国王裁判所がとりあげるべき重大な事件だ」と、国王裁判所の注意を喚起するための文言で（犯罪との区別は曖昧だった）、暴力云々の要件は中世のはじめから極めてゆるく解釈された（例、「鍛冶屋が馬を武器～蹄鉄をうちつける釘のこと～で傷つけた」など実際上の契約違反まで訴えた[9]）。一四世紀後半から「事案に即した悪事」（trespass on the case）の訴えが発達すると、それとの区別の必要性が生まれ、ローマ法の動産侵害訴訟がアクィリウス法という制定法上の訴え〔actio directa〕とその類推による事実に即した訴え〔actio in factum〕の二つに分かれていたことにならった命名なので、「事実訴権」を訳す。旧来のイギリスの悪事（trespass）は、土地（land）、物（goods）、人身（person）に対する「直接」の侵害（trespass）を意味するように整理された。

侵害は歴史的に原告の権利に着目した訴えであり、被告の行為の非難可能性に着目する帰責論（自然法学者がアリストテレスの『ニコマコス倫理学』五巻八章（1135a-b）から導入した）とは一線を画する。したがって損害（damage 単数形）の発生という結果は要件ではなく、侵害行為のみを立証すれば足る（actionable per se）。実害が発生した場合も、損害賠償（damages 複数形）の範囲が予見可能性によって制限されることはない。ただし、損害賠償の額には影響する。

一．不動産の占有に対する侵害（trespass to land）

構成要件は「不動産」（land）の占有（possession）に対する意図的（intentional）かつ直接的な干渉（interference）である。

原告は、上記の各要素について「主張どおりか、そうでないか」を秤にかければ「主張どおり」に傾く程度、つまり「本当らしさの均衡」(balance of probabilities)を破る程度まで立証しなければならない。この立証基準は民事に共通である。

「不動産」（land）は、家屋を含み、社会通念上常識的（reasonable）に使える範囲で地下にも地上にも空中にも広がる。空中は不動産の利用収益（use and enjoyment）に必要な範囲に限られる。航空法（Civil Aviation Act 1982）によれば、事案の全体的状況に鑑みて航空機の常識的な飛行に限り抗弁（defence）が認められる。

「占有」（possession）は排他的支配を意味し、単に不動産の上に存在したりこれを使用したりするだけでは足らない。原告が自らの占有の事実を証明しなければならない。違法占有者にも占有侵害訴権はあるが、優位の権原（title）保持者やその代理人に対抗することはできない。間借人（licensee）は、不動産のどの部分にも排他的支配はしないことが定義で、占有侵害訴権はなく、賃借人（tenant）とは区別される。なお、占有侵害訴権は、以上のように権原（title）の主張とは異なるが、機能的には、そのために用いられることも少なくない。

「干渉」（支障）は直接的でなければならず、隣地にゴミを捨てたり塀を建てたりする行為は疑いなく占有侵害であるが、隣地から騒音や悪臭や煙が漂うなどの干渉には後述する生活妨害（nuisance）を考える（一二四頁以下）。

抗弁（defence）には、侵害の承諾、緊急避難（necessity）などがある。自己の身体や財産に対する現実の急迫する危険（real and imminent danger）を回避するために他人の不動産を侵害したとしても常識的な範囲内で許される〔Cope v Sharpe [1912] 1 KB 496〕。また動産（chattel）を奪った相手の土地に立ち入って自力で取り返すことも、常識的で国王の平和を乱さない限り許される。

侵害があった場合はコモンローの原則として自力救済（self-help）が常識的で国王の平和を乱さない限りで許される。不動産占有回復（re-entry on land）もその一つで、現在では厳しい制定法の制約があるが、コモンロー上の原則として、不動産の即時占有（immediate possession）が許されている者は不動産に立ち入り不法侵入者（trespasser）を立退かせること（eviction）ができる。ただし暴力による威嚇またはその行使は制定法〔Criminal Law Act 1977〕により犯罪となる。

裁判所は損害賠償（常に複数形でdamages）を命ずることができる。

時効は、訴権の発生から12年である〔Limitation Act 1980, s. 15 (1)〕。

二　動産の占有に対する侵害（trespass to goods）

これは、他人の動産の占有に対する意図的かつ直接的な干渉である。

直接性の要件のため、他人の飼い犬に毒をもった餌を与える行為は、侵害とならない。

なお占有（possession）という「事実状態」ではなく、「権原」（title）と抵触する行為には「横領」（conversion）という別の不法行為（tort）を考える。

現在では制定法〔Torts (Interference with Goods) Act 1977〕が、「占有侵害」と「横領」を含めて広く動産への干渉についての法をある程度整理している。

被告の抗弁（defence）は後述する。

三．人身に対する侵害（trespass to person）

これは他人の身体に対する意図的かつ直接的な干渉であり、暴行（assault）、接触暴行（battery）、不法監禁（false imprisonment）の三種類がある。なお侵害の訴えの時効は、人身に対するものであっても、不法行為の一般原則の六年が適用されるが[10]、それ以外の他の不法行為、生活妨害（nuisance）や過失（negligence）または制定法または契約上の義務違反による人身傷害の訴え（personal injuries claims）は、時効が三年と短い[11]。

（あ）暴行（assault）

これは他人をして急迫性の暴力の行使を恐れさせる行為である〔Collins v Wilcock [1984] 3 All ER 374〕。従って、厳密には物理的接触は要件ではない。日常的な用語法では接触暴行（battery）を含むことも多い。

「恐れ」（apprehension）は、被害者が直接接触の危険を感じることで必要かつ十分である〔Stephens v Myers (1840) 4 C&P 349〕。この点で、言葉（words）は暴行の成立を否定することがある〔Tunberville v Savage (1669) 1 Mod. 3〕ものの、歴史的には言葉や歌だけでは暴行は成立しないとされてきた〔R v Meade and Belt (1823) 1 Lew CC 184〕。ただし近年では、電話によるストーカー行為において、相手が急迫する身の危険を感じれば、無言電話でもこの不法行為は成立しうる〔R v Ireland [1998] AC 147〕。ちなみに判例は刑事事件のものである。

急迫性（imminence）がない場合は「暴行」にはならない[12]。

（い）接触暴行（battery）

これは意図的で敵対的な（offensive）物理的接触（contact）である（Wilson v Pringle [1987] QB 237）。

意図（intention）とは、侵害（trespass）全体にあてはまることであるが、そういう行為を意図すればよく、何らかの結果の発生を意図し、またはそれを予見する必要はない。しかし実害が発生すれば予見可能性にかかわらず損害賠償責任を負う。

「敵対性」とは相手の望まないことで、社会常識的に受け入れられる意図的接触、例えば相手に気づかせるために肩を叩く行為などは許される。相手の望まないキスは当然「接触暴行」である。またヘア・サロンで客の同意なくトニックを使ったところ頭皮に反応が出た件でこの暴行が認められた例もある〔Nash v Sheen (1953) Times, March 13〕。「物理的接触」は対象が髪の毛（神経が通っていない）でも成立する。

（う）不法監禁（false imprisonment）

これは意図的で明示または黙示の法的授権なき他人の行動の自由の完全な剥奪である（Collins v Wilcock [1984] 1 WLR 1172)。

警察官による逮捕理由を告げない違法な逮捕が典型例であるが、一般に、被害者がその間完全に意識がなく、その意味で行動の自由を享受できる状態でなかったとしても、不法監禁は成立する。

不法監禁の訴えには現在でも歴史的な陪審裁判を利用できる（七四頁コラム参照）。

四　被告の抗弁

被告の抗弁（defence）には、侵害を原告が承諾したこと、何らかの法的授権があったことで、法的授権は正当防衛（self-defence）や先述の緊急避難（necessity）を含む。正当防衛（self-defence）には、英語の表面的意味にかかわらず制定法（Criminal Law Act 1967）により保護責任のない他人の防衛も入り、合法的逮捕（制定法〔Police and Criminal Evidence Act 1984〕の定める逮捕のほか、コモンロー上の国王の平和を維持するための逮捕や市民による現行犯逮捕がある）や犯罪防止のための「常識的」（reasonable）な実力行使すべてが入る。

コラム ④官憲による侵害と悪意の訴追と陪審裁判

◇　侵害

侵害（trespass）は、不動産や動産の占有に対するものであれ、人身に対するものであれ、経験的に警察や獄吏などの官憲が被告となることが多い。違法な家宅捜索（entry and search）や押収（seizure）や逮捕（arrest）は、そのまま不動産占有侵害、動産占有侵害、人身侵害を構成する（ただし違法な押収には横領 conversion の訴えの方が効果的な場合も多い）。服役囚であっても、刑務所内で不必要に懲罰房に入れられれば「暴行」と「不法監禁」が成立する。

◇　不法監禁

不法監禁の訴えには陪審裁判が利用できるが[13]、そういう訴権が一つあれば、実際上、他の普通は陪審を利用できない訴え（例えば暴行や過失など）も全部あわせて一緒に陪審にかけることができるので、特に官憲相手の訴訟に有効である。つまり一般市民（陪審員）の視点で裁いてもらうことができ、公務員の職権濫用の場合には懲罰的損害賠償（一四四－一四五頁）も利用でき、市民的自由権を回復（vindication）できる、機能的に見れば、まさに憲法的な訴えとなる[14]。

◇　悪意の訴追（malicious prosecution）

「侵害」（trespass）ではないが、不法監禁とならんで現在でも伝統的な陪審裁判が利用できる不法行為に悪意の訴追と名誉毀損（一三二頁以下）があり、とくに悪意の訴追は不法監禁と並んでとくに警察などの公権力の犯しやすい犯罪であるため、この場で概説することにする。実は、現在の名誉毀損は教会法に由来するが、悪意の訴追（無実の人を重罪で訴追する共謀）は歴史的には国王裁判所の管轄するコモンロー上の名誉毀損的な訴訟であった（不法監禁も）[15]。

悪意の訴追は、①原告が訴追され原告に有利に終結したこと、②訴追に常識的で相当な理由（reasonable and probable cause）がなかったこと、そして③被告の悪意（malice）をもって成立する。

①「訴追」（prosecution）について、この不法行為は一八世紀に近代警察制度[16]が整えられる前に私訴が中心であった時代の名残であるといえるが、現在では、経験的に無罪の評決や判決が出た後や訴追が公訴局（Crown Prosecution Service）の判断で打ち切られるなどして、被告人に有利に終結した後に、警察が悪意の訴追で訴えられることが多い。公訴局などの公訴制度が整備されている今日においても、刑事訴追の基礎となる証拠をすべてつかんでいるのは警察である実態に即して解釈されている。警察に虚偽の犯罪を告発した私人も、「悪意の訴追」の「訴追人」に当たる（Martin v Watson [1996] AC 74）。被告は、悪意の訴追の共謀者であればよい。

②「常識的で相当な理由」は、「おそらく有罪だと考えるのに十分な根拠」で、「おそらく有罪評決を得られる」と信じる必要はないし、防御の強さを厳密に審査しなければならないわけでもなく、公判に付すのに適していると信じられれば良い（Glinski v McIver [1962] AC 726 at 766-7）。この要件は濫訴防止のハードルであり、「法律問題」（question of law）として裁判官が判断する。ただし、その基礎となる「事実問題」（question of fact）は陪審員が判断する。なお、厳密には、陪審には被告が邪か否かの一般評決を出す権利があるが、現実には裁判官が選択する個別の争点の特別評決の指示に従わない陪審はいない。客観的に「訴追する常識的で相当な理由」が認められた場合でも、被告が主観的にはそう信じていなかった証拠を原告（元被告人）が提出し陪審が認定すれば、「常識的で相当な理由」はなかったとされる。ハードルは非常に高い。

③「悪意」（malice）の有無は陪審の判断にかかる事実問題である。「常識的で相当な理由の欠如」とは別の問題

として証明されなければならない。「常識的で相当な理由」があったと認定された場合は、「悪意」を立証したとしても、「悪意の訴追」は成立しない。悪意の定義は難しいが、その中核にあるのは相手を害する動機（motive）である。実際上は、正義（justice）の追及以外の動機（個人的な恨み、人種的偏見など）を指すと考えて誤りではない。

なお悪意の訴追の仲間として、悪意の民事訴訟（malicious civil proceedings）などもそれぞれ独立した不法行為・犯罪として存在する。

第11章　過失（negligence）

過失または懈怠（negligentia）という言葉自体は一四世紀から被告の責任の根拠の一つとして存在してきたが[17]、過失の法理は、これまでの訴えの定式（forms of actions）の歴史的発展や変容とは別の次元で、外国の学説、とくにグロチウスやプーフェンドルフの自然法学のアリストテレス的帰責論（theory of imputation）の比較的包括的な受容、いわば「学説継受」の結果生まれたものである[18]。ただし日本の一九世紀後半の民法典編纂と二〇世紀前半のドイツ学説の継受[19]とは対照的に、イギリスの場合は、ホールト首席裁判官（一六八九～一七一〇）[20]の時代から二百年以上にわたる長い年月がかかっている。つまり、裁判官の陪審員に対する統制権が次第に強まる中で、陪審用の訴訟方式（定型句）の束縛から離れて、裁判官の指針としての理論的な体系を志向して、自然発生的に受容されたといえよう。大筋として、イギリス不法行為訴権の重要な一部（侵害訴権を除き、事実訴権〔on the case〕の中でも、生活妨害や名誉毀損や詐欺などを除き、被告が原告に損害を与えたという主張のあらすじ以外にはまとめる基準のなかった訴権群[21]）を、判例が自然法学的な被告への帰責論で整理し、実務上の実効性を持つようになった。

なお、自然法学の帰責論の継受にあたり、プーフェンドルフの『自然法と万民法』の一八世紀初頭のオックスフォード大学における英訳は、過失（culpa）も懈怠（negligentia）もnegligenceの一語で訳している[22]。原文（ラテン語）も過失を懈怠や不注意と等値しているところがあるため[23]、イギリス法の過失（negligence）は、基本的に狭義の過失（注意義務違反）で、故意を含む広義の過失（羅 culpa 仏 faute 独 Verschulden）ではない。ただし、本章九四頁であつかう一九四五年の寄与過失法改正法〔Law Reform (Contributory Negligence) Act 1945〕は、第一項でfaultという単語を使っているが、意味は、狭義の過失と思われる。

イベットソンは学説継受を一八世紀、一九世紀、二〇世紀の三段階に分けているが[24]、一八世紀は過失概念の結晶化期で、一九世紀は（一九三二年の視点から大局的にふり返ると）一定の当事者関係の類型に応じた注意義務が「複数形で」認められる程度であった[25]。そして二〇世紀にはいって、一九三二年のドノヒュー対スティーヴンソン事件（Donoghue v Stevenson [1932] AC 562）の貴族院判決が、第二編四三–四四頁で概観したような判例解釈をもって「注意義務の発生する当事者関係の一般概念」すなわち「隣人原則」を打ちたてた。

隣人原則は、その後の判例法の発展の中で、従前の訴訟方式（forms of actions）を受け継いだ個別訴権（causes of actions）の多くを一つにまとめて「過失の不法行為」（tort of negligence）という不法行為の一般訴権を生んだといえよう。そして、後述するように、大陸法なら契約法の分野に入る事実関係においても「過失の不法行為」の訴権が機能的に活躍する。

過失の不法行為は、今後、不法行為法の一般原則へ、さらには債権総則へと成長する可能性を持っているといえるかもしれない。ただし、イギリス法がローマ法的分類学とは無関係の訴訟方式から発達した歴史を踏まえて、現状では、あくまでも不法行為訴権の一つと捉えるべきであろう。

◆さて、イギリス法の「過失の不法行為」は、「被告が（一）注意義務に（二）違反して（三）原告に損害を与えたとき、被告は原告の損害を賠償する責めを負う」という定式で表現できる。

一　注意義務（duty of care）

●注意義務は、歴史的には、例えば医者と患者[26]、動産を預けた人と預かった人（bailment）[27]、宿の主人と客など何らかの契約関係の認められやすい当事者関係や、火の使用者と隣人、道路を共に使用している当事者間など何らかの危険を共有している当事者の間において判例で個別に認められてきた。

●現在でも、判例で認められている当事者関係の類型において注意義務が発生するのが基本であるが、本章で述べるように類型は閉じられておらず、新たな類型を認めるための基準もできている。実際に広い範囲で類型が認められているので、通常は（後述する「心の傷」や「純粋に経済的な損失」などの損害を訴える場合を除き）、一審裁判所で、注意義務の発生する当事者関係の類型に当てはまることを示すのに、判例を引く必要はない。

▽かつては原告と被告の間の関係から注意義務が発生しうるかどうか、つまり既存の当事者関係の類型にあてはまるかどうかは法律問題として裁判官が判断し、実際に被告が原告に対して注意義務を負うかどうかは事実問題として陪審員が判断していた。過失の不法行為については、一九三三年以降、陪審制度は原則として利用できなくなったが、法律問題と事実問題の区別はイギリス法全般にわたり今でも重要である。

●一九三二年五月二六日、貴族院は、欠陥製品（ジンジャーエールの瓶詰めにナメクジの腐乱死体が混入していた）の消費者が（ショックで吐気をもよおすなどの傷害を訴えて）直接契約関係のなかった製造元を訴えたドノヒュー対スティーヴンソン事件（Donoghue v Stevenson [1932] AC 562）で、「何人も隣人を傷つけないように注意する義務を負う」という「隣人原則」を導き出した。多数意見のアトキン卿は、第二編四三−四四頁で見たように、「イギリス法にも注意義務が発生する当事者関係の一般概念がなければならない」という確信にもとづき、過去の判例（本編一〇四頁の占居者責任の歴史的起源を含む）を、そういう一般概念の存在を示唆する証拠とみなし、その一般概念を次のように聖書から演繹的に定義した。

▽「『汝の隣人を愛せ』という規範（レビ記一九章一八節）は、法律上は『汝の隣人を害する勿れ』[28]になる。そして法律家の・・・問いには、限定的な回答が与えられる。即ち、汝は隣人を害すると常識的に予見できるような作為不作為を避けるように常識的な注意を払わなければならない。では法律的に誰が隣人であるか？その答えは、私の行動に非常に緊密かつ直接的に影響を受けるために、私がその行動（不作為を含む）をとるときに常識的に念頭に置いていなければならない範囲の人々を指す[29]。」

● この判決の解決の文脈では、先例拘束性を持つ「決定理由」（ratio decidendi）は、次章の「製造物責任」（九九頁）を打ち立てた部分で、右に引用した部分は、それを導くための立論に過ぎなかった。

● しかし、一九六三年五月二八日のヘドリー・バーン対ヘラー事件（Hedley Byrne & Co Ltd v Heller & Partners Ltd [1964] AC 465）貴族院判決で、デブリン卿は、「隣人原則」の意義を、先例のない場合に、注意義務の発生しうる当事者関係の新しい類型を切り開くときに使えると評価した。この点は、Home Office v Dorset Yacht Co Ltd [1970] AC 1004 事件貴族院判決でも再確認されている（Lord Reid）。つまり、「隣人原則」が個別の事件で直接そのまま適用されることはない。

● 注意義務の発生しうる当事者関係の新しい類型を切り開く場合の要件は、その後、大きな紆余曲折を経て（本章九二頁コラム「高層住宅の隠れた欠陥」を参照）、現在では、キャパロ対ディクマン（Caparo Industries plc v Dickman [1990]

2 AC 605）事件貴族院判決の定義したものがよく使われる。すなわち、

① 損害の予見可能性（foreseeability of damage）
② 当事者間の関係の緊密性（proximity of relationship）
③ 注意義務を課すことが公正と正義と常識にかなっていること（just, fair and reasonable to impose a duty of care）

という三点が別々に吟味される。キャパロ事件の三要件は、訴訟の洪水を制御する「水門」（flood gate）に譬えられる。

▽ ちなみに、損害の予見可能性は、後述する法的因果関係（損害賠償の範囲）の文脈でも出てくるが、それとは文脈が別々なので注意が必要である。ここでは、先例のないときに、新たに注意義務を課すべき当事者関係の類型を切り開く、いわば準立法的措置のための要件の一つに過ぎず、基本的に上訴審裁判所（貴族院＝連合王国最高裁判所）のための基準であって、過失による損害賠償請求の個別事例において一審裁判所が常に考慮するポイントではない。

● そして、「隣人原則」は、次章の製造物責任の拡大だけでなく、本章八六−九〇頁で後述するように、外からは判別しにくい「心の傷（psychiatric injury）」や、人の死傷や物の毀損から派生したわけではない「純粋に経済的な損失（pure economic loss）」の分野において、注意義務の課される当事者関係の類型を拡大することに貢献してきた。

二　違反（breach）

● 注意義務の違反は、常識のある人ならしないことをしたとか、常識のある人ならすることをしなかった、という常識人の基準で判断される〔Blyth v Birmingham Waterworks (1856) 11 Exch 78〕。判例の一八五六年当時は陪審

の判断であったため「常識人」（reasonable man）とは陪審員に他ならず、その意味で客観的基準であった。過失の訴訟に陪審が原則として利用できなくなった後も基準の客観性に変化はない（Glasgow Corporation v Muir [1943] AC 448 HL）。

● 素人であることや経験不足は関係なく、常に熟練者に常識的に期待される注意の基準で判断される（Wells v Cooper [1958] 2 QB 265 CA; Nettleship v Weston [1971] 2 QB 691 CA）。

● こどもは、その年齢のこどもに常識的に期待できる注意の基準が適用される（Mullin v Richards [1998] 1 WLR 1304 CA）。

● 基準は法的基準であり、裁判所が定め、業界の慣行や専門家の意見が決めるものではない。裁判所の定めた注意義務を守らないことが業界における「常識」、「通例」、「常態」であったからといって許されるものではない。

● ただし医療過誤など専門家の過誤に関しては、問題の作為不作為が「責任ある」職能団体の適切と見なす基準と矛盾していないことを証明すれば、原告からの反証のない限り注意義務違反はないと見なす（Bolam v Friern Hospital Management Committee [1957] 1 WLR 582 McNair J; Bolitho v City and Hackney Health Authority [1998] AC 232 HL）。

● 注意の基準は、空想上の危険可能性ではなく、常識的に発生し易い危険について存在する。Bolton v Stone [1951] AC 850 HL ではクリケット（野球に似たイギリスの国技）の打球が高いフェンスを越えて歩行者を直撃したが、常識的注意義務をもってしても防ぎきれなかった不運な事故とされた。

● 被害発生の頻度が高いほど、その危険について注意しなかった被告は敗訴しやすい（Haley v London Electricity Board [1965] AC 778 HL では道路の地下の配線工事の際、盲人の通行を想定しなかった被告が責任を負った）。

● 重い人身事故を起こす危険については相応に高い注意義務が課される（Paris v Stepney Borough Council [1951] AC

367 HLでは片目の労働者には通常の両目の労働者以上に保護めがねの支給が必要とされた）。

- 注意の基準は、事故当時に流布していた知識の水準を越えない（Roe v Minister of Health [1954] 2 QB 56 CAでは腰椎の穿刺手術後の痙攣性対麻痺の予見可能性が問題となった）。
- 危険についての知識水準が上昇している場合は、常識的に新知識を習得する（keep abreast of development）義務があり、その適用について遅れることがあってはならない。通常以上の知識を持っていたことが証明されれば、その高い基準で判断される場合もありうる（Stokes v Guest, Keen and Nettlefold (Bolts and Nuts) Ltd [1968] 1 WLR 1776 Swanwick J）。ただし、この判例は「産業」（industrial）つまり労働災害事件で、医療過誤事件とは区別されうる。
- 最善を心がけながら犯した判断ミスは注意義務違反ではない（Whitehouse v Jordan [1981] 1 WLR 246 HL [30] では自然分娩か帝王切開かの判断ミス、Wooldridge v Sumner [1963] 2 QB 43 CA [31] では騎手のコーナーを回る速さの判断ミスが注意義務違反にならないとされた）。
- 重要な目的のためには高い危険を冒すことも正当化される（Watt v Hertfordshire County Council [1954] 1 WLR 835 CAでは、終戦直後、消防士が救出用ジャッキを運ぶには危険な車両で現場に急行せざるを得ず、急ブレーキでジャッキが転がって負傷し、危険な状態で出動させた使用者の責任を問うた事件で、緊急人命救助の目的が優先するとされた）。
- 危険度と危険回避費用の釣合いを考える（Latimer v AEC Ltd [1953] AC 643 HL）。
- 「事実そのものが物語る」（res ipsa loquitur）。これは被告の支配下において発生するはずのない事故が発生した場合に、被告の注意義務違反を推定（presumption）する法理である（Cassidy v Ministry of Health [1951] 2 KB 343 CAでは手が外科手術後使い物にならなくなった）。被告の反証により覆すことができる。つまり立証責任の原告から被告への転換である。なお自動車の隠れた欠陥（製造主の責任）を主張する場合でも、整備中に気づかなかった場合、持ち主の注意義務違反が認められる（Henderson v Henry E Jenkins & Sons (1969) [1970] AC 282 HL）。

三　損害を与えたこと

まず英語の問題として「損害」は damage で単数形である（複数形 damages は損害賠償を意味する）。何が法的にみて損害とみとめられるか、いいかえれば、人の死傷と物の損壊という基本損害以外の損害が認められるかどうかは、実は、注意義務が課されるかどうかの問題となるので、後述する**四**注意義務の問題となる損害の特殊類型についての項（八六–九〇頁）に預ける。

ここでは、被告の注意義務違反と原告の損害との間の因果関係（causation）が主題である。この点で裁判において求められるのは、科学的因果関係ばかりではなく、また論理でもなく、何より実践的な線引きである。以下、（あ）事実的因果関係と（い）法的因果関係に分けて解説する。

（あ）事実的因果関係

● まず、被告の行動がなければ原告の損害がなかった（causa sine qua non）といえるかどうか吟味される（Barnett v Chelsea and Kensington Hospital Committee [1969] 1 QB 428 Neild J では、夜間、砒素入り紅茶を飲まされた警備員が吐気を訴えて被告病院に診察を求めたが「一晩よく寝て他へ行け」と門前払いされて死亡し、遺族が訴えた。被告は、救命可能性がなかったと主張し、勝訴）。

◇ ただし「機会の喪失」は損害となる（Hotson v East Berkshire Health Authority [1987] AC 750 HL では、誤診がなかったとしても75%の確率で障害が残ったはずという被告病院の証明に対し、誤診が25%の治癒の機会を喪失させたとして25%の損害賠償が認められた）。

● 複数の原因が一つの損害を発生させた場合、原因の一つについての責任者が、全損害について責任を負う。

◇ 複数の原因のある因果関係の立証については、結果に「重要な寄与（material contribution）をしたこと（Bonnington Castings v Wardlow [1956] AC 613 HL）または、結果発生の危険を「実質的に高めた（substantial increase）」こと（McGhee v National Coal Board (1972) [1973] 1 WLR 1 HL[32]）が証明されれば足りる。

◇ 原因の一部に不法行為を構成しない原因がある場合でも、原因の一部となった過失を犯した被告一人一人が個別に全損害について（jointly and severally）責任を負う。

◇ 複数の雇主の過失でアスベストを吸引し肺中皮腫を患ったが、どの雇主が原因か特定できない場合でも、過失のある雇主全員またはその一を訴えることができる（Fairchild v Glenhaven Funeral Services Ltd [2002] UKHL 22 per Lord Bingham）。

（い）法的因果関係

● 「新行為または新原因による因果関係の連鎖の切断」（novus actus vel nova causa interveniens）。

◇ The Oropesa [1943] P 32 CA[33]では、The Oropesa 丸が The Manchester Regiment 丸と衝突し、O丸の船長がM丸の船長と破損した船の処置について談判に出向くため救命ボートでM丸に向う途中で転覆し溺死した事件で、O丸船長の行動は衝突後の常識的な行動であって、M丸の前方不注意と溺死の間の因果関係の連鎖を切断しないと判断された。

◇ Baker v Willoughby [1970] AC 467 HL では、被告の過失で原告は左足を負傷し失業、警備員に転職し、強盗に襲われて左足を切断した。被告は、原告の逸失利益については強盗事件までしか責任を負わないと抗弁したが、貴族院は強盗事件後も被告の責任は続くとした。

◇一方、Jobling v Associated Dairies Ltd [1982] AC 794 HL では、被告の過失で原告は脊椎を負傷し障碍を負った。三年後、まだ裁判前に、原告は負傷と無関係に脊髄症を罹患した。貴族院は被告の責任を三年間に限った。先の強盗の事例では、強盗に遭ったこと自体が被告の不法行為による負傷の結果としての転職の結果だと判断されたが、この事例では、重い障害の発生には負傷は直接関係ないと判断された。

◇また Heil v Rankin [2000] 2 WLR 1173 CA では、犯罪により軽度の精神的外傷性ストレス症候群に罹患していた原告警察官が、被告の過失による交通事故に遭い、重症の鬱病に発展し警察官を辞めざるをえなくなったが、警察官の職務にあった以上、仮に被告の事故に遭わなくとも、将来何らかの犯罪や事故に遭遇して同じ結果に至ったことが予見されるという理由で、損害賠償額が減額された。

●損害の疎遠性（remoteness of damage）。不法行為時における損害発生という結果の予見可能性は、法的因果関係の限界を画する（The Wagon Mound [1961] AC 388 PC[34]）。これは豪州（New South Wales）の事件についての枢密院の判断だが、イギリスでも判例として適用されている。このルールは、意図的加害行為による損害賠償の場合を除いて、イギリスのすべての不法行為において要求される。また契約法編（二八五頁）で詳述するように、契約法の損害の疎遠性とはルールが別なので注意が必要である。

✓意図的加害行為による損害は、結果の予見可能性の有無にかかわりなく、全ての帰結について責任を負う〔Scott v Shepherd (1773) 2 Wm Bl 892〕。

●なお「予見可能性」には、以下の細則が適用される。

◇予見不能の道筋で予見可能な種類の損害が発生した場合は、予見可能性があったと判断される。Hughes v Lord Advocate [1963] AC 837 HL Sc[35] ではパラフィン灯をつけて道路工事中、こどもがパラフィン灯で遊んで一緒に道路工事の穴に転落し灯の爆発で重火傷を負った。こどもの転落やパラフィン灯の爆発は予見不能であったが、灯による火傷事故は十分に予見可能であった判断された。

◇損害の発生が予見されればよく、損害の大きさについてまで予見可能性の制限はない（Vacwell Engineering Co Ltd v BDH Chemicals Ltd [1971] 1 QB 111）。

◇「卵の殻のようにもろい頭蓋骨の法則」（egg skull rule）、すなわち「被告は被害者をありのまま発見する（Defendant finds the victim as he finds him）」法則がある。つまり過失で被害者に火傷を負わしてしまった被告は、たとえ被害者が特異体質のために、火傷から発癌してしまった場合でも、発癌の結果についてまで責任を負う（Smith v Leech Brain [1962] 2 QB 405 Parker CJ）。つまり被害者の属性は予見可能性とはかかわりない。たとえば被害者の将来の収入の喪失（第18章救済一四六頁参照）は、原告の職業、年齢、健康状態その他によって大きく変わるが、そのような要素は、予見可能性の問題とは一切かかわりがない。

四　注意義務の問題となる損害の特殊類型

さて、すでに述べたように、損害の種類によっては、たとえば客観的査定の難しい「心の傷」の他、人の死傷または物の毀損から派生したわけではない「純粋に経済的損失」については、コモンローはなかなか救済の門戸を開かなかった。これらは、損害発生の因果関係の問題ではなく、そういう損害の発生しないようにする注意義務を「法的責任」として負うかどうかという問題となる。「心の傷」と「純粋に経済的損失」については、右で触れた「隣人原則」により、以下に見るように、限定的に新たな注意義務の発生する当事者関係の類型が認められるようになった。

（あ）心の傷（psychiatric injury）

●イギリスの裁判所は、原告の身体には何の傷もない場合に、見えない心の傷だけを損害賠償の対象とすることには極めて慎重であった。

●原告に医学的に認定される心の傷の症状がある場合でも、「精神的ショック（nervous shock）」による傷だけが認められてきた。裁判所が「精神的ショック」を認定するためには、原告自身が「突然、恐ろしい出来事を視覚または聴覚で感知することで心が暴力的にかき乱されることを要件とする。神経系への攻撃がより緩慢に長期間にわたって蓄積された結果生じる精神病までは含まない」(Alcock v Chief Constable of South Yorkshire Police [1992] 1 AC 310 HL[36])。

●原告適格には、事故の第一次犠牲者と第二次犠牲者の区別がある（Alcock v Chief Constable of South Yorkshire Police [1992] AC 310）。

◇第一次犠牲者とは、事故による物理的傷害を負う危険に自身が直接さらされたと常識的に信じる犠牲者で、その際の精神的ショックによる心の傷については、心の傷の予見可能性に拘らず、損害賠償を受ける権利が発生する。この点で救急に当たった人も例外ではない（Chadwick v British Railways Board [1967] 1 WLR 912）。また自分のせいで事故が発生したと誤認した原告も、第一次犠牲者と見なされうる（Dooley v Cammell Laird & Co Ltd [1951] 1 Lloyd's Rep 271）。

◇第二次犠牲者とは、事故により他人が物理的傷害を負う有様を視覚または聴覚により観察したことにより精神的ショックを受けた犠牲者で、通常の精神の安定力のある人[37]でも二次的な精神的ショックを受ける予見可能性が必要とされる（Page v Smith [1996] 1 AC 155 HL）。

◇　第二次犠牲者が損害賠償請求権を得るには、次の要件を満たす必要がある。

▽　第一次犠牲者との間に緊密な愛情関係（close tie of love and affection）があること（McFarlane v EE Caledonia [1994] 2 All ER 1 CA は北海原油採掘プラント Piper Alpha 火災事件）。

▽　事故と時間的、空間的に十分に近かったこと（McLoughlin v O'Brian [1983] 1 AC 410 HL では、事故後、被害者の母が病院の救急病棟で重傷の息子に遭遇したこと可）。

▽　自らの視覚または聴覚で事故を観察したこと。テレビを通した観察は可（Alcock v Chief Constable of South Yorkshire Police [1992] 1 AC 310 HL）。しかし人から聴いた話は不可（Hambrook v Stokes [1925] 1 KB 141 CA）。

（い）純粋に経済的な損失（pure economic loss）

●　コモンローは、長らくの間、人の死傷や物の損壊から派生したわけではない、純粋に経済的な損失について、損害賠償責任を認めてこなかった。例えば被告の交通事故のため高速道路が混雑したために、直接事故に巻き込まれなかった原告が商談に間に合わず巨大な営業上の利益を失って損をしたとしても、そのような「純粋に経済的な損」をした人にまで、被告は注意義務を負わない。他に例えば、隠れた構造的な欠陥のある高層住宅の中の一軒を入手した原告にとっての建替え費用または欠陥による住宅の価値の下落分（担保価値の下落でもある）も、「純粋に経済的な損」にあたるので、過失の不法行為による訴えでは、返還請求できない（Murphy v Brentwood District Council [1991] 1 AC 398 HL）。七八－七九頁のドノヒュー（Donoghue v Stevenson [1932] AC 562）事件に即して、ナメクジの腐乱死体の混入した清涼飲料水の売買代金は、「純粋に経済的な損」に過ぎないので、飲料水の売主に対して契約に基づいて損害賠償請求できても、過失の不法行為では請求できない。

▽ちなみに、これらは、ドイツであれば民法典八二三条の「法律上保護される利益」（Rechtsgüter）の問題（日本民法典七〇九条）ないしイギリス法にくらべて射程の広い契約法の問題になる。

●また、不注意な「言葉」から発生した損害についても、イギリス法においては、第四編第24章二三三頁以下で詳しく述べる「詐欺（deceit）」は、一八八九年のデリー対ピーク事件（Derry v Peek）貴族院判決[38]で、虚偽性（fraud は不正直性〔dishonesty〕と同義）のない言葉、たとえば不注意による真実でない発言からは発生しないとされ、この判決のために、ながらくの間、過失発言から不法行為責任は発生しないと考えられてきた。

●これにエクィティ上の穴を開けたのが、一九一四年のノクトン対アシュバートン卿事件（Nocton v Ashburton）貴族院判決[39]であり、例えば弁護士と依頼人の間のような「信頼関係」（fiduciary relationship）のある場合に、コモンロー上の詐欺よりも広いエクィティ上の発言者の責任を認めた。

●そして、一九六三年五月二八日に至り、貴族院はヘドリー・バーン対ヘラー（Hedley Byrne v Heller）事件[40]において、ノクトン対アシュバートン卿事件判決に依拠しながらデリー対ピーク事件判決の適用範囲を詐欺に限定し、「被告の技能、判断、調査能力を原告が頼り、原告に頼られていることを被告が認識しているべきであり、原告が被告を頼ることが常識的である場合、被告は原告に対して不注意な発言をしない義務を負う」として、純粋な経済的損失について、過失の不法行為による救済の門戸を開いた。

◇ついでキャパロ対ディックマン（Caparo v Dickman）事件貴族院判決[41]では、要件が、先述の①損害の予見可能性、②当事者関係の緊密性、③注意義務を課すことが公正、正義、合理性にかなっているという三要件に明確化された。この事件では被告監査会社が監査対象の会社の株主（原告）に対して監査報告書の内容について注意義務を負うかどうかが問われ、会社（法人）を所有し支配するために監査報告書を必要とする集団としての株主とは別に、個人的な投資目的で動いている株主個人に対しては、注意義務を負わないと判断された。

◇日本海事協会事件貴族院判決[42]では、第二被告ＮＫＫこと「財団法人（当時）日本海事協会」に注意義務を課すことが「公平、正義、合理性にかなっているか（fair, just and reasonable）」どうかが焦点となった。南米チリから船荷をイタリアへ運ぶ船の船体のひびをプエルトリコの米沿岸警備隊が怪しみ検査を勧告したので、被告日本海事協会に雇われた検査員Ducatが検査し修理を勧告した。しかし船長は聴かず、Ducatが先の助言を翻して出航させたところ、案の定、船は沈没した。船荷の所有者であった原告は、船主には国際条約で積荷の重量あたりの厳しい補償制限があるため、主に日本海事協会の代位責任（一一二頁）を追及した。日本海事協会は、世界一の国際船級協会（classification society）であり、海運の安全の確保のために船体構造、制御システム、安全機器、揚貨装置その他の多岐にわたる安全基準の確保のために検査を行なうことなどを業務とし、該当貨物船の船級は日本海事協会に登録されていた。しかし、貴族院の多数意見は、損害の予見可能性も当事者関係の緊密性も認めたが、肝腎の船主の補償責任が国際条約で制限されているのと比較して、船の所有者でもない、安全基準の確保を検査するだけの船級協会に注意義務を課すことは「不公平」だと認定した。批判も多い。

コラム　⑤契約法と不法行為法

ノクトン対アシュバートン卿（Nocton v Ashburton）事件[43]で認められた被告による「責任の引受（assumption of responsibility）」による責任（liability）の発生は、ホワイト対ジョーンズ（White v Jones）事件貴族院判決[44]でその強みを発揮した。七月に遺言の作成を依頼された被告ソリシタ弁護士が怠慢で仕事をしない間に、依頼人が九月に入って死亡してしまい、そのため三月に作成されていた別の古い遺言に従い、依頼人の娘二人（原告）には遺贈がなかった。被告は別に原告二人から直接「頼られていた（reliance）」わけではなかったが、それでも貴族院は被告が依頼を引き受けて「責任を引受けた」と認定して、その過失責任を認めた。ちなみに、第四編第23章二二〇–二二一頁で詳述するように、ドイツ法であれば、原告には「第三者のためにする契約」の受益者としての地位が認められるが、イギリス法では、依頼人の遺言そのものは第三者に便益を供与するが依頼人と弁護士の契約は「第三者に便益を供与する契約」には該当しないのである。

さらにヘンダーソン対メレット・シンジケート（Henderson v Merrett Syndicates Ltd）事件貴族院判決[45]では、「責任の引受」による不法行為責任と契約責任が競合して発生しうることが確認された。事案は、ロイズ保険協会の個人の保険引受人（Names と呼ばれ無限責任を負う）（原告）が、被告証券引受会社の経営代理人の不注意な保険引受（underwritings）により莫大な経済的損害を被ったと訴えたものであった。原告団の一部は、被告会社の社員として被告と契約関係にあり、一部は契約関係にはなかった。原告団は全員、隠れた瑕疵に関する制定法に依拠して有利な時効の起算時を利用するために、不法行為で訴えた。貴族院は被告による「責任の引受」を認め、原告が勝訴した。貴族院裁判官ゴフ（Goff）卿は、契約責任と不法行為責任を峻別する「フランス的解決」にイギリス法が従う必要性はないとした。

ちなみに「責任の引受（assumption of responsibility）」とは、イギリス近代契約法の祖先となった不法行為の事実訴権の訴訟方式の一つ「被告は自ら引受け誠実に約束した（assumpsit super se et fideliter promisit）のにそれを破った」という定型句と偶然重なる。ともかく、イギリス法曹は分類学にはあまりこだわらず（ちなみにドイツも同じ事実関係から契約と不法行為の両方を原因として訴えられる）、イギリス法の不法行為の用途は（ドイツと違い）非常に広いのが特徴である。

また、「内申書」（転職の際の被告旧上司の勤務評価）の内容についても、被告は内申書の査定の対象である原告に「頼られている（reliance）」わけではないが、大きな「責任を引受けている」ことに違いはない。内申書による名誉毀損を訴えるには一四〇－一四一頁で後述する「相対特権」のハードルがあって難しいが、Spring v Guardian Assurance [1995] 2 AC 296 事件貴族院判決は、この「責任の引受」論で、過失の不法行為の訴権を認めた。

なお、一九七七年の制定法（Unfair Contract Terms Act 1977）は、名前こそ「不公正契約条項法」であるが、実は、事業上の免責告示（disclaimer）につき、免責制限を定めており、不法行為法の分野でも重要な立法である。九七頁以下で後述する。

コラム　⑥高層住宅の構造的欠陥

イギリスでも戦後の核家族化の進行にともない低湿地や傾斜面に高層の居住用区分所有建物（日本語の「マンション」、米語では condominium、英語では一般的に block of flats と呼ぶことが多い）を建て、購入資金の大部分をローンで賄う買主に同時に大量に販売することが流行した。このような高層集合住宅が沈下し傾くことも少なくなく、契約ではそのような欠陥の発見時期にかかわらず六年の時効があるために救済ができない場合、ロンドンで建物が沈んだ事例では、住民の生命に急迫性の危険があるという事実認定のもとに、「純粋な経済的損失」として無視されるはずの建替え費用を弁償させた貴族院判決もあった（Anns v Merton London Borough Council [1978] AC 728）。しかし現在では先述の別事件の貴族院判決（Murphy v Brentwood District Council [1991] AC 398）で否定されている。

ただし、その後も枢密院ではニュージーランドの事例について現地の政策的判断と現地住民の期待に沿った現地の裁判所の判断を尊重するという立場をとっており、同種の事件でもニュージーランドなら建築基準監督庁に過失責任が認められる（Invercergill City Council v Hamlim [1996] AC 624）。ニュージーランドには、イギリスと違って活火山や地震が多いだけでなく、イギリスにある法制度が欠落していることも、この違いの背景として重要である。例えば第13章一一一頁で簡単に触れるイギリスの一九七二年欠陥敷地法（Defective Premises Act 1972）は、居住用建物の建設または供給に関して何らかの仕事を請負う者は、適切な専門技術と適切な材料をもって完成時に人の居住に適した状態を確保する義務を負わせている（法一条）。これは、売主に限らず建築士、調査士、建築安全基準監査士、建築コンサルタントなど幅広い業者や専門技師を含むものである。この他、国民住宅建設委員会（National Home Building Council）による補償もある。

五　抗弁（defences）

過失による不法行為の主張に対する抗弁（defences）には主に（一）寄与過失（contributory negligence）、（二）承諾（volenti non fit injuria）、（三）一種の公序良俗違反（ex trupi causa non oritur actio）の三つがある。これらは過失責任の要素をもつ製造物責任や占居者責任などにも当然適用される。

一・寄与過失（contributory negligence）

寄与過失は、原告の被った損害が、一部、原告自身の過失によるものである場合に、被告に認められる抗弁である。

（イ）証明

● 被告は、通常の過失責任と同じ要素を証明しなければならない（Nance v British Colombia Electric Railway Co Ltd [1951]

AC 601 PC 611 per Viscount Simond)。すなわち、

① 原告が事情に照らして常識的な注意義務を怠ったこと〔Froom v Butcher [1976] QB 286 CA はシートベルトの不着用事件で、議会がシートベルト着用を義務付ける七年前であったが、法令違反になる前でも過失が認定された〕。

② 因果関係（novus actus interveniens）など

▽ Jones v Livox Quarries [1952] 2 QB 608 CA では、原告は車両内ではなく連結器の上に乗っていたところ、被告に衝突されて飛ばされてけがをした。

▽ Owens v Brimmell [1977] QB 859 では原告は被告が酒気帯び運転と知りながら乗車した。原告にとって事故は予見可能だったと認定された。

（ロ）配分（share）

● コモンロー上は、寄与過失は完全な抗弁で、原告は自動的に敗訴した。

● 一九四五年の制定法〔Law Reform (Contributory Negligence) Act 1945, s 1 (1)〕により、原告の被った損害についての原告自身の「過失」(fault) の寄与分に鑑み、裁判所は、正義と衡平にかなう (just and equitable) 範囲で、損害賠償額を減額できる」ようになった。一種の過失相殺であるが、英語は、過失の相殺とは言わず、被告の損害に対する被告自身の過失の寄与分の損害賠償からの減額を意味する。

◇ 交通事故でシートベルトを着用していれば無損害であったと考えられる場合は25％減殺。

◇ より軽度であったと考えられる場合は15％減殺。

◇ 変わりなかったと考えられる場合は相殺なし。

◇ オートバイでヘルメットを着用しなかった場合も同じ。

◇ ただし妊婦の場合、シートベルト不着用による過失相殺はない。

二、承諾（consent）

● かつては「（被告が）望んだことは権利侵害にならない（volenti non fit injuria）」というラテン語で知られた。原告が自ら進んで被告の不法行為の危険を受容した場合、被告にとって抗弁になる。

● 被告は、選択の自由のある原告が、危険の規模や程度を認識した上で、無条件で危険を受容したこと（acceptance）を立証しなければならない。

● 危険を認識していたからと言って必ずしもそれを受容したことにはならない（Smith v Baker & Sons [1891] AC 325 HL）。とくに労働災害訴訟では、労働者による危険の受容はめったに認められない（Imperial Chemical Industries v Shatwell [1965] AC 656 HL）。

● 救出者（rescuer）には、めったに寄与過失（因果関係）や危険の受容の抗弁が認められることはない（Haynes v Harwood [1935] 1 KB 146 CA～雑踏の中で暴れ馬を制止しようとして怪我をした警察官は、危険を進んで受け入れたことにならない）。米国と違い、イギリスでは、消防士の職業上の活動も危険を進んで受け入れたことにはならない。（Ogwo v Taylor [1988] AC 431 HL）。

● 何ら精神異常の認められない被疑者が警察署の留置場で自殺した事件で、警察には自殺を防止する責任があるため、承諾や公序良俗違反の抗弁は認められず、寄与過失だけが認められた。（Reeves v Metropolitan Police Commissioner [2000] 1 AC 360 HL）。

● なおスポーツ選手相互間では、競技に通常伴う危険は受け入れていると理解されるが、重大で危険な（serious and dangerous）反則行為の危険を受け入れたことにはならない。反則のすべてがそうなるわけではないが、加害の意図がなくとも、興奮のあまり危険なタックルの帰結を考えなかった場合などは、相手選手がそのような危険まで受け入れたとは言えない（Condon v Basi [1985] 1 WLR 866 CA）。

● 三．公序良俗違反（illegality）

従来は「間違った原因から訴権は発生しない（ex turpi causa non oritur actio）」というラテン語で知られた。原告の訴えを認めることは公序良俗（public policy）に違反する場合に完全な抗弁となる。

◇ たとえば強盗甲乙が、爆弾で金庫を破ろうとして、甲の過失で火薬が暴発し、乙が重傷を負っても、乙の甲に対する訴えは公序良俗に反する。しかし、甲乙が金庫破りに向かう途中、甲が乙の財布を盗んだ場合、乙の訴えが公序良俗違反かどうかは疑問がある。（National Coal Board v England [1954] AC 403 HL 429）。つまり原告の訴えの基本的要素が必然的に原告の犯行を明らかにする場合に公序良俗違反となると考えれば分かりやすいが（Tinsley v Milligan [1994] 1 AC 340 HL）、矛盾する判例もある。

● 公序良俗違反が認められた事例

◇ Pitts v Hunt [1991] 1 QB 24 CA では、原告（一八歳）は被告（一六歳）を連れてディスコへ行き、二人で酒を浴びるほど呑み、被告が酒気帯び、無免許、無保険（しかし運転経験は豊富）であることを知りながらバイクを運転させ、二人乗りし、わざと歩行者を怖がらせるために中央分離線をまたがって蛇行運転を繰り返し、反対車線を通行中に対抗車との正面衝突を避けて転倒し重傷を負った。控訴院は原告の訴えを認めることは公序良俗に反すると訴えを棄却した。

◇ Clunis v Camden and Islington Health Authority [1998] QB 978 CA では、原告は、被告病院が精神科の適切な治療を怠ったせいで殺人を犯してしまったと主張して、被告病院に損害賠償を請求した。訴え棄却。この訴えで控訴院（CA）まで煩わせた。

● 投獄刑（imprisonment）が科せられる犯罪であれば、公序良俗違反が認められるという控訴院の判例もある（Vellino v Chief Constable of Greater Manchester [2001] EWCA Civ 1249）。

六　不法行為責任の制限ないし排除の告示

● なお、業務（business）上、発生しうる過失の不法行為責任を告示により制限ないし排除しようとする慣行（disclaimer）につき、一九七七年不公正契約条項法（Unfair Contract Terms Act 1977）が制限を加えている。これは、制定法の名前「契約条項」にかかわらず、告示が契約条項として契約の一部に組み込まれるかどうかに関わらず適用され、不法行為、特に次章以下の過失責任の各論において重要性が高いので、ここで概説する。

●「業務（business）」は、非常に広い定義がなされ、技能職（profession）はもとより政府、地方自治体その他の公共団体を含む（法一条四項）ほか、自身または他人の業務の上で（in the course of business）、または占居者（occupier）の業務用敷地において、またはそこから行なわれることについて（法一条三項）適用される。

◇ ポイントは、ヨーロッパ共同体の消費者保護法制のように「業務者」という人の職に着目した責任ではなく、業務の遂行にかかわる責任である。業務者であっても、その行為が業務にかかわらなければ関係ないし、業務者でなくても、誰かの業務にかかわれば、関係がある。

● 人の死傷にかかわる不法行為責任を告示により排除することはできない（法二条一項）。

● 物の紛失や毀損にかかわる不法行為責任は、告示の条項が合理性（reasonableness）の要件を満たしていない限り、排除することは出来ない（法二条二項）

◇合理性の要件について、裁判所は、不法行為責任の発生に関する全体の状況に照らして判断しなければならない（法一一条三項）。この点で、貴族院（Smith v Bush [1990] 1 AC 831）は、などのポイント等を考慮しなければならないとした。

▽当事者の取引力の均衡。

▽助言の場合、他から助言を得ることが、時間と費用の面も考えて、合理的に実行可能であったかどうか。

▽過失責任の排除ないし制限の対象となる仕事は、どれくらい難しいものか。

▽過失責任の排除ないし制限を許した場合の実際的帰結はどうなるか、損害額、当事者の負担能力、とくに保険の有無を考慮して考える。

などのポイントを考慮しなければならないとした。

◆イギリスの裁判所は、一九世紀はじめからの司法消極主義により、過失責任発生の全体の状況や、当事者の取引力の均衡などを見て、当事者の取引に積極介入することはあまりないが、ここでは、議会制定法の授権によるものであることに注意すべきである。

◇ちなみに、このSmith v Bush事件は、家屋調査士の報告書（助言）に関するもので、調査対象家屋は煙突（chimneybreast）の下の方が撤去されて天井裏から上の部分は十分な補強なくそのまま放置されていた。被告家屋調査士はこの点を報告書に記さず、原告がその報告書を信じて家を購入したあと、残っていた煙突が倒壊した。被告の報告書の免責条項について、貴族院は、被告が業務上の責任について保険に入っていたことに注目して、免責条項には合理性がないと判断した。

●これは、日本法やドイツ法なら契約法の問題が、イギリス法では不法行為法で処理されることの実例の一つである。

● 不公正契約条項法については、第四編第25章二六六頁以下で詳述する。

第12章　製造物責任 Product Liability

一　コモンロー

過失責任の「隣人原則」をうち立てた Donoghue v Stevenson [1932] AC 562 事件貴族院判決の、当時の判決結果を直接導いた判決理由（ratio decidendi）は、いわゆる製造物責任を定めた次の部分であった。

① 製品が自らの手元を離れたときの状態のまま、途中で何ら点検を受ける合理的可能性のないまま、最終消費者に到達することを意図した形で売却し、

② 製品の準備や組立て段階で、合理的な注意を払わなければ、消費者の生命や財産に損害を与えることを認識していた製造者は消費者に対して合理的注意義務を負う[46]。

以来、これが先例となって製造物責任の判例法が発展した。この分野では、制定法、一九八七年消費者保護法（Consumer Protection Act 1987）も重要である。

（あ）「製造者」（manufacturer）

判例は流通業者（distributors）まで含めて広く解釈している。例、装着者、工作者、修理者（Stennett v Hancock and Peters [1939] 2 All ER 578 トラックの脱輪事故）、組立者（個々の部品の品質を確かめる責任を負う Winward v TVR Engineering [1986] BTLC 366）、中古車販売店（買取選択権付きで貸し出すまで一週間保持していただけでもハンドルの欠陥くらい検

査できたはずと認定されたAndrews v Hopkinson [1957] 1 QB 229)。事業上の製造業者や修理業者等である必要はない(Griffiths v Arch Engineering [1968] 3 All ER 217)。

(い)「消費者」(consumer)

被告が市場に出す時点で予見すべきであった類型の「隣人」。

判例は広く解釈している。例、Stennett v Hancock [1939] 2 All ER 578 (トラックの脱輪事故の被害者たる歩行者)、Evans v Triplex Safety Glass [1936] 1 All ER 283 (自動車の購入者の家族がフロントガラスの破損の被害を受けた)。

(う)「製品」(product)

判例は広く解釈している。例、墓石 (Brown v Cotterill [1934] 51 TLR 21)、自動車 (Herschtal v Stewart & Ardern [1940] KB 155)、下着 (Grant v Australian Knitting Mills [1936] AC 85)、毛染め (Watson v Buckley [1940] 1 All ER 174)、エレベーター(Haseldine v Daw [1941] 2 KB 343)。

また製品の容器、包装、製品たる水の配水管、ラベル、取扱方法説明書なども「製品」にあたる。

(え)「責任」liability

注意義務の違反、損害に関しては、過失の一般法理が適用される。

「純粋経済損害」は製造物責任の訴えでは補償されない点も同じ。たとえば欠陥ジンジャーエールの代金は売買契約に基づき売主が弁償すべきもの。

他の要因から損害が発生したことを証明すれば責任は軽減、回避できる。また近年では制定法〔Civil Liability (Contribution) Act 1978〕により、不法行為、契約、信託上の民事責任の被告間 (または潜在的被告間) での求償も可能である。

古い例では、パンツを六着ごと紙パックで包装して流通させたところ、消費者が肌荒れ被害を訴えた豪州の事件で、枢密院は、パンツの製造元の紙パックによる包装段階などでの遺物混入の主張を退けた（Grant v Australian Knitting Mills [1935] UKPC 2）。化学製品の製造元が流通業者に使用前に試験するように注意していた事例では、製造元ではなく、多様な消費者の多様な用途に詳しい流通業者に、多様な使い方に合わせた多様な試験をする注意義務を認めた（Kubach v Hollands [1937] 3 All ER 970）。医薬品は、製造元が、個々の消費者に対してではなく、医師に対して、その副作用等の危険性を警告する責任を有する（Hollis v Dow Corning (1996) 129 DLR (4th) 609 カナダの豊胸手術インプラント事件）。総じて、消費者被害の予見可能性を持つ当事者に責任がある。例えば被告甲の製造した道具を購入し、原告に貸した被告乙には、甲の検査過失にかかわらず、自ら改めて品質を検査しなかったために過失責任が認められた（Griffiths v Arch Engineering[1968] 3 All ER 217）。

製品が市場に流通した後に欠陥を発見した場合は、適切な方法で消費者に警告したり、自主回収（recall）する義務が発生する（E. Hobbs v Baxender Chemical [1992] 1 Lloyd's Rep 54）。

二　一九八七年消費者保護法（Consumer Protection Act 1987）

この制定法の第一編（Part 1）は一九八五年七月二五日の欧州経済共同体命令（Directive 85/374 EEC）を連合王国において実施するための立法であった。

この制定法上の厳格責任（strict liability）はコモンロー上の過失責任と並立する（法二条六項）。

法二条一項により、原告は、被告が法二条二項三項の定める潜在的被告であり被告の製品の欠陥により損害を被ったことを立証すれば、被告の過失の証明をするまでもなく、損害賠償を得ることができる。

潜在的被告は、法二条の規定に限らず、製作者（producer）、獲得者、抽出者、商標等で自らを製造者と表示している者、製品の基本的性格を追加した者、輸入者、製造業者を特定できない小売商などを含む。複数の被告がいる場合は、連帯責任を負う（法二条五項）。

「製品」（product）は法一二条二項により、物品、電気、原材料、部品を含む。

「欠陥」（defect）は法三条により、製品の安全性が一般的に期待される基準を満たしていないことである。製品の展示の仕方、取扱説明書、注意書、使用方法、耐用年数などが問題とされる。

「損害」（damage）は法五条により、死傷または二七五ポンド（購買力平価で約一〇万円[47]）以上の非事業用の私的動産・不動産の毀損に限られている。事業用の動産・不動産の毀損や「純粋経済損害」は含まれない。

因果関係の立証はコモンローと同じ。

制定法の適用除外の特約・告示は無効（法七条）。

抗弁は、法四条の各号と、法六条四項の寄与過失（過失相殺）である。

法四条の抗弁（defence）は、

- 法規の遵守による欠陥であったこと
- 事業の一環として供給した者ではないこと
- 供給時に欠陥のなかったこと
- 開発危険（技術水準）の抗弁（英語としてはstate of art defenceの方がdevelopment risks defenceよりもこなれている）自己の管理下にあった時点で欠陥があった場合でも、その当時の科学技術上の知見ではそれを認識できなかったこと

● 製造した部品に欠陥のなかったこと、である。

コラム ⑦取扱方法

製品の安全基準の一環として、製品の用途、使用方法などの注意点について取扱説明書が添付されているのが普通であるが、イギリスでよくお笑いのネタになるのがアメリカ製品の大げさな「警告」warnings の長さ、饒舌さ、そして細かさである。イギリスは、より簡潔な「注意書」caution 程度で済ます傾向がある。

「注意！この香水は可燃物を含んでいます。火に近付けないで下さい」程度の注意書なら分かるが、「警告！この香水スプレーは可燃物を含有しています！ろうそくの火などに直接噴射しないで下さい！爆発、火災、火傷の危険があります！小さなお子様の手の届かないところに保管して下さい！爆発の危険がありますから缶に穴を開けないで下さい！ゴミに出す場合は、必ずスプレーを使い切ってから、分別ゴミとしてお出し下さい！」という長い「警告書」が必要かどうか？アメリカ社会はともかく、イギリス社会ではろうそくの火を香水のスプレーで消すような軽率な行動はやはり過失相殺の対象となろう。

英米の社会では雨に濡れた飼犬を乾かすのにオーブンに入れる驚くべき風習があるが、「警告！電子レンジはオーブンではありません。乾燥機の代わりにはなりません。ペットを入れたまま使用すると数秒間でも血液その他の体液が沸騰して死傷する危険があります！」という「警告書」がなければ、ペットの死亡にまで責任を負うことになるかどうか？やはり社会常識の問題であろう。

「警告！このコーヒーは熱いです！急がず、焦らず、火傷に注意してお飲みください！」まで行くと、イギリスでは喜劇である。パスタにも火傷の警告が必要だろうか？

「注意。このゼリーはゆっくりよくかんでお食べください。のどにつまらせると危険ですから、決して飲み込まないでください。小さなお子様やお年寄りがお召し上がる際には付き添いが必要です。」

日本でも冗談ではなくなってきた。

第13章　占居者責任（Occupiers' Liability）

一　歴史

● 占居者責任（occupiers' liability）と次章の使用者責任（employers' liability）と代位責任（vicarious liability）とは歴史的に密接に関連している。

● 占居者と客の関係、そして使用者と被用者の関係は、その後、注意義務の発生する当事者関係の類型として、第二章の隣人原則の成立において、重要な先例の役割を果たしたが、実は、ともに厳格責任の要素も有していた。

● これらの一つの起源として、ローマ法の法務官の保護した非典型契約（pacta praetoria）には、船頭・宿屋・厩（うまや）主の管理区域内にいる客や荷物の安全に関する責任（receptum nautarum caponum stabulariorum）があった[48]。

● ただし、一四世紀のイギリスの判例では、宿屋（判決において厩を含んだ）の主人の客の荷物の対する責任は認められたものの、「王国の慣習法」によるとされ[49]、その一方で、船頭の船荷に関する責任についてはヨークシャーのHumber川の渡し舟が積み過ぎで転覆し客の馬が溺れ死んだ事例で宿屋の主人の責任とは別の論法が用いられた[50]。そして、敷地から火を出して管理区域外の近隣に飛び火した場合は、「王国の慣習法」により失火責任が認められた[51]。従って、一四〜一五世紀の段階では中世ローマ法の影響に疑問が残る。

●しかし、一七世紀の入ると、船頭の責任も「王国の慣習法」に訴えてではあるが、宿屋の主人の責任と同様の論法を用い[52]、さらに馬車の御者にも適用された[53]。この一七世紀の動きについては、一四世紀の宿屋の判例を借りながら、実は、一六世紀ヘンリー八世の大法官の一人サンジェルマン（Christopher St. German）の著作『神学博士と法学生』[54]（活版印刷術の普及で版を重ね、一八世紀にブラックストーンの著作が出現するまで、法学生のとくに債権法の基本書であり続けた[55]）を通した中世ローマ法の影響が考えられる。

●そして一七世紀末から一八世紀にかけて王座裁判所の首席裁判官を勤めたホールト（Sir John Holt）はローマ法の建物からの投下物や流出物による訴権（actio de deiectis vel effusis）を援用して奉公人の失火に主人が責任を負うとしたが[56]、ホールトの判例は次章の代位責任の他、第16章の生活妨害のコラムで述べるRylands v Fletcher事件にも影響を与えた[57]。

●実は、イギリス法は一四～一五世紀から宿屋の客の荷物の窃盗では事実上の厳格責任を[58]、奉公人や客の失火には代位責任を認めていた[59]。占居者責任は、その後、近隣に対する失火責任とは区別され、敷地内に受け入れた客に対する責任に特化するが、産業革命後、機械の作動による死傷事故が急増する中で厳格責任への傾斜の要請は強くなった。その中で、一八六〇年代の判例には、占居者本人ではなく、第三者、それも従業員（次章の使用者と被用者の関係）ではなく契約上敷地内で作業をした業者（independent contractor）の行為で客が怪我をした場合についても、占居者は客が怪我をしないように手配する注意義務を負うという形（過失責任の「原告を傷つけない注意義務」の言い回しをひっくり返した[60]）で過失の法理との調和を図った例があり[61]、これが現行の制定法の基礎となっている。

二　コモンロー

●占居者（occupier）と客の関係は、コモンロー史上、四段階に分かれ、占居者の注意義務もその段階に応じてバラバラであった。

①「契約上の客」ホテルの宿泊客など契約にもとづいて敷地にいる客。契約法上の責任が発生し、別扱い。

②「招かれた客」(invitees) 店に来た客など、当事者双方に営業上の利益がある客。

③「許された客」(licensees) 当事者双方に利益があるわけではないが、敷地の利用を許された客。

④「不法侵入者」(trespassers)、例えばいたずらっ子に対しても、基本的人道的配慮（elementary consideration of humanity）から一定の注意義務が認められるようになった（British Railway Board v Herrington [1972] AC 877）62。

●違反および損害（因果関係）については通常の過失責任と同じである。

●注意義務については、右のようにコモンロー史上複雑に分かれ、次に述べる制定法で整理された。とくに一九五七年の占居者責任法（Occupiers' Liability Act 1957）二条四項が厳格責任を否定したことにより、今や占居者責任も過失責任の特別類型であると見なすことができる。イギリス法の方法論の上で一般法は判例法（コモンロー）にあり、制定法は特別法であることが多いが、次項の制定法もまさにそういう性格である。

三　制定法

関連する制定法には次の三つがある。

（一）一九五七年の制定法（Occupiers' Liability Act 1957）①②③

（二）一九八四年の制定法（Occupiers' Liability Act 1984）④

(三) 一九七二年の制定法 (Defective Premises Act 1972)

一・一九五七年の占居者責任法

● 「敷地」(premises) という言葉は、宿屋・厩の家屋敷に限らず、船舶、車両、航空機、線路、工事用の足場、トンネル掘削装置、ジャングルジム、滑り台、観覧車、ジェットコースターなど人間が存在できる場所すべてを指す。

● 「占居者」(occupier) は、「占有」(possession) とは別で、敷地にある程度の支配権を行使している人のことで、常識的に注意を怠ると敷地内にいる人に損害が発生しうることを認識していなければならない人を指す (Wheat v Lacon [1966] AC 552)。権利者であってもその場にいなければ「占居者」ではない。ただし代理人や契約上敷地内で作業をしている人を通して占居者と見なされうる。法的権原がなくとも、また排他的支配権がなくとも、客に「いらっしゃい」(come in!) ということができる立場であれば「占居者」といえる。同じ敷地に複数の占居者が存在しうる。

● 「客」(visitors) とは、コモンロー上の②「招かれた客」と③「許された客」の区別を廃止し、その両者を合わせた制定法上の新概念である。もちろん「客」が立入禁止の場所へ入れば「不法侵入者」となるし、訪問目的を逸脱して「のぞき」や「盗み」を働けば客の地位は失い不法侵入者となる。

● 「共通注意義務 (common duty of care)」とは、占居者が従来の②「招かれた客」と③「許された客」(合わせて「客」visitors) に対して共通して負う注意義務を指す (法二条二項)。①「契約関係にある客」でも、占居者の注意義務について明記されていない場合は、法五条一項により、共通注意義務が黙示条項 (implied term) として読み込まれる (黙示条項については第四編第25章二六二–二六三参照)。

●「共通注意義務」の内容は、「事案全体の状況に鑑みて占居者の招待、許可の目的に従って敷地を利用するにあたり、常識的な安全を常識的に確保する義務」（法二条二項）である。

◇日頃、自分で家の修繕をしていた被告が、裏口のドアの取手をとりつけるのに専門家にまかせず自分で修理し、原告が強風に逆らってこれを閉めようとしたところ取手が外れて階段の踊り場から転落し怪我をしたことについて、常識的な安全性を常識的に確保していたと認定とされた例がある（Wells v Cooper [1958] 2 QB 265）。

●法二条三項a号のこどもに対する注意義務は、占居者は、「こども」は「おとな」より不注意であり興味本位に行動しやすいことに特に気をつけなければならない（Glasgow Corporation v Taylor [1922] 1 AC 44）という判例に基づく。ただし幼いこどもの場合は保護者が付き添っていることが常識的に期待できれば、その限りではない。

●法二条三項b号の専門工に対する注意義務。占居者は、客が職業柄行う行動について通常伴う特別の危険について、客自身が気をつけていることを期待できる。

◇Roles v Nathan [1963] 1 WLR 1117では、被告は、煙突掃除夫（原告の家族）に対しボイラーの煙突掃除の仕事中の一酸化炭素中毒の危険性を警告していたが、掃除夫がこれを無視して中毒死した。途中で被告の息子が現場へ行ったとき、掃除夫が危険な状態のまま仕事をしているのを認識しながら、改めて忠告しなかったことの責任も問われたが、最初の警告で十分であると認定された。

●法二条四項a号の危険の警告。客が常識的に注意できるようにするのに十分な程度の警告で足る。

◇何が十分な警告かは事実問題である。こどもに対しては、特別の注意が必要である。口頭での注意で足る場合もあれば、図画や文字（「危険、立入禁止」）で警告する必要のある場合もあれば、施錠したり、椅子やテーブルで封鎖したり、さらにロープをかけたり柵を設ける必要のある場合もあろう。コードをテープで床に貼り付けて誰かが引っ掛けて転ばないようにする注意義務なども発生しうる。

◇明白な危険についてまで警告する必要はない。

●法二条四項b号の占居者が契約した業者（independent contractor）による作業や維持修理の瑕疵について、占居者が負う責任。業者に委託することが常識的であり、業者にその能力があると満足するのに十分な手順を踏み、きちんと仕事がなされたと満足するのに十分な手順を踏んでいれば、占居者には責任はない。これはコモンロー時代の貴族院判例の行き過ぎた占居者責任を改め、業者の責任についてまで「代位責任」は発生しないという過失の一般原則に沿うように立法で改めたものである。

◇エレベーターの落下事故で、専門業者に定期的点検・修理・報告を委託していた占居者の責任を否定した例（Haseldine v Daw [1941] 2 KB 343）がある。

◇市立小学校で清掃業者の過失で階段に雪が積もったまま凍りつき児童が滑ってケガをした事件で、危険の認識と排除に関して専門的知識や技術の必要性がないという理由で、占居者（市長）の責任を認めた例（Woodward v Mayor of Hastings [1954] KB 174）もある。

●因果関係。一般の過失責任と同様、どのような種類の事故が発生しうるか予見可能性がなければ責任は発生しない。

◇一四歳の少年数名が、被告（ロンドンの特別区）敷地内の古いボートを勝手に修理しようとして船体をジャッキで持ち上げ、六週間後、持ち上げられていた船体が崩落して下にいた少年たちを負傷させた事例で、控訴院は少年たちの行動は予見不能と認定したが、貴族院はこどもが何らかの「いたずら」をすることは予見可能であったと認定して責任を認めた（Jolley v Sutton London Borough Council [2000] 1 WLR 1082）。

● 法二条五項の抗弁。客が自ら進んで受け入れた危険について占居者責任はない。一般の承諾の抗弁（volenti fit non injuria）の例。

● 法二条一項にもとづき、告示により、占居者責任を拡大、修正、制限、排除することは自由であるが、占居者が事業の一環として敷地を提供している場合（遊園地など）は、一九七七年不公正契約条項法（Unfair Contract Terms Act 1977）の適用がある。

● なお、一九七八年の民事責任求償法（Civil Liability (Contribution) Act 1978）により、被告は損害への寄与の度合いにより他の有責任者に対して求償できる。

二．一九八四年の占居者責任法

● この法律は占居者の④の不法侵入者（trespasser）、および私道や国立公園や共有地（commons）等の利用者に対する責任を定めている。

①　占居者が危険を認識している、または危険の存在を信じる常識的根拠があり、

②　原告が危険の近くにいるまたはやってくることを信じる常識的根拠があり、

③　原告に対し一定の保護を与えることが常識的に期待できる場合に、占居者は原告が危険のために死傷しないように注意する義務を負う（法一条三項）。財物の毀損には責任はない。

◇　①と②に出てくる「信じる常識的根拠（reasonable ground to believe）」とは、具体的な事実の認識を指す。つまり、常識人なら危険の存在や、不法侵入者（例えばいたずらっ子）の侵入の危険に気がつくに足るような事実

の認識を指す。

● この制定法上の注意義務の履行の例としては、警告や物的な障害物の設置がありうる。

● なお業務上の（business）占居者であっても、過失責任の制限や排除について、本法の適用される事件に一九七七年不公正契約条項法の適用があるかどうかは不明である。

三、一九七二年の欠陥敷地法（Defective Premises Act）

● この法律は「欠陥のないように住宅を建てる義務」を定めている（法一条）だけでなく、「敷地」（一九五七年占居者責任法の「敷地」と同じと考えてよい）内または敷地に関連した建設、修理、維持、解体等の工事による敷地の欠陥（defect）に関して発生する注意義務（占居者責任に限らない）は、義務者が敷地に対する権原を処分（disposal～売却等）した後も消滅しないと定めている（法三条）。

● また貸主が貸家の維持修繕義務を負う場合、その貸主は、貸家の欠陥により影響を受けると常識的に考えられる全ての人に対して、死傷や財物の毀損のないようにする常識的な注意義務を負う（法四条）。

◇ この注意義務は貸主が欠陥を認識しているか、状況に照らして認識しているべきであったと考えられる場合に発生する。

◇ 欠陥は、貸主の維持修繕義務違反により発生し、または放置されているものを指す。ただし、貸主は、明示の契約条項で借主が負っている維持修繕義務の違反による欠陥から発生した死傷や物的損害には責任を負わない。この制定法上の義務を排除することはできない（法六条三項）。

第14章　使用者責任と代位責任

前章の占居者と客の関係と同様、古くから不法行為責任が認められてきた当事者関係の一つに主人（master）と奉公人（servant）の間の関係がある。この関係からは、二種類の責任が発生する。一つは、奉公人が主人の業務に従事する従業員である場合、従業員を不必要な危険に曝さないようにする注意義務である。これを使用者（employer）の被用者（employee）に対する使用者責任（employers' liability）と呼ぶ。もう一つは被用者の行動について使用者が代わって責任をとる代位責任（vicarious liability）である。

使用者責任は、ドイツ法なら契約の問題が、イギリスでは不法行為訴権で扱われる例の一つで、これも訴えの定式（訴訟方式）のなごりである。イギリス労働法の基礎の一部でもある。使用者と被用者の関係は、第13章の占居者と客の関係と同様、古くから注意義務の発生が認められてきた当事者関係の類型の一つで、第11章の隣人原則の先例となり、現在では、過失責任の各論の一つと捉えなおされている。

代位責任については、第13章で述べたとおり、イギリス法では一四〜一五世紀から奉公人の失火につき主人が責任を負うことはわりと広く認められていたが、ただし国王裁判所においては奉公人の問題の行為について主人からの命令、あるいは主人の承認があったことが必要とされた[63]。とくに一六九七年の失火事件[64]において、ホールト首席裁判官はローマ法の船主の責任（receptum nautarum）や建物からの投下物や流出物の訴権（actio de deiectis vel effuses）も参考にしながら[65]、「主人は奉公人が仕事をする際に行った行為すべてに責任がある」とし、その中でとくに「たとえ個別の指示がなくても」と強調することによって、旧来のコモンローの立場から一歩進んだ。

一　使用者責任（employers' liability）

（あ）注意義務

コモンロー上の被用者を不必要な危険に曝さないようにする使用者の注意義務について、貴族院（Lord Wright）はWilsons & Clyde Coal v English [1938] AC 57事件（炭鉱事故）において、次の四つの側面があるとした。

①　有能な従業員（competent staff）をつける義務
②　安全な仕事場（safe place of work）を提供する義務
③　安全な機械と道具（safe equipment）を提供する義務
④　安全な作業システム（safe system of work）を提供する義務

以上は便宜的な分類で、総じて単一の注意義務を構成する。使用者個人の義務であって、他人に委任（delegate）できない。つまり使用者が以上の安全注意義務を実際上他人にまかせていたとしても、常に使用者を訴えればよい。

①　有能な従業員（competent staff）

従業員の過失で別の従業員が死傷したような場合、結局、雇主が代位責任を負うが、有能な従業員をつけなかった雇主自身の直接的な個人的責任も発生しうる。McDermid v Nash Dredging and Reclamation [1987] AC 906は、タグボートの甲板員が太綱をほどき船長のドアを二回ノックして牽引準備のできたことを通知してから牽引すべき手順であったところ、船長がノックの合図をきかないまま牽引を開始したため、甲板員が負傷してしまった事件で、被告雇主は、その責任を船長（被告の子会社の被用者）に委譲することはできないと判じられた。

② 安全な仕事場（safe place of work）

洪水で作業場の側溝を流れていた油が床に流出し、その上に木屑が散乱して滑り易くなっていたところ従業員が転倒負傷した事件で、使用者には作業場を閉鎖して床の掃除をするまでの責任はなかったと判断された事例（Latimer v AEC [1953] AC 643）。

清掃、洗浄その他、第三者の敷地に出向いて業者が仕事をする場合は、占居者責任と使用者責任の両方が発生する。清掃会社の被用者である作業員が、清掃中にシンクが壁から落ちて怪我をした事件で、顧客（占居者）はシンクの取付け状態が悪いことを知らなかったが、清掃会社の現場監督は気づいていたという事実関係で、原審は占居者責任と使用者責任の割合を一対三としたが、控訴院は三対一と判断した（Andrews v Initial Cleaning Services [1999] TLR 614）。

③ 安全な機械と道具（safe equipment）

港の鉄塔によじ登る作業にあたり作業員に命綱を提供しなかった事例（McWilliams v Sir William Arrol [1962] 1 WLR 295）。

業界の慣習は常識的注意基準の証拠となりうるが、慣習自体が注意義務違反だと判断される可能性もある。Thompson v Smiths Shiprepairers (North Shields) Ltd [1984] QB 405では、船の修理工場の騒音のため聴覚障害を起こす危険性について、一九四四年から作業に当たっていた原告の障害について、一九六三年に労働省が危険性を指摘して耳の保護を助言していたという事実認定で、一九六三年までは業界の慣習どおり耳の保護をしなかったことについて責任なし、一九六三年以降は責任ありと判断された。

コモンロー上は装備、備品の隠れた瑕疵には使用者責任は発生しない。この点の被用者の補償を手厚くするために厳格責任を定めた制定法〔Employers' Liability (Defective Equipment) Act 1969〕がある。使用者の事業のために支給した道具（機械、装置、車、装備、防護服など）に瑕疵がありそのために被用者が死傷した場合、その全部または一部が第三者の責任であるときでも、使用者の過失による瑕疵と見なす。

④　安全な作業システム（safe system of work）

仕事場のレイアウト、仕事の工程、危険の警告、訓練、指導、監督など、「安全な労働環境」の提供ともいえる。労働環境の被用者の精神への影響について、県社会保険庁勤続一五年の職員が、仕事のプレッシャーでノイローゼになり三ヵ月休んだあと復帰して手伝いを頼んだけれども、誰も手助けしなかったので六ヵ月後ついに二度と働けなくなった事案で、控訴院において一七万五千ポンド（購買力平価で約四七六八万円）で和解が成立した事例もある（Walker v Northumberland County Council [1995] 1 All ER 737）。

（い）違反、損害（因果関係）、抗弁

違反、損害、抗弁ついては、他の過失責任の場合と同様である。ただし寄与過失は、労働事件の場合、反復作業、疲労度、騒音など職場環境の影響などが考慮されるので、比較的被用者に有利な場合が多い。

（う）制定法

この分野は、現在では、第15章で扱う議会制定法による強行規定が多くなっている。

●二　代位責任 vicarious liability

使用者は被用者が仕事の上で犯した不法行為について連帯して責任を負う。

◇被用者の責任が認定されて、初めて使用者の代位責任も発生しうる。従って、被用者の責任について抗弁（defence）、例えば被害者の自己責任（進んで危険を引き受けた）が認められれば、これは使用者の抗弁としても有効である（Imperial Chemical Industries v Shatwell [1965] AC 656）。

▽ただし、かつて妻が夫を訴えることができなかった時代に、夫婦がそろって同じ使用者に雇われて仕事をしていて夫の過失で妻が負傷した事例で、妻は夫を訴えることができないのに、使用者の代位責任が認められた例もある（Broom v Morgan [1953] 1 QB 597）。これは被用者（夫）自身の責任を否定するものではなかったので、矛盾はない。

●雇用関係の存在

◇実は、自らの従業員として雇用する場合と、外部業者に委託する場合では全く法的帰結が違う。しかし現実の事実関係において雇用契約（contract *of* work）か請負契約（contract *for* work）かの区別は必ずしも容易ではない。

◇現在では事案ごとに次の各要素を総合的に判断して区別する（Ready Mixed Concrete (South East) Ltd v Minister of Pensions and National Insurance [1968] 2 QB 497）。

▽当事者の意図

▽支配の程度（誰が道具を支給し、休日を決めるか、など）

▽　年金の積立金の納付は誰にするか
▽　危険負担
▽　解雇権。

（あ）雇用契約（Contact of work）
仕事上（in the scope of employment）

●使用者が代位責任を負うのは、使用者の仕事を被用者がなす上でとった行動についてである。つまり使用者の業務に内在する、または特徴的な危険に伴う損害なので、使用者に責任を負わせるのが正義にかなっているという考え方にもとづいている。

●使用者に明示または暗黙に授権された仕事を、禁止された方法でやった場合も、使用者が代位責任を負う。Rose v Plenty [1976] 1 All ER 97 は牛乳配達の従業員が禁令に違反して未成年（一三歳の少年）を勝手に自動車に載せて手伝わせ、事故で少年に怪我を負わせてしまった事件であったが、使用者の代位責任が認められた。

●つまり何をするかについての禁令の違反は、雇用関係から外されるが、仕事のやり方についての禁令の違反は、雇用関係の中にあると認められる。

◇ガソリンスタンドにガソリンを配達した従業員が、禁令を破ってタバコに火をつけマッチを捨てたところ、ガソリンに引火して大爆発を起こした事件でも、仕事のやり方についての禁令の違反ということで使用者の代位責任が認められた（Century Insurance v Northern Ireland Road Transport Board [1942] AC 509）。

◇クリーニング屋の従業員が客のコートを盗んだ事例でも、やはり使用者の代位責任が認められ、こどもの福祉施設の管理人がこどもを性的に搾取した事例でも、施設に代位責任が認められた（Lister v Hesley Hall Ltd [2001] UKHL 22）。

- ただし被用者が専ら個人的な戯れ（frolic of his own）と道草（detour）の最中に起こした事件についてまで責任を負うものではない。

◇使用者の客の自動車を預かった被用者が、勝手に乗り回して歩行者をはねて自動車を毀損した場合、自動車の毀損については使用者に代位責任が発生するが、歩行者の負傷には代位責任は発生しない。この違いは、つまり客にとっては自動車の保管という使用者の業務を被用者が遂行する上での過失であり、歩行者にとっては自動車の運転という使用者の業務と関係のない行為における被用者の過失であったからである。なお、バスの車掌が客をとても英語に訳せない中国語で口汚く罵り殴って負傷させた事件では、枢密院は仕事の上での行動とは見なさなかった（Keppel Bus v Sa'ad bin Ahmad [1974] 1 WLR 1082）。具体的事実関係において区別は微妙に分かれる。

- 使用者には制定法〔Civil Liability (Contribution) Act 1978〕により被用者に対して求償権がある。

（い）請負契約（contract for work）

- 甲が乙に仕事をしてもらうにあたり、乙を被用者（employee）としてではなく、独立契約者（independent contractor）として仕事を請け負わせた（contract for work）と認められる場合には、代位責任は、独立契約者の不法行為については発生しないのが原則である。
- しかし独立契約者の不法行為でも、仕事を請け負わせた当事者に、例外的に責任が発生する場合がある。

●また不法行為を請負わせたり、独立契約者の不法行為を追認したりした場合は、請負わせた当事者も共同不法行為者となる。

●Alcock v Wraith (1991) 59 BLR 16で、控訴院は、独立契約者の役務の提供を受ける当事者の個人的な責任が発生する場合を七つ列挙した。

A）制定法上、独立契約者に代わりに負担させられない（non-delegable）義務を負っている場合。労働立法に絶対責任を課す例が多い。

B）甲の不動産が隣接不動産を構造的に支えていて、隣人が甲の支えを当てにしていることが正当な場合に、その支えを取り除くことによる隣接不動産の損害についての責任は、コモンロー上、独立契約者に代わりに負担させられない責任の最初の例とされる[66]。

C）失火で近隣を巻き込んだとき（escape of fire）[67]

◇これは古いコモンロー上の責任である[68]。

D）Rylands v Fletcher[69]責任の発生する活動

◇これは失火責任に準じた危険物の事故で近隣を巻き込んだときの責任と捉えられるが、第16章生活妨害（nuisance）のコラム一三一頁で詳述する。

E）公道（highway）の使用者を危険に曝す活動[70]

◇これは公道に臨む建物や植物等にサービスを施す際に発生しやすく、一七世紀末、ホールト裁判官がローマ法の建物からの投下物や流出物の訴権（actio de deiectis vel effuses）を援用したことに起源を有する[71]。

F）使用者の被用者を不必要な危険に曝さない責任は、そのために独立契約者を傭っても、代わりに負担させられない。

◇ これは先述の Wilsons & Clyde Coal v English [1938] AC 57 事件貴族院判決による（Lord Wright）。

G）極めて危険性の高い行為（extra-hazardous acts）。

◇ 以上の場合の延長といえるが、二〇〇八年に控訴院は同じ控訴院の先例[72]の不明確さを批判し、これを例外中の例外とした[73]。

第15章　制定法上の義務違反（breach of statutory duty）

一　特別法としての制定法

第二編で、コモンローが一般法で、制定法が特別法であることが多いと述べたが、不法行為の分野では、この傾向がとくに顕著である。

例えば使用者（雇用者）には、数多くの制定法上の義務が課されている。とくに近年では欧州共同体の立法が、使用者の制定法上の義務を大きく様変わりさせている。

なお、制定法上の義務違反の不法行為は、過失の不法行為と並立する場合がある（London Passengers Transport Board v Upson [1949] 1 All ER 60 HL）。

二　要件

裁判所が、制定法上の義務違反を不法行為として認めるためには、（一）原告適格、（二）義務違反、（三）損害の発生（因果関係）を審査する。第二章の過失の不法行為と比較すれば、注意義務が発生する当事者関係の類型かどうかというポイントが、原告適格となる。

1．原告適格（locus standi）

裁判所は、制定法の解釈において、まず原告に原告適格があるかどうかを審査する。この審査は以下の要素に分かれる。

① 制定法が一般的民事訴権を発生させることを意図しているかどうか
② 制定法が義務を課しているかどうか（単に権能〔power〕を与えているだけでは足らない）
③ 義務は、被告に課されているかどうか
④ 義務は、原告に対して負われているかどうか

①一般的民事訴権

制定法の中には、民事訴訟の訴権を定めていないものも多い。例えば一九七四年の勤労等における健康と安全に関する法律（Health and Safety at Work etc Act 1974）は、使用者に常識的に実行可能な範囲で被用者の健康と安全と福祉を確保する義務を課しているが、法四七条一項は、違反には刑事罰だけを定め、明確に民事責任の発生を否定している。

制定法に民事責任の発生について明示の条項があったり、その点の判例があったりすれば、民事訴訟で違反責任を問うことができる。それがない場合は、裁判所は次の諸点を考慮して判断する。

（イ）制定法が違反行為に刑事罰を課しているかどうか、そして刑罰だけが唯一の違反の帰結であると定めているかどうか（Doe on the demise of Rochester v Bridges (1831) 1 B&Ad. 847）。

（ロ）制定法上の救済が十分かどうか。労働者の保護を目的とした一八七八年の工場作業場法（Factory and Workshop Act）の所定の義務が破られた事件で、相当な補償をすべき条文がなかったので、裁判所は、不法行為による損害賠償を認めた（Groves v Lord Winborne [1898] 2 QB 402）。

（ハ）コモンロー上の別の民事責任が発生するかどうか（Phillips v Brittania Hygienic Laundry [1923] 2 KB 832）。

（ニ）原告が、立法の狙い、つまり制定法が回避しようとしていた損害を被ったことを証明すれば、被告の原告に対する民事責任が認められる可能性はある（Gorris v Scott (1875) LR 9 Exch 125）。

ただし、基準は不明確で、デニング(Denning)卿は「コインを投げて決めるようなものだ」と発言したことがある(Ex parte Island Records [1978] Ch 122～制定法違反の証拠の仮保全請求事件)。

（イ）を適用した例として知られるLonrho v Shell and BP(No. 2) [1982] AC 173事件は、一九六五年一一月一一日の南ローデシア（現ジンバブエ）の白人支配者イアン・スミスの一方的独立宣言ののち、イギリス議会の制定法(Southern Rhodesia Act 1965）にもとづく勅令が、南ローデシアへの石油の搬送を禁止したことに関連する事件である。なお一九六六年一二月一六日には国連安保理決議第二三二号が国連憲章第四一条にもとづき禁輸を含む義務的経済制裁を課した。

原告は当時のポルトガル領モザンビークの海岸から内陸のイギリス領南ローデシアまで石油パイプラインで石油を搬送していた業者であった。被告シェル石油と英国石油は、勅令を無視して南ローデシアへの石油の搬送をやめなかった。原告は被告の違法行為により違法政権が長続きして禁輸措置が長引き、多額の損害を被ったと主張したが、貴族院は、勅令は違法政権を懲罰することを目的しており、公衆の利益を保護することを目的としていないとして、これを退けた。

見方を変えれば、禁輸義務に違反したシェル石油と英国石油は、原告ロンロ社に対して経済的損害を与えてはならないという義務を負っていたわけではない（④）。

もし、制定法の課した義務が、一定の範囲の人に利益を供与するものであった場合、原告は、その範囲に入ることを示さなければならない。

二．その他の要素

基本的には過失の不法行為と同じことが要求される。以下、一般的なポイントだけ述べる。

義務違反について、義務は、完全な禁止の場合もあれば、常識的な注意を払う義務であったり、できるだけ注意することであったり、制定法の文言により、その性質が変わる。

因果関係では、原告の被った被害が、制定法の想定していた種類の損害であることが必要である。

抗弁について、課された義務が注意義務である場合、寄与過失（過失相殺）なども抗弁になりうるが、この点で、労働立法の場合、労働者の疲労状態、仕事の反復性、労働者に仕事を急がせる圧力などが、当然考慮される（Caswell v Powell Duffryn Associated Collieries [1940] AC 152)。

第16章　生活妨害（nuisance）

これは、元来は、自由身分土地保有権（freehold）という最高の権原（title）を守る物的訴訟（real action）の一つ、「最近侵奪された不動産占有の回復訴訟」（assize of novel disseisin）の一部であり、また、それと並存する訴訟として、不動産の利用収益（use and enjoyment[74]）を守る訴権で、その妨害状態（nocumentum, nuisance）を立証する必要があったことから、この名がある。

現在は不動産の権利者によるその利用収益を妨害する不法行為として（一）私的生活妨害（private nuisance）があり、これとは別に不動産の利用収益とは無関係に成立する（二）公的生活妨害（public nuisance）もある。

同じ状態から二つの訴権がともに発生することも十分にあるが、要件も効力も大きく違うので、二つの別々の不法行為ととらえるべきであろう。ただし英語で nuisance というとき「迷惑」、「厄介ごと」、「邪魔」というニュアンスがあるが、侵害（trespass）が「行為」を指しているのに対し、生活妨害（nuisance）は迷惑な「状態」を指している。それで生活妨害には日本語の「公害」にあたる要素も多い。その「公害」の文脈で、コモンロー上の「厳格責任」を定めたとされる Rylands v Fletcher 事件貴族院判決に基づく訴えについて、本章最後のコラムで扱う。

一　私的生活妨害

定義は「土地の利用収益（use and enjoyment of land）に対する非常識かつ重大な干渉（interference）」で、該当する土地に何らかの財産権を持ちかつ損害を受けた当事者に訴権がある。干渉には主に次の三形態がある。

① 煙や粉塵や振動や汚水等による土地やその上の財物の物理的毀損
② 木の根や枝による土地の侵蝕（日本民法典二三三条参照）
③ 個人の快適な暮らしの騒音、振動、悪臭、煙などによる妨害

損害が身体的なものである場合は、前述の侵害や次に述べる過失の訴えを考えるべきであるし、財物の毀損についても、より直接的で単発的なものは、侵害や過失の訴えの方が適切である。

（あ）非常識かつ重大な干渉

土地の快適な利用に対する「非常識かつ重大な（unreasonable and substantial）」干渉というのは、日本語で言えば、隣人同士の間の関係における常識的な「受忍限度」を超えたものを意味するといってよい。

干渉の程度と近隣の性格が問題となる。例えば、野球に似たイギリスの国技クリケットの打球が飛んできてガラスを割っても単発的であれば生活妨害ではない。しかし日常的に頻繁に飛んできて、赤ん坊の育児に支障を来すようなら話は別である。また耳障りな音楽が隣家から流れてきたとしても、それだけでは生活妨害にはならない。しかし閑静な住宅街の真ん中で、毎晩のように午前三時にバンド仲間を集めて大音響のドラムとエレキ・ギターをバックに絶叫を繰り返せば、これは生活妨害となる。隣の家まで一キロ離れた一軒屋であれば多少のことは受忍限度内となる。

害の種類。銅の精錬所の有毒ガスによる植木等への害（St. Helen's Smelting v Tipping (1865) 11 HLC 642）など有害なものは、受忍限度を超えやすい。

近所の性格。高級住宅街 Belgrave Square と皮なめし業者の集中した Bermondsey では、悪臭の受忍限度に違いがあ

る（Sturges v Bridgman (1879) 11 ChD852 at 865)。現在では自治体の不動産利用計画許可（planning permission）がこの点に影響する。

客観性。教会の牧師が近隣の発電所の騒音の差止を請求したが、他の誰も気にも留めない程度の音であったので差止は認められなかった（Heath v Mayor of Brighton (1908) 98 LT 718)。地下室を借りた被告の事業の関係で地下室の温度を高く保ったため、一階を借りた原告の保管していた特別に熱に敏感な紙の価値を損じてしまったが、通常の紙なら痛まなかった以上、これも常識的受忍限度と見なされた（Robinson v Kilvert (1889) 41 ChD 88)。しかし、通常の紙でも傷み、通常人の生活や労働に支障を来たすほどの常識はずれの熱であったならば、特別に熱に敏感な紙の特別な損害も弁償する責任に問われたことに疑いはない。

被告の害意。嫌がらせの目的は受忍限度の評価に影響する。壁一枚で隔たれた隣家の原告の音楽の授業に苛立った被告が、授業中に壁を叩き、お盆を打ち鳴らし、口笛を吹き、叫び声をあげるなどの嫌がらせを繰り返した事件（Christie v Davey [1893] 1 Ch 316）と、原告の銀狐農園の隣地の被告が、嫌がらせに銀狐の繁殖期に境界線めがけて銃撃を繰り返して雌狐を苛立たせ繁殖の邪魔をした事件（Hollywood Silver Fox Farm Ltd v Emmett [1936] 2 KB 475）において、高等法院の説得力のある判決がある。

損害賠償の範囲は、前述の過失（八五頁）と同じ予見可能性（The Wagon Mound (No. 2) [1967] 1 AC 617）である。

（い）原告適格

原告は土地に何らかの財産権を持たなければならない（Hunter v Canary Wharf [1997] AC 655)。判例はロンドンの東はずれのカナリア埠頭に建てられた超高層ビルによるテレビ受信障害に困った付近住民が訴えた事件で、訴えるためには不動産に一定の財産権がなければならず、排他的占有権を持たない間借り契約（lodging）では不十分とされた。訴権の起源に由来する強い制約を示す例でもある。

（う）被告

被告には次の三種類がある。

①　生活妨害を発生させた人
②　生活妨害の発生源の土地の占有者
③　同貸主

①発生者

生活妨害発生者は、発生源の土地の占有が終了した後でも責任を負う。

②占有者

- 発生者が占有者の家族または被用者である場合（White v Jamieson (1874) LR 18 Eq 303）
- 特に生活妨害の危険の高い性質の仕事を業者に請負わせた場合（Matania v National Provincial Bank [1936] 2 All ER 633）
- 発生源が不法侵入者の場合でも、生活妨害を認識しまたは認識しうべきで、かつその状態を止められるのに放置（continue）しまたは自己の目的に活用（adopt）した場合（Sedleigh-Denfeld v O'Callaghan [1940] AC 880）
- 発生源が天災の場合でも同様（Leakey v National Trust [1980] QB 485）

● 占有前から存在した生活妨害でも、それを認識しまたは認識すべき場合（St. Anne's Well Brewery v Roberts (1929) 140 LT 1）、に占有者は責任を負うとされている。

③貸主

● 借主による生活妨害を明示または黙示で許可した場合（Tetley v Chitty [1986] 1 All ER 663）

● 貸す前に生活妨害を認識または認識しうべきだった場合（Brew Brothers v Snax [1970] 1 QB 612）

● 貸主が契約で修繕義務を負いまたは修繕のために立ち入る権利を得ている場合（第13章一一一頁のDefective Premises Act 1972を参照）、に貸主は責任を負うとされている。

（え）抗弁など

● この訴権の消滅時効（prescription）は二〇年で、まさに訴権の物権的起源を反映している。長年継続している行為でも、特定の原告にとってその行為が「生活妨害」になったときから起算する。外科医の原告が、騒音源に近い庭先に診療室を移したために、それまで気にも留めなかった騒音が受忍限度を超えるようになった事件では、この移ったときが時効の起算点となった（Sturges v Bridgman (1879) 11 Ch.D 852）。

● 制定法による授権。ただしWheeler v Saunders [1996] Ch 19では、被告は地方自治体の許可を得て豚小屋を建設したが、隣地の原告から悪臭による生活妨害で訴えられた。自治体の許可は制定法ほどの権威を持たないので、必ずしも防御にはならない。

● 原告の方から生活妨害のある場所へ移動してきた事実は、抗弁にはならない（Sturges v Bridgman）。ただし不動産の貸主が借主に訴えられた場合は、このような事実関係は抗弁になる（Baxter v Camden London Borough Council

(1998) The Times, November 11)。

（お）責任の基準

生活妨害は過失責任なのか厳格責任なのか。被告の皮なめし業にともない有機塩素系物質の混入した水滴が少量こぼれることがあり長年の間に有機塩素が地下の透水層に蓄積され原告の水源を汚染した事件（Cambridge Water Co v Eastern Counties Leather plc [1994] 2 AC 264）の貴族院判決に即して、次のことがいえる。

● 生活妨害の差止命令が下される場合は、生活妨害発生時の被告の認識や過失に関わりなく、個別事案の全体の状況に照らして、正義と衡平の観点から生活妨害を将来にわたって差止めるべきかどうかが考慮される。その意味では「厳格責任」であろう。ただし、差止が請求された段階で、被告も否応なく生活妨害の事実を認識するという前提で、差止命令が出されるので、被告には自発的に協力する機会はある。（一三一頁コラム参照）。

● 過去の生活妨害についての損害賠償請求については、損害の予見可能性が要求され、その点で過失責任と同様である。

● 被告が生活妨害の発生源である場合、そうでなくても自己の目的に生活妨害を活用した場合と、他人または天災による生活妨害を単に放置しただけの場合は当然区別される。

二　公的生活妨害

公的生活妨害とは、公衆（そう呼べるだけの多数の人々）の健康（health）、安全（security）、快適（comfort）に対する非常識かつ重大な干渉で、刑事犯罪を構成し（したがって時効はない）、公衆の中でも特別な被害を証明できる原告だけに、民事の訴権が認められる。ただし、原告の特別な損害としては、生命、身体、財物への損害に限らず、純粋に経済的な損失でもかまわず、また被害の特別性が推定される場合も多い。

　コモンロー上の公的生活妨害（例、公道 (high way) の往来妨害）だけでなく、制定法上の公的生活妨害（例 Pollution Prevention and Control Act 1999）も多い。

私的生活妨害と公的生活妨害の違い

	保護法益	原告適格	継続反復性	刑事責任	時効
私的	私有地の利用収益	土地に対する財産権	要	無	二〇年
公的	公衆の健康で安全で快適な生活	公衆の中でも特別な損害	不要	有	無

三　救済

（あ）自力救済（abatement）

　生活妨害の発生源を実力で取り除くこと。ただし常識的な実力行使だけが認められ、相手方に不必要な損害を与えることは許されない。また原則として相手方に対して自力救済をなすことを事前に通告する必要がある。ただし例外は、相手方の土地に侵入せずに発生源を取り除くことができる場合、そして人や物に急迫性の危険がある場合である。

（い）損害賠償（damages）

裁判所は過去の生活妨害についてのみ損害賠償を命ずることができる。

（う）差止命令（injunction）

これはエクイティ上の裁量にもとづく救済である。

重大な損害が必ず発生することが予想される場合は、実害の発生前に、予防的差止命令（quia timet injunction）を請求することができる。

一時的、散発的な妨害には、差止命令は出にくい。損害賠償で十分な場合も難しい。

状況により、裁判所は差止命令の代わりに損害賠償を命ずることができるが、この場合の損害賠償は差止命令の代わりなので、将来の生活妨害についても損害賠償がある（Miller v Jackson [1977] QB 966）。

コラム ⑧ Rylands v Fletcher (1868) LR 3 HL 330 判決と厳格責任

この貴族院判決は、被告製粉所が業者と契約して貯水池を作ったところ貯水池の水が、原告の炭鉱の立坑をつたって流入し炭鉱を浸水させた事故に関するもので、とくに米国において受容され、適切な注意を払っても避けえないほどの極端に危険な活動にともなう厳格責任を定めた判例法へと発展した。本国のイギリスでは、米国における受容と変容は異端と捉えられ、一二九頁の Cambridge Water 事件の貴族院判決では、通常の私的生活妨害では妨害の継続的または反復的「状態」が続くことが必要であるけれども、とくに被告の占有または管理する土地の「不自然な利用」（non-natural use）に伴い、危険物が単発的に排出され、原告に予見可能な種類の損害を発生させた場合には、例外として、被告の損害賠償責任を推定する法理として解釈されるべきことが示唆されている程度である。つまり土地の不自然な利用に伴う危険物の排出の際の私的生活妨害訴権の特例という地位である。ただし土地の「不自然な利用」というものが「非常識な利用」とどれほど違うのか、「不自然な利用」の「公共の利益」の防御の厳密な範囲など、まだ解明されていない論点が多いだけでなく、学説では、従来のイギリスの判例が「土地の不自然な利用」を必要以上に制限的に解釈してきたことが、この判例の現代社会における潜在的有用性を圧殺してきただけでなく、欧州大陸諸国の法に比べてもイギリス法は厳格責任に慎重すぎるという批判もある[75]。一二九頁のCambridge Water事件における貴族院の立場は、厳格責任は制定法をもって課すべきであり、判例をもって課すことには慎重であるべきであるという司法消極主義であった。

第17章　名誉毀損（defamation）

一　歴史

名誉毀損（defamation）は、本来、教会裁判所が管轄し「何人も嫌悪、儲け、褒美その他悪意を原因として、善良で偉大な人々の間で破廉恥の烙印（infamia）を押されていない人に罪をなすりつけたときは破門し、被害者の冤罪を雪ぎ、またはその他の方法で被害者の威厳を回復する」という内容であった[76]。しかし世俗法上の罪をなすりつける行為についてなぜ教会法が介入するのかということで、一五〇七年以降、次第に世俗の国王裁判所が不法行為の事実訴権（on the case）をこの分野に認めるようになり、教会裁判所にとってかわるようになった[77]。こうして、この訴えの帰結は、教会による被告の破門と原告の潔白宣言（雪冤）から、陪審による損害賠償額の算定（目的が補償なのか懲罰なのかは未分）へとかわり、言葉の上での毀損（証明しにくく第三者への公表要件が早くから確立）と書面による毀損（証明しやすく当初第三者への公表要件はなかった）で扱いが異なった。一六世紀末のアンダーソン首席裁判官は犯罪のなすりつけだけでなく、一般に被告の言説が原告に損害を与えた場合に損害賠償を認めるべきであるという考え方であったが[78]、国王裁判所全体としては訴権の起源が教会法にあることに鑑みて訴権の拡大には慎重で、世俗犯罪、教会法上の罪（性的な不義不貞のニュアンスあり）、ライ病や梅毒の罹患、生業上の信用毀損へと漸進的、制限的にしか訴権は拡張しなかった。被告の言説が原告に損害を与えたことで損害賠償訴権が初めて認められたのは、一九六三年のことであった（八九頁）[79]。

二　現代法の定義

① 正しい考え方の社会構成員の間（世間）一般における原告の評判を下げるような言説の公表（Sim v Stretch [1936] 52 TLR 669, per Lord Atkin）または、

② 原告が世間から疎まれ避けられるような言説の公表（Youssoupoff v MGM Pictures Ltd [1934] 5 TLR 581）。

「名誉毀損」（defamation）には重い「誹謗」（libel）と軽い「悪口」slander の二種類がある。

● 「誹謗」（libel）は言説の「書面」（libellus）[80]など恒久的に残る方法での公表で、この訴えは、読者に信じられたという実害を証明する必要はない。誹謗は、刑事犯罪である。

● 「悪口」（slander）[81]は言説の口頭や手振り身振り等による記録に残らない方法での公表で、この訴えは、右の歴史的理由で、犯罪、性病の罹患、女の不義密通、職務や営業に関する悪口の場合には、聴衆が信じたという実害の発生を証明する必要がない。その他の場合は、聴衆が信用したという実害の発生の証明が必要である。悪

口は、刑事犯罪ではない。

コラム　⑨善良で偉大な人々とは

「正しい考え方の社会構成員一般（right-thinking members of society generally）」というアトキン卿の表現は、教会法の「善良で偉大な人々の間（apud bonos et graves）」の現代的表現である。教会法の表現はローマ法の「破廉恥（infamia）」の烙印が押される諸原因を列挙した『勅法彙纂』二巻一一編一三章「父が遺言で息子を非難した場合、決して法的に息子に破廉恥の烙印を押すことはないが、善良で重要な人々の間において、父を怒らせた息子の評判を下げる[82]」から来ていると考えられる。つまり法的には罪人扱いではないものの世間の顰蹙を買うという感じである。ちなみに現代英語の「偉大で善良な人々」（The Great and the Good）とは、古典的には、プレップ・スクール、パブリック・スクールを経てオックスフォードやケンブリッジで古典を学んだ上流階級の人々を指し、裁判官、高級官僚、大学教授など公職についていることが多い。国家公務員（Permanent Home Civil Service）の採用について一八五五年まで人事権を有していた大蔵省（Treasury）には、そういう『名士録』（The Book of the Great and the Good）があり、王立委員会など重要事件の調査委員会などの公的要職の選任にも用いられる[83]。これは、もちろん、現代名誉毀損法における「正しい考え方の社会構成員一般」よりはずっと狭い概念である。

三　二種類の名誉毀損に共通する要素

① 言説の中傷性
② 原告への言及

③　公表

①　中傷（defamatory）性

中傷性とは、世間における評判を下げる、傷つける性質をもつこと。

◇なお「中傷」という日本語は、元来は「人の中」つまり人と人との間を傷つけるという意味だったと思われる[84]。一方、ローマ法の「人格侵害」（injuria）は、起源としても個人を傷つけることから発展し[85]、イギリスでは名誉や社会的評価は、個人の財産のように考えられている。西洋法の個人主義的視点と、少し違う観点が日本語にはあるように思われ、興味深い。

中傷性は裁判官の決める法律問題（陪審による実体審査の前の入口審査）と、陪審の決める事実問題に分かれる。

●　法律問題は、言説が中傷性を持ちうるかどうか。

●　事実問題は、言説が現実に中傷的だったかどうか。

（法律問題）

◇中傷であるためには、言説が原告に対する世間の目一般に影響しなければならない（Byrne v Deane [1937] 1 KB 818）。「一般」の点は広く解釈され、原告の住んでいる比較的狭い「世間」の目に影響すればよい。ただしイギリス国内の例えばイスラム教徒の少数派住民特有の価値観に影響するような言説の一般中傷性をどう判断すべきかは、今後の課題とされている（Arab News Network v Jihad Al Khazen [2001] EWCA Civ 118 at [30] per Keene LJ）。

◇例えば、「甲は嘘つきだ」という言説は、一見して中傷性がある。「甲はジョージ・ワシントンの反対だ」（no George Washington）というも、英語圏では「嘘つき」ということ（ワシントンは桜の木を切ったことを父の前で正直に自供したことで有名）なので、これも一見して中傷性がある。問題は、例えば「当社は（原告）銀行のどの支店の口座から引き落とされる小切手であっても受け取れません[86]」という被告会社の債務者宛通知（circular）に、原告銀行の主張するような「原告銀行は破産寸前」という中傷的な意味が「間接的暗示で」（innuendo）表現されていたかどうかである（Capital & Counties Bank Ltd v Henry & Sons (1882) 7 App Cas 741 HL）。通知を見て現に取り付け騒ぎが起こったが、陪審員は評決不能、控訴院は二対一でこの表現では中傷的意味をもつ可能性がない（可能性は法律問題）と判断、貴族院も賛成した[87]。

◇Cassidy v Daily Mirror [1929] 2 KB 331では、被告新聞社が写真入で競走馬所有者の甲氏が乙嬢と婚約したと報道したことで、甲夫人（原告）が、世間的にはまるで未婚のまま甲氏と同棲していた「ふしだらな女だ」（promiscuous）と誤解されたと訴え、間接的暗示による（innuendo）中傷が認められた。

◇Tolley v Fry [1931] AC 333では、有名なアマチュアのゴルフ選手（原告）の肖像が被告会社のチョコレートの広告に無断で下品な詩とともに登場した事件で、まるで低俗な宣伝広告を通して売名行為を行ったと誤解されると主張した。これも間接的暗示による中傷が認められた。

◇Monson v Tussauds [1894] 1 QB 671は、有名なロンドンのマダム・タッソー蝋人形館の「恐怖の間」に、一九世紀末のある殺人事件の現場が再現された事件。原告は、現実にはスコットランドの一五人の陪審員により「犯罪の証明がない」（not proven）とされたのにもかかわらず、銃を乱射している姿が蝋人形で生々しく表現された。この展示は直接的な中傷である（ちなみにイングランドの「無罪」not guilty評決もスコットランドに導入されて、「犯罪の証明がない」という中間評決では怪しく見られる傾向が生まれている)。

◇ なお、ユーモアや非難、とくに粗野で攻撃的な罵詈雑言が衝動的に飛び出したような事例は、必ずしも中傷とは見なされない。

② 原告への言及

言説は原告を悪く言っていると理解されなければならない。

◇ Morgan v Odhams Press [1971] 1 WLR 1239では、女の子がギャングにさらわれたという被告新聞社の記事について、当時女の子が原告の家に泊っていた事実から、原告がギャングの一人だと誤認されたと主張し、勝訴。

◇ Hulton v Jones [1910] AC 20では、Artemis Jonesという架空の医者がフランスで旅の恥はかき捨てのような行動をしたという物語を書いた記者が、同姓同名の実在のバリスタ弁護士から名誉毀損で訴えられた。実際に実在の弁護士のことだと誤解した証人も出廷し、弁護士が勝訴した。弁護士はのちに絹のガウンを着る勅撰バリスタ(King's Counsel)となった。

◇ Newstead v London Express Newspapers [1940] 1 KB 377では、被告新聞社がNewstead氏の重婚を非難したが、同姓同名の別人から名誉毀損で訴えられた。

③ 公表

原語はpublicationで出版とも訳せるが、要は、第三者に伝えられなければならない。配偶者は第三者とは見なされない。

言説の流布の連鎖の中のあらゆる人が公表者 publisher である。例えば、著者、編者、印刷業者、出版社、売店、図書館、ウェブサイトの管理者のすべてが被告となりうる（ただし善意無過失の流布〔innocent dissemination〕につき、抗弁⑥を参照）。

四　抗弁

① 言説の事実の正当化、つまり真実の証明
② 公的関心事についての公正な評釈
③ 絶対特権
④ 相対特権
⑤ 謝罪と訂正の申込（制定法）
⑥ 善意無過失の流布（コモンロー）と公表について責任なし（制定法）

① 真実の証明

表明した「事実」（fact）が真実であると証明ができれば、完全な抗弁となる。他言の反復であったとしても、その中身の真実性を証明しなければならない（Shah v Standard Chartered Bank (1998) Times, May 13）。

言説に二点以上の攻撃要素がある場合、真実であると証明できない要素が一部あっても、それが実質的に評判に影響しないものであれば抗弁となる（s. 5, Defamation Act 1952）。

ただし、既に刑期を終えた有罪判決についての真実の言説も、害意に出たものであれば、名誉毀損となる（s. 8, Rehabilitation of Offenders Act 1974）。有罪判決は民事裁判において犯行についての決定的証拠となるが（s. 13, Civil Evidence Act 1968）、これは原告自身の罪に限られる（s. 12, Defamation Act 1996）。

②　公的関心事についての公正な評釈（fair comment on a matter of public interest）

●「評釈」（comment）とは「事実」（fact）の表明ではなく、意見の表明である。その区別は陪審が決める。ただし、意見も真実に基づかなければならない。真実性が証明された事実にもとづく意見であって、公正であれば抗弁となる（s. 6, Defamation Act 1952）。評釈は、意見や評価だけではなく、事実からの推認、演繹、結論も含む（Kemsley v Foot [1952] AC 345）。

◇例、Dakhyl v Labouchere [1908] 2 KB 325事件の原告は聴覚障碍と耳鼻咽喉疾患の専門医を自称していたが、被告はこれを「いんちき医者の中でも最もふてぶてしい類」（quack of the rankest species）と言った。これは「事実」か、「評釈」か。貴族院は文脈により評釈たりうると判断した（ちなみに、評釈かどうかは、陪審の事実問題であるが、その前に、評釈たりうるかどうかという、裁判官の法律問題がある）。

◇例、Telnokoff v Matusevitch [1992] 2 AC 343事件では、The Daily Telegraph紙の記事に対し「読者の声」が出た。記事と読者の声を合わせて読めば、読者の声は、記事にある事実についての評釈であることが一目瞭然であるが、貴族院は読者の声だけを切り離して解釈し、評釈ではなく事実であると解した。

●「公正」（fair）。「害意」（malice）による評釈は公正でない（Turner v MGM Pictures [1950] 1 All ER 449）。原告が被告の害意を立証する（Telnikoff v Matusevitch [1992] 2 AC 343）。害意とは、公的関心事についての公正な評釈の抗弁

の文脈では、全く信じていないことを話すことに限られている。しかし、これでは例えば既に刑期を終えた罪の事実が真実でも、害意でその客観的に正しい事実を表明することは名誉毀損になるという一九七四年犯罪者更生法（Rehabilitation of Offenders Act 1974、一三九頁）の規定と矛盾する。同法にいう害意とは冤罪と知っていて罪に言及することに限らないからである。

● 何が「公的関心事」にあたるかは裁判官の決める法律問題であるが、一般に非常に広く解されている。

③ 絶対特権（absolute privilege）

被告の動機の如何にかかわらず、絶対に保護される言説。どういう言説が絶対特権で守られるかは法律問題として裁判官が判断する。

例、議会での議員の言説（art 9, Bill of Rights 1689）

議会が出版を命じた記録（Parliament Papers Act 1840）

裁判手続でなされた言説

訴訟に関連した依頼人のソリシタ弁護士に対する言説

裁判手続の公正かつ正確かつ同時の報道

夫婦間の言説

④ 相対特権（qualified privilege）

被告に害意がないかぎり保護される言説。これも法律問題で裁判官が判断する。害意は、相対特権の文脈では、

単にまったく信じていないことを話す、または原告を傷つける動機など不適切な動機を有することを指す。例えば、

● 官庁間の公務通信（Parliamentary Commission Act 1967）

● 議会審議、裁判手続き（外国における裁判を含む）、株主総会などの公正かつ正確な報道など、一九九六年名誉毀損法第五条と別表（Defamation Act 1996, s.5 and Schedule）に記載されているもの

● 言説の出し手と受け手の間に、言説の出し受けについて相互に法的、倫理的、社会的義務およびそれに対応する関心の関係があるもの〔Toogood v Spyring (1834) 1 CM&R 181〕。内申書や勤務評定や学術論文などがこの類型に入る。例、本社社長（被告）が、海外子会社の社長（原告）の現地での行状について誹謗する情報を入手し、その情報に根拠があるのかどうか確認する前に、原告の妻と会社の大株主にその情報を見せた。大株主については相対特権が認められたが、原告の妻については特権はなし（Watt v Longsdon [1930] 1 KB 130）。

● なお、義務と関心の相互性がなくとも、とくに報道の自由を守る相対特権（Reynolds v The Times Newspapers [2001] 2 AC 127）がある。

いずれの場合も、言説の重大性、情報の性格（公的関心事である程度）、情報源、情報の内容の確認のために取られた手順、情報の地位、事案の緊急性、原告から評釈を得たかどうか、原告の主張の核心に言及してあるかどうか、言説の調子、どのような情況下で公表されたか、などが総合的に判断される（Reynolds v The Times）。

⑤　謝罪と訂正の申込（offer of amend）

● これは、一九九六年名誉毀損法二条から四条にある手続きで、先述の Hulton v Jones（出版物に登場させた架空の人物と同姓同名の弁護士から訴えられた、一三七頁）、Cassidy v Daily Mirror（有名な競走馬の所有者の婚約を記事にしたところ、

夫人から訴えられた、一三六頁）のような事案を解決するのに適切である。他の抗弁とは両立しない。この申込は情状酌量にもなる。

● 被告が言説を訂正し、謝罪し、訂正と謝罪の公表に合意し、慰謝料と訴訟費用を負担することを申込む。

● 原告がこれを承諾すれば、抗弁となる。

● 原告が承諾しなくても、被告が善意無過失（innocent）であれば防御となる。善意無過失の要件は、原告に言及しているとは知らなかったまたはそう信じるべき理由がなかったこと、かつ偽って原告を悪く言っているとは知らなかったまたはそう信じるべき理由がなかったことである（一九九六年名誉毀損法）。

⑥　善意無過失の流布、公表責任の欠如

コモンロー上の防御であった善意無過失の流布（innocent dissemination）は、一九九六年名誉毀損法一条で公表責任の欠如（lack of responsibility for publication）の抗弁に置き換えられた。これは著者、編者、商業出版社でない公表者の抗弁で、公表にあたって常識的注意義務を怠らなかったこと、かつ言説が中傷性を有するとは知らなかったまたはそう信ずべき理由がなかったことが要件（Godfrey v Demon Internet [2001] QB 201）。

五　名誉毀損の訴えの制限

● 民主的に批判されることが当然である政府（中央、地方を問わない）には、個人は別として、アメリカにおけるのと同様に、原告適格が否定されている。県庁が、国民の預けた年金を投機的に投資しているという記事について新聞社を訴えた事件（Derbyshire County Council v The Times Newspapers [1993] 1 All ER 1011）で、公共団体の原告適格が否定された。同様に政党も原告適格がない（ただし高等法院の判決）[88]。

- 新聞社や編集者を名誉毀損で訴えるためには、まず高等法院裁判官の許可を得る必要がある[89]。
- 訴権は原告または被告の死亡により消滅する。Law Reform (Miscellaneous Provisions) Act 1934 の適用外。
- 法律扶助は支給されない。
- 一九九六年名誉毀損法一条は、訴権の時効を原則一年に限っているが、裁判所の裁量で延長できるとしている。
- 名誉毀損訴訟は現在でも伝統的な陪審裁判が残る「珍しい」民事訴訟であるが、とくに陪審による損害賠償額の算定が名誉毀損の訴えの魅力の一つであった。ところが、Esther Rantzen v Mirror Group [1994] QB 670 事件において、控訴院は陪審による損害賠償額の算定に上限がないことを欧州人権条約一〇条違反と判断し、Elton John v Mirror Group [1997] QB 586 事件で、控訴院は賠償額算定の指針を出した。一方、議会も一九九六年名誉毀損法八条から一〇条で、陪審のない即決手続を設けた。単独裁判官による訴えの却下、謝罪と訂正の要求、一万ポンド以下の損害賠償命令などで、簡潔かつ的確に対応できる体制を整えている。

第18章　救済（remedies）

不法行為の法的帰結、イギリス法で「救済方法」（remedies）と呼ばれるものには、コモンロー上の損害賠償（damages、常に複数形でなければならない）とエクイティ上の各種の差止命令（injunctions）がある。損害賠償は、コモンロー上、訴えの要件がそろった場合に権利として（as of right）与えられる必然的帰結であり、差止命令は裁判所がエクイティ（衡平）のために裁量で施す救済（discretionary remedy）である。もっとも現代ではエクイティ上の差止命令の基準も判例で厳密に定められており、明確性は高い。

一　損害賠償

一・損害賠償の目的

損害賠償の目的は被害者の金銭的補償（compensation）[90]にあり、それは、かりに被告の不法行為がなかったとしたら原告が置かれていたであろうと考えられる立場に金銭的に戻すことである（Livingstone v Rawyards Coal (1880) 5 App Cas 25 HL 59 per Lord Blackburn）。このことをイギリス法ではラテン語で「原状回復」（restitutio in integrum）と表現することもある[91]。契約法における損害賠償の目的の基本原則、契約違反がなかったら、つまり被告が契約をきちんと履行したとしたら、原告が置かれていたであろうと考えられる立場に金銭的に戻すことと対置される。

二・損害賠償の種類

損害賠償には名目的、侮辱的、加重的、懲罰的の四種類がある。

①　名目的損害賠償（nominal damages）は、侵害（trespass）の訴えなど、実害の発生を訴えの要件としない中世以来の訴えにおいて、本当に補償の必要性のない場合に与えられる。額にして五ポンドから一〇ポンドくらいである。

②　侮辱的損害賠償（contemptuous damages）は、原告の訴えを技術的には認めざるをえないが、裁判所としては決してその中身に賛成していない場合、言い換えれば補償の必要性を認めない場合に与えられる。一ペンスほど。名誉毀損の訴えに多い。ちなみに原告の訴訟行動の不適切な側面に対する裁判所の制裁方法には、訴訟費用がある。

③　加重的損害賠償（aggravated damages）は、理論的には、原告の精神的損害が被告の加害の動機や意図によるものである場合に、より手厚い補償を行う趣旨である。しかし陪審員が損害賠償額を算定していた時代の判例を見るか

ぎり、これと懲罰的損害賠償とを区別することは至難である。

④　懲罰的損害賠償（exemplary damages）は、補償という損害賠償の原理を超えるもので、他の英米法域と異なり、イギリスでは非常に限定的にしか認められない。すなわち被告公務員の抑圧的または恣意的または違憲の行為を、おもに陪審員（または裁判官）が「懲罰」し「見せしめ」（example）にするために与えられる（Rookes v Barnard [1964] AC 1129）。警察を被告にした事件に多い。このほか、制定法が懲罰的損害賠償を許している場合と被告の不法行為が損害を補償してあまりある利益を得るように計算されている場合も含まれているが、制定法は一例のみで加重的損害賠償と区別がつかず、損害を補償してあまりある被告の利得については、不当利得（unjust enrichment）返還の法理の発展で、現代的有用性は下がっている。Kuddus v Chief Constable of Leicestershire [2001] UKHL 29 事件貴族院判決では、原則としてあらゆる不法行為について懲罰的損害賠償がありうることが認められた。民事法と刑事法の混同という批判もある一方で、刑事法の不十分さ、限界に鑑み、とくに市民的自由の保障のために、公務員の職権濫用に対する民事罰の必要性を重くみる意見も根強い（七四頁コラム参照）。

三．被害者が生存の場合の損害賠償の計算

●　不特定損害賠償（general damages）と特定損害賠償（special damages）の区別

①　不特定損害賠償（general damages）とは、従来から原告の訴状において金額を特定する必要がなかったものを指す。項目としては、非金銭的損害としての「痛みと苦しみ」（pain and suffering）と「楽しみの喪失」（loss of amenity）そして金銭的損害ではあるが金額の査定の難しい公判後の収入の喪失（loss of future earnings）がある。ただし、現在の民事訴訟規則（Civil Procedure Rules 1998）のもとでは、公判後の収入の喪失は原告の訴状において金額を特定しなければならない。

② 特定損害賠償（special damages）は、従来から原告の訴状に金額を特定する必要があったもの。まだ現実化していない公判後の収入の喪失を除く、すべての金銭的損害の賠償額を指す。

● 現在の民事訴訟規則のもとでは、金銭的損害（pecuniary damage）の賠償か、非金銭的損害（non-pecuniary damage）の賠償かの区別の方が重要である。

三―一．損害の項目

（あ）金銭的損失（pecuniary loss）

金銭的損失には、おもな項目に次のものがある。

①公判前の収入の喪失（loss of earnings）
②公判後の収入の喪失
③収入力の喪失（loss of earning capacity）
④経費
⑤その他の金銭的喪失

①公判前の収入の喪失

収入は純収入に限られる。つまり時間外手当、ボーナスなどは含まれるが、租税、国民保険、年金の支払いを差し引く。

②公判後の収入の喪失

これは原告が被告の不法行為に遭わなかったならば得たであろう（得べかりし）利益（逸失利益）の補償である。通常、障碍のため働けなくなった年数と純年収から計算する。逸失利益の年数は、一九九九年のWells v Wells事件貴族院判決以来[92]、生命保険会社の作成したオグデン表（Ogden Tables）という保険統計表にもとづいて計算することが義務付けられ、一〇年間の逸失なら九年分、二〇年間なら一五年分、三〇年間なら二〇年分と、逸失年数よりも少な目に計算する。これは、人生一寸先は闇というように、将来すべてが順調に定年に達するとは限らないこと、そして損害賠償金は一括払いなので、これを物価指数連動国債（Index Linked Government Stock）に投資し毎年三分（三％）の利息がつくという推定があることによる。将来のインフレは考慮されない。

Pickett v British Rail Engineering [1980] AC 136事件では、石綿（アスベスト）の吸飲のため中皮腫にかかった原告の余命の計算に、石綿吸飲のなかった場合の余命が適用された。しかし、この場合（公判時に四〇歳、定年六五歳、石綿被害後の余命は五〇歳まで）、死亡が推定される五〇歳から定年六五歳までの一五年分の自己および被扶養者の生活費は（被告の賠償義務から）控除された。

一般に、被告の賠償義務から控除される項目は、

- 税金の割戻分
- 原告の使用者が（雇用契約など）法的義務に基づいて原告に支払った金額で、原告から払い戻しのないもの
- 病院や介護老人ホームやその他の福祉施設における、全部または一部公費負担の原告の生活費のための差益
- 被害の結果受け取った退職手当

● 制定法上の病欠手当
● 控除されない（つまり被告の賠償義務に影響を与えない）項目は、
● 原告の不法行為者でない使用者が法的義務なしに支給した見舞金
● 原告の使用者が法的義務にもとづき支給した金額で、原告が払い戻さなければならないもの
● 年金の給付金
● 保険の給付金
● 慈善贈与

なお、制定法(Social Security (Recovery of Benefits) Act 1997)により、国費による収入補充手当、看護手当、移動障碍手当は、原告に対する一種の貸付金となり、原告は、受領した損害賠償金の中から国庫へ返済する義務が生じる。

③収入「力」の喪失（loss of earning capacity）

これは不法行為による障害のために原告の労働市場における価値が下がった分の補償である。就労不能を前提に収入の喪失が計算された場合には適用されない。

④経費

損害賠償額には常識的な医療費が含まれる。イギリスでは国費による無償医療制度（NHS）が利用できるが、別によい医師がいて私費で医療サービスを受けたとしても、それ自体として常識的（reasonable）でないと判断されることはない。常識的な車椅子やギプスの購入費用も含まれる。

また不法行為の結果必要となった第三者（ただし不法行為者本人を除く）による原告のための役務の常識的代金（たとえば通院のための交通費や介護費用）は、たとえば原告の家族による送迎や介護で実費の計算が困難であっても、また原告と第三者の間の求償に関係なく、損害賠償額に含まれる。たとえば家族が介護のために退職した場合、介護の常識的商業費用を上限として、損害賠償の対象となる。

⑤その他の金銭的損失

不法行為による障害のため、たとえば車椅子の生活に適合するような家の改築や、転地療養のための転居などの費用も常識的な範囲で補償される。事故で毀損された自動車や衣服その他の動産の被害はもちろん補償される。

（い）非金銭的損害

①「苦痛」（pain and suffering）。原告の主観による。従って昏睡状態の原告には、この点の損害賠償はない。ただし植物状態でも原告が苦痛を感じているという一定の証拠があれば補償の対象となる。余命が事故で短縮されたということを原告が自覚していれば、これも苦痛の一種となる。

②「娯楽の喪失」（loss of amenity）。片足を切断して趣味のサッカーができなくなった損害など。客観的査定。昏睡状態の原告にも賠償がある。

以上、一括して慰謝料が支払われる。

三―二・完全補償原則

金銭的損失（pecuniary loss）は一〇〇％完全に補償されるのが原則（principle of full compensation）である（Livingstone v Rawyards Coal Co [1880] 5 App Cas 25 HL 39)。ブラックバーン貴族院裁判官（Lord Blackburn）はこの完全補償原則にプリンシプルという強い言葉を使った。この原則は現在でも不変である[93]。

三―三．損害軽減（mitigation）

原告には常識的に損害を最小限に食い止める（mitigate）義務がある（ちなみに契約法においても基本的に同様の義務がある）。なお mitigation という英語自体は民刑事責任の軽減、つまり情状酌量の意味でも使われる。

三―四．一括払い

損害賠償金は一括払い（lump sum payment）が原則である。裁判所は、原告が一時に巨額の現金を受け取る結果になることも、損害賠償額の計算の上で考慮する。

ただし制定法が三つ例外を作っている。

一つ目は一九八一年最高法院法(Supreme Court Act 1981)の一九八二年改正[94]で導入された暫定的損害賠償(provisional damages）の制度（Supreme Court Act 1981, s. 32 A; Civil Procedure Rules, Part 41）である。これは不法行為により原告の蒙った身体傷害（personal injury）が公判時におけるよりも将来においてさらに深刻になる（罹患も含む）可能性があるときのための制度で、裁判所は一定の期限を定めてその間に原告が新たに損害賠償を求めることを許すことができる。ただし利用度は低かった。

二つ目は、一九九六年損害賠償法二条（Damages Act 1996, s. 2）が導入した損害賠償金の定期的支払命令（periodical payment order）で、将来の逸失利益（future pecuniary loss）について裁判所の裁量で与えられる。裁量ではあるが、定期的支払命令を出すべきかどうか、裁判所には積極的に考慮する義務がある（shall consider）。

三つ目は、一九九八年民事訴訟規則（Civil Procedure Rules）二五編（Part 25）の仮支払（interim payment）制度で、最終的な損害賠償額の算定の前に、大規模傷害（catastrophic injuries）事件で、たとえば車椅子生活のための住宅工事や高額介護サービス（expensive care regimes）などの費用を出来るだけ早い段階で補償することで、被害者・原告のリハビリテーションを助けて、長期的に見て、公判後の将来の逸失利益額を減らすことが期待されるので、被害者だけでなく、自動車損害賠償責任保険などの保険業界にとっても有意義で、実際に該当事件では利用度は高い[95]。

なお、一括払いの際にはインフレは考慮されなかったが、定期的支払（periodical payments）には考慮され、小売物価指数（retail price index）が用いられてきた。この点、二〇〇八年には「好ましい介護福祉サービス提供機関」（preferred provider organisations）の介護士の時給の年次調査結果を利用することが控訴院で認められた[96]。定期的支払命令と仮支払命令の関係は必ずしも円滑ではない[97]。

三―五．利息

特定損害賠償（special damages）額の利息については、実際に損害が発生したときから公判期日までの間の短期投資口座利率の半分（年率約四分）で計算される。ちなみに契約違反の場合は、その全部（年率約八分）。

非金銭的損害に対する慰謝料（general damages）の利息は、訴状の送達日から公判期日まで、年二分。

公判期日後の将来の逸失利益については利息はつかない。

四．被害者死亡の場合の損害賠償の計算

コモンロー上は「対人的な訴えは人と一緒に死亡する」（actio personalis moritur cum persona）。人の死は損害（injury）ではない。このため、被害者死亡の場合、コモンロー上は、被害者の遺産（estate）の相続人の利益のためにも、被害者の被扶養者も、訴えを起こすことはできなかった。

そこで議会は次の二つの法律を制定した。

①一八四六年の死亡事故法（Fatal Accidents Act 1846）は被扶養者の訴権を創出した。被扶養者は扶養者の死による金銭的損失（逸失利益を含む）の賠償を、近親者なら近親者喪失（bereavement）の慰謝料七千五百ポンドを、葬式費用を負担した被扶養者は同費用を、それぞれ請求できる。扶養者に収入がなかった場合でも、たとえば死んだ妻の家事について家政婦の費用を土台に逸失利益を計算する。配偶者と子どもが残された場合、子どもには特別の事情がない限り名目的損害賠償が認められるにとどまることが多い。親が子どもを失った場合には、将来の扶養費の喪失を主張することが可能である。

②一九三四年の法改革（雑則）法（Law Reform (Miscellaneous Provisions) Act 1934）は、被害者の遺産相続人のための訴訟および加害者の相続財産に対する訴訟に門戸を開いた。これは遺言執行人（executor）または遺産管理人（administrator）が訴えを提起し、損害賠償金は遺言または遺言のない場合は法律にもとづいて配分される。この場合、逸失利益の損害賠償はない。懲罰的損害賠償もない。遺産から葬式費用を拠出した場合は葬式費用の償還はある。

以上の二つの制定法による別々の訴権は並立して発生する。

二　差止命令（injunctions）

エクイティ上、裁判官は裁量で多様な種類の差止命令を出すことができる。

①差止命令（prohibitory injunction）。裁判所は、制定法（Lord Cairns's Act = Chancery Amendment Act 1858 98）により、差止命令の代わりに損害賠償命令を出すこともでき、これは通常の損害賠償と異なり、将来にわたる損害を賠償させる意味をもつ。

②執行命令（mandatory injunction）。原告が重大な権利侵害を被る強い危険性があり、かつ被告が執行する費用は原

告の便益に比して大き過ぎず、かつ被告が何をすべきか認識している場合に認められる（Redland Bricks v Morris [1970] AC 652)。

③予防的差止命令（quia timet injunction）。被告がまだ不法行為を犯していないが、今すぐにも犯す強い可能性がある場合に例外的に認められる。

④仮処分命令（interim injunction）。本案に入る前に、「便宜性の均衡」（balance of conveniences）を図って決める（American Cyanamid v Ethicon [1975] AC 396)。

注

1 いずれも田中英夫編『英米法辞典』東京大学出版会一九九〇年による。
2 Zimmermann, 1996, 1006-7.
3 Zimmermann, 1996, 1006-7.
4 Zimmermann, 1996, 1050-1053.
5 Zimmermann, 1996, 1027 and 1033-1034.
6 通常は on the case とだけ表現する。
7 Zimmermann, 1996, 1033-1034.
8 Ibbetson, 1999, 158, 164-8.
9 Ibbetson, 1999, 44-45.
10 Limitation Act 1980, s. 2.
11 Limitation Act 1980, s. 11 (4).
12 熱や光や煙や言葉による人に対する意図的な加害行為は、直接接触もその急迫性もないので「暴行」にならない。そういう場合は Wilkinson v Downton [1897] 2 QB 57 という判例にもとづく別の訴権を利用する。これは被告女が既婚婦人に対し冗談で「ご主人が事故で両足を折ってしまわれて、どこどこに倒れておられます」と告げたところ、婦人（通常の気の確かさ fortitude が認められた）

がショックで真っ青になり吐気をもよおし数週間にわたり人事不省に陥ったもので、高等法院の判決である。控訴院も私設探偵が警察官と偽ってある婦人に「ドイツのスパイと関係している容疑で逮捕することもできる」と告げたところ婦人がショックで口もきけなくなってしまった事件で訴権を認めたことがある。ただしこの訴えは行為だけを問題にする侵害（trespass）と違い、実害という結果の発生が要件となる。また制定法（Protection from Harassment Act 1997）によれば、一連の言動をもって他人を継続的または反復的に苦しめること（ハラスメント）は犯罪であり、それによる他人の不安（anxiety）と不安から派生する金銭的損害は損害賠償（damages）の対象となる。差止命令（injunction）の出される場合もある。この制定法はコモンロー上の各種の不法行為による訴えを排除しない。

13 Supreme Court Act 1981, s. 69; County Courts Act 1984, s. 66.

14 幡新大実「英国における公権力行使の私法的制御について」比較法研究六七号（二〇〇五年）二一八–二四二参照。

15 Ibbetson, 1999, 114.

16 幡新大実『イギリスの司法制度』東信堂二〇〇九年一〇九頁参照。

17 Broadmeadow v Rushden (1365) 103 Selden Society 422, Case 40.1; Ibbetson, 1990, 54. 事案に即した侵害の最初の事例。

18 Ibbetson, 1999, 164-168. 註六–七参照。

19 例えば日本の民法典そのものは決してドイツ民法典の翻訳ではなく、フランス法その他の影響も受けて成立し、その構造を異にするが、その後はドイツの民法学説の強く包括的な影響下に法文とは違った解釈が生まれて、民法典とは別の民法を生成した。これは単なる外国学説の部分的影響を超えた文化の移転であるとして「学説継受」と呼ぶ（北川善太郎『民法講要Ⅰ』第二版有斐閣二〇〇一年一一二頁）。

20 田中英夫編『英米法辞典』一九九一年九三九頁に概説あり。

21 Ibbetson, 1999, 169.

22 Corpus Christi College の Basil Kennett らの英訳（Of the Law of Nature and Nations, 2nd-5th translations, A&J Churchill etc., Oxford, 1703-1729, 'Now whenever we hurt or endamage another, we do it either out of full Purpose and premeditated Guilt, or by a Fault of Negligence only, and not of Design (and this Negligence, as it is more or less gross and supine, is more or less culpable) or lastly, we may do it by mere Chance so that the Injury cannot rightly be imputed to us.'）は、一部混乱しているが、次註でその原因を分析する。

23 Samuel Pufendorf, De Iure Naturae et Gentium (Francofurti ad Moenum, 1694), 3.1.6, 'Caeterum ut aliquis a nobis laedatur, aut damno afficatur, fieri potest vel dolo malo destinatoque consilio, vel per solam culpam citra propositum quidem, non tamen absque negligentia, eaque vel leviore, vel magis supina; vel denique per casum fortuitum, sic ut ista laesio recte nobis imputari nequeat.'「人が我々により傷つき損害を受けても、それには悪意と謀略による場合と、単なる過失により、何ら故意（propositum=Vorsatz）はなかったが、懈怠すなわち重いあるいは軽い不注意がなかったわけではない場合と、最後に、全くの偶然で傷害の責任を我々には適正に帰しえない場合とがある」。前掲の英訳の混乱は、原文とオランダのグローニンゲン大学に亡命していた Jean Barbayrac の次掲の仏訳（正確）の両方に惑わされたことが明白（Le Droit de la Nature et des Gens, Nouvelle Edition, Jean Nours, Londre, 1715, 'On peut faire du mal, et causer du Dommage à autrui, ou malicieusement et de propos déliberé; ou sans dessein, et par une simple négligence, qui est tantôt plus, tantôt moins grande; ou enfin par un cas fortuit, qui est tel qu'on ne fauroit légitimement nous rien imputer à cet égard）。ちなみに中身はアリストテレス『ニコマコス倫理学』五巻八章（1135a-b）の行為者の非難可能性論に依拠している。

24 Ibbetson, 1999, Chapter 8, pp. 164-168, 'The Crystalization of Negligence'; Chapter 9, 'The Law of Torts in the Nineteenth Century: The Rise of the Tort of Negligence'; Chapter 10, 'The Law of Torts in the Twentieth Century: Expansion and Collapse of the Tort of Negligence'.

25 Ibbetson, 1999, 178.

26 Broadmeadow v Rushden (1365) 103 Selden Society 422, case 40.1; Ibbetson, 1999, 54.

27 過失・懈怠（negligence）の注意義務（diligentia）違反概念としての結晶化を促した判例 Coggs v Barnard (1703) 2 Ld Raym 909, Baker and Milsom, 1986, 370 で、王座裁判所首席裁判官ホールト（Sir John Holt CJ）はイギリス法の bailment を六種類に分ける中で最初の三種類をローマ法の depositum, commodatum, locatio conductio で表現し、それぞれにおける注意義務（diligentia）を考慮した。結晶化過程については Ibbetson, 1999, 164-168 を参照。

28「隣人に損害を与えないように」という表現は一五世紀の失火責任の判例の中にも登場する〔Beaulieu v Finglam (1401) YB Pas. 2 Henry IV, fo. 18, pl. 6, Baker and Milsom, 1986, 557-558〕。一方、ウルピアヌスは「他人を害することなかれ」(D.1.1.10.1, Ulpianus, 'alterum non laedere')、プーフェンドルフは「何人も他人を害してはならない。もし他人に何らかの損害を与えた場合には、それを弁償しなければならない」(Pufendorf, De jure naturae et gentium, III. 1. 1, 1694, 'ut ne quis alterum laedat, utque si quod damnum alteri dederit, id reparet）としており、「隣人」という表現は出てこない。

29 Donoghue v Stevenson [1931] UKHL 3, [1932] AC 562 HL 579-580.

30 [1980] UKHL 12 (17 December 1980).

31 [1962] EWCA Civ 3 (4 June 1962).

32 [1972] UKHL 7 (15 November 1972).

33 Lord v Pacific Steam Navigation Co Ltd, The Oropesa [1943] P 32 CA.

34 Overseas Tankship (UK) Ltd v Morts Dock and Engineering Co Ltd, The Wagon Mound, [1961] AC 388 PC, New South Wales.

35 ちなみに、これはスコットランドの事件で、Lord Advocate はスコットランド検事総長。

36 [1991] UKHL 5 (28 November 1991), 'Shock, in the context of this cause of action, involves the sudden appreciation by sight or sound of a horrifying sight or sound of a horrifying event, which violently agitates the mind. It has yet to include psychiatric illness caused by the accumulation over a period of time of more gradual assaults on the nervous system' per Lord Ackner.

37 ordinary phlegm or fortitude.

38 Derry v Peek [1889] UKHL 1; [1889] 14 App Cas 337 (1 July 1889).

39 Nocton v Ashburton [1914] AC 932.

40 Hedley Byrne Co Ltd v Heller & Partners Ltd [1963] UKHL 4; [1964] AC 465 (28 May 1963).

41 Caparo Industries plc v Dickman [1990] UKHL 2; [1990] 2 AC 605 (8 February 1990).

42 Marc Rich & Co AG v Bishop Rock Marine Co Ltd and NKK [1995] UKHL 4; [1996] AC 211 (6 July 1995).

43 Nocton v Lord Ashburton [1914] AC 932.

44 White v Jones [1995] UKHL 5; [1995] 2 AC 207 (16 February 1995).

45 Henderson v Merrett Syndicates Ltd [1994] UKHL 5; [1995] 2 AC 145 (24 July 1994).

46 [1932] AC 562, 599, '... a manufacturer of products which he sells in such a form as to show that he intends them to reach the ultimate consumer in the form in which they left him, with no reasonable possibility of intermediate examination, and with the knowledge that the absence of reasonable care in the preparation or putting up of the products will result in injury to the consumer's life or property, owes a duty to the consumer to take that reasonable care.' per Lord Atkin.

47 OECD, Purchasing Power Parities for GDP, 1987, \$1=¥198.418355; = £0.552626.

48 Reinhard Zimmermann, The Law of Obligations, Oxford University Press, 1996, pp. 514-5, 1121.

49 Navenby v Lassels (1368) KB, Baker and Milsom, Sources of English Legal History, Butterworths, London, 1986, 552. Ibbetson, 1990, 69.

50 Bukton v Townsend (1348) KB, Baker and Milsom, 1986, 358.

51 Beaulieu v Finglam (1401), Year Book Pasca 2 Henry IV, fo. 18, pl. 6, Baker and Milsom, 1986, 557.

52 Rich v Kneeland (1613) KB, Baker and Milsom, 1986, 561; Symons v Darknoll (1628), Baker and Milsom, 1986, 562.

53 E.R. v J.P. (1675) KB, Baker and Milsom, 1986, 562.

54 Christopher St. Germain, Doctor and Student in Theodor F. T. Plucknett and J. L. Barton ed., Selden Society vol. 91 (1974) 235f.

55 Baker, 2002, 188-9.

56 Turbervile v Stampe (1697) KB, Baker and Milsom, 1986, 559-561.

57 Zimmermann, 1996, 1138.

58 Navenby v Lassels (1368) KB, Baker and Milsom, 1986, 552.

59 Beaulieu v Finglam (1401) Baker and Milsom, 1986, 557. Ibbetson, 1990, 69.

60 この論法については、第15章の制定法の義務違反も参照。

61 Pickard v Smith (1861) 10 CBNS 470; Indermaur v Dames (1866) LR 2 CP 311.

62 余談だが、国際司法裁判所のイギリス対アルバニア「コルフ海峡事件」判決 ICJ Rep 1949, p. 4 の「普遍的人道性」common humanity の発想はどこからきたのであろう（cf. 中世ローマ法に humanitas という概念あり）。

63 Ibbetson, 1999, 69.

64 Turbervile v Stampe (1697) 1 Ld Raym 264.

65 Zimmermann 佐々木有司訳『ローマ法・現代法・ヨーロッパ法』信山社二〇〇八年一一五頁。

66 Bower v Peate (1876) LR 1 QBD 314; Dalton v Angus (1881) 6 App Cas 740; Hughes v Percival (1883) 8 App Cas 443.

67 Black v Christchurch Finance Co [1894] AC 48 PC 54.

68 Beaulieu v Finglam (1401), Year Book Pasca 2 Henry IV, fo. 18, pl. 6, Baker and Milsom, 1986, 557; and Turbervile v Stampe (1697) 1 Ld Raym 264 per Sir John Holt CJKB.

69 (1868) LR 3 HL 330.

70 Tarry v Ashton (1875) LR 1 QBD 314.

71 Turbervile v Stampe (1697) 1 Ld Raym 264.

72 Honeywill & Stein Ltd v Larkin Brothers Ltd [1934] 1 KB 191 CA 197 per Slesser LJ; Dodd Properties v Canterbury City Council [1980] 1 WLR 433, 439.

73 Biffa Waste Services Ltd v Maschinenfabrik Ernst Hese GmbH [2008] EWCA Civ 1257 (12 November 2008).

74 ちなみに、ローマ法の不動産占有の実力排除に対する差止命令（interdictum）も、土地（fundus）建物（aedificia）の「利用（uti）享受（frui）」

を妨害（prohibere）する行為に対して有効であった（『学説彙纂』D.43.16.3.15, Ulpianus）。イギリス法の assize of novel disseisin も当初から占有地の利用享受をも保護していた（Ibbetson, 1999, 98）。実は享受（frui）は、例えば日本民法典八八条の「果実」（fructus）の語源であり、果実収益というべきニュアンスがある。英語の enjoyment もローマ法語彙の frui の訳と考えて差し支えない。

75 Winfield and Jolowicz on Tort, 16th ed., Sweet and Maxwell, London, 2002, 551.

76 一二一五年の第四回ラテラノ公会議の制定した教皇令に関してカンタベリー大司教が一二二二年にオックスフォードで公会議を開いて大司教区内の補完規則（Constitution of the Council of Oxford）を制定し、破門に関する事項の一部に司法手続の濫用防止と王国の平和の維持を目的として名誉毀損が取り上げられた。原文は excommunicamus omnes illos qui gracia odii, lucri, vel favoris, vel alia quacunque de causa maliciose crimen imponunt aliqui, cum infamatus non sit apud bonos et graves, ut sic saltem ei purgatio indicatur vel alio modo gravetur. 詳しくは Richard H. Helmholz, 'Select Cases on Defamation to 1600' (1985) 101 Selden Society, xiv.

77 Ibbetson, 1996, 112-125.

78 Holwood v Hopkins (1600) 101 Selden Society 89, 91.

79 Hedley Byrne v Heller [1964] AC 465.

80 言葉は、『学説彙纂』四七巻一〇編「人格侵害と書面上の不名誉」（D.47.10, de injuriis et famosis libellis）の後者から来ている。

81 ギリシャ語の σκανδαλον（わな、つまづきの石、攻撃）が語源。新約聖書『コリント人への第一の手紙』一章二三節の「つまづかせるもの」や『ローマ人への手紙』九章三三節の「妨げの岩」（πετρα σκανδαλου）の用例「信仰の妨げ」の他、有名人の名を失墜させる「スキャンダル（わな）」という用例のほか、裁判所侮辱罪（contempt of court）の一つ「裁判所の信用毀損罪」（scandalising the court）の用例に通じる。実は『ローマ人への手紙』一一章九節の「わな、網、つまづき、報復」という文脈での「つまづき」の部分や、ギリシャ語旧約聖書（『七十人訳聖書』）の『列王記上』一八章二一節（外典）の用例のような「わな」や「（だまして）おとしいれるもの」というのが本来の意味で、悪意のうわさから英語の slander へと発展した。

82 Codex, 2.11.13, Imperator Alexander Severus: ea, quae pater testamento suo filios increpans scripsit, infames quidem filios iure non faciunt, sed apud bonos et graves opinionem eius, qui patri displicuit, onerant.

83 Timothy John Cartwright, Royal Commissions and Departmental Committees in Britain, Hodder and Stoughton, London 1975, p. 67; Peter Hennessy, The Hidden Wiring: Unearthing the British Constitution, Indigo, London, 1996, p. 181.

84 似た単語に「中言」、両者の間に立ってする告げ口（広辞苑）がある。

85 Zimmermann, 1996, 1050-1053.

86 'Henty & Sons hereby give notice that they will not receive in payment cheques drawn on any of the branch of the Capital & Counties Bank',

87 Steven Berkoff v Julie Burchill and Times Newspapers Ltd [1996] EWCA Civ 564 per Neill LJ commenting on Capital & Counties Bank v Henty.

88 Goldsmith v Bhoyrul [1998] QB 459.

89 Law of Libel Amendment Act 1888, s. 3.

90 ラテン語の「相殺」(compensatio) が語源。ニュアンスとしては原告の被害額を計算し、その分を弁償して差し引き〇にすること。英語の相殺は set-off。

91 なお「原状回復」(restitutio) というラテン語は、最近では不当利得法 (law of unjust enrichment) と表現されるようになった、かつての「原状回復法」(law of restitution) という英語を想起させるが、後者は、契約や不法行為では救済できない場合に被告の不当利得を奪う趣旨であり、本来、損害賠償と混同されるべきではない。

92 Wells v Wells [1999] 1 AC 345 HL.

93 Wells v Wells [1999] 1 AC 345 HL 390A-B per Lord Hope.

94 Administration of Justice Act 1982, s. 6 (1) による改正。

95 Christopher Sharp, 'Personal Injury: Not so catastrophic?' (2010) 160 NLJ 373.

96 Tameside & Glossop Acute Services NHS Trust v Thompstone [2008] EWCA Civ 5.

97 Christopher Sharp on Cobham Hire Services Ltd v Eeles [2009] EWCA Civ 204, (2010) 160 NLJ 373-4.

98 Supreme Court Act 1981, s 50; County Courts Act 1984, s. 38.

第四編　契約法

第19章　イギリス契約法の序説

すでに第一編と第二編でイギリス法全体の特色を概説したが、契約法に即して、概説する。

イギリス契約法の特色として、（一）契約（contract）を法律行為（Rechtsgeschäft）などの抽象概念を用いて分析するのではなく、基本的に、契約を商事ビジネスの媒体と捉え、当事者の契約時の取引のバランスを保護しようとすること、（二）不法行為法、物権法、エクィティなど、他の法分野との境界線、区別が、大陸法式の体系や分類（taxonomy）とは違うこと、そして（三）契約法総論はある程度整えられている半面、各論（たとえば売買、賃貸借、使用貸借、消費貸借、雇用、請負、委任、組合などの典型契約）は、少なくとも講学上は存在しないことが挙げられる。ただし、立法の介入により、そして実務において、傭船契約（charterparty）、労働契約、保険契約など各論的にその道の専門家がいるという側面はある。そしてとくに大切なのは、契約の解釈法で、基本的には、陪審制の名残が残って、補完的客観的解釈が取られることである。

一　契約法と他の法分野との境界線

すでに述べたように、イギリス契約法という法分野は、いわば歴史的偶然で発展して来た訴訟方式とそれに従って集積されてきた判例法に対して、事後的に、「講学的」に（一九世紀の教科書執筆者が判例法を解説したあり方に従って）、不完全ながら、ある程度の体系的説明を与えようとした努力の産物である。一九世紀のイギリスの裁判官や立法起草者がフランスのポチエに判例に次ぐ権威を認め[1]、教科書執筆者がドイツのサヴィニーに憧れ[2]（イギリスに留学した穂積陳重はジョン・オースティンを読んでドイツ法を学ぼうと思ったというが[3]、当時のイギリスの様子からすれば、穂積にドイツ留学を勧めたイギリス人の教師や学友がいたとしても不思議はない）、新たに法曹教育の場として登場した大学における教育を通して、緩やかな大陸法学説継受ともいうべき現象をイギリスにもたらしたとはいっても、その継受、むしろ受容のあり方は、あくまでもイギリス的なパッチワーク（つぎあて）であった。

その帰結の一つとして、たとえば過失という債権総論に相当するものが、「過失の不法行為」という訴えの原因として存在していることをはじめとして、イギリス契約法は、その不法行為法や他の法分野との関係が、ローマ法式の体系や分類とは異なっている。

従って、ある国では契約法で処理されるはずの事件が、イギリスの契約法では処理できず不法行為法やその他の手法で処理される場合も発生する。

(あ)　不法行為

●　すでにイギリス法には契約法と不法行為法にまたがるベイルメント（bailment）という独自の法分野があることを指摘し、その分野におけるローマ法の影響にも言及した。しかし、当事者間で動産の占有を移転したとき、ローマ法なら物を媒体とする契約（物的契約 re contrahitur obligatio）が成立するであろうが、イギリス法では基本的に後述する「約因（consideration）」（一九二頁）がなければ契約は成立せず、契約関係が認められない場合は、基本的に不法行為法により処理することになる。

●　かつて、しばしば契約法で処理されていた事件が、二〇世紀以降の不法行為法の発展に伴い、不法行為法で処理されるようになったこともある。たとえば、過失の不法行為において、他人の身体や財物に加害したわけでもないのに原告が被った「純粋な経済的損失」は原則として被告の賠償すべき「損害」とは認められないことを説明した。その例外の道を切り開いた一九六三年五月二八日のヘドリー・バーン対ヘラー（Hedley Byrne v Heller）事件貴族院判決は、被告の専門的知見や技能にもとづく不実表示（misrepresentation）に過失が認められるときに一定の要件のもとで例外を認める趣旨であったが、その場合の要件となる「被告による責任の引き受け（assumption of responsibility）」について、原告と被告の間に「約因」の要件（一九二頁）さえなければ契約が成立していると認められるときに不法行為責任が発生すると説明された[4]。この説明は実際にこの種の事件において「約因」を擬制して強引に契約で処理した先例が相当数存在していた歴史を反映していた。

なお、一九九五年七月二五日のヘンダーソン対メレット・シンジケーツ（Henderson v Merrett Syndicates）事件貴族院判決[5]以来、同じ事実関係から契約と不法行為の二つの訴権が並立することも確認されている。

すでに述べたように契約各論の一部にあたりそうな雇用関係については、一般法（判例法）として不法行為法が規律し、これを前提として議会制定法およびヨーロッパ共同体立法の二つのレベルで特別法が形成されている。

（い）物権法

すでに述べたように、イギリスの不動産取引、不動産権（interest in land）の処分（売買、賃貸借、担保権設定等 disposition）に関する法は、不動産法（Land Law または Law of Real Property などと呼ばれる）と呼ばれる分野で扱われ、かつ、動産の物権変動もその分野で不動産に準じるものという扱い方である（むしろ商事法〔commercial law〕ないしビジネス法〔business law〕に入る）。しかし、一部債権法にかかわる面もあるので、本書では、ここで、簡単に比較法的に言及する。

物権変動を目的とする法律行為について、フランスでは不動産に関する煩瑣な封建的形式、動産に関する実質のない占有移転が必要とされていたのを、民法典で改めて意思主義を採用し、当事者の合意により自動的に物権は変動する（一一三八条「動産引渡債務は契約当事者の同意のみで完全に成される」）のに対し[6]、ドイツ民法典においては、物権を変動させる債務を生じる法律行為（債権行為 Verpflichtungsgeschäft）と別に、物権を変動させる法律行為（処分行為 Verfügungsgeschäft[7]）が必要とされ（処分行為の独自性、分離性 Trennungsprinzip）、処分行為は、不動産物権であれば登記、動産物権であれば目的物の（観念的）引渡（traditio）という形式を必要とする要式行為とされ、公信の原則（Publizitätsprinzip）にある程度従う[8]。同時に、処分行為をその原因が無効でも成立する無因行為（abstraktes Geschäft）とするので、たとえば売買契約（債権行為）が不成立または無効でも目的物の所有権移転（処分行為）は有効である[9]（動産についてドイツ民法典九二九条、九三二条）。この処分行為の無因性の原則（Abstraktionsprinzip）は、物権のない者から目的物を取得した第三者の物権を保護して取引の安全を保障する趣旨である。ただし動産の場合には処分行為を債権行為の有効性の条件にできる（同九二五条二項の裏返し）ので完璧ではない。

●

イギリス法は、右記の我妻博士の中世フランス法の概説を髣髴とさせるが、昔から、売買の合意によりそのまま権原（title）が移転したわけではなく、一二世紀末の『グランビル』（著作名）においては売買契約が成立するのは目的物が引渡されたとき、または当事者が目的物の価格に合意してその全部または一部または手付金（arrha）が支払われたときとされ、一五世紀末までに、当事者が将来の履行を約す契約（executory contract）によっては、権原は移転しないものの、支払い期日の合意がなされれば、そのときに移転しうることが国王裁判所（コモンロー裁判所）の裁判官全員会議で確認され、次の世代には、将来履行契約による権原の移転は、当事者の意図によることとなった[10]。この点は、一八九三年（現行一九七九年）動産売買法一七条に受け継がれている[11]。不動産物権変動に関する法を整理簡素化した一九二五年財産権法でも、処分契約（contract for disposition）と物権変動（conveyance）は別々である[12]。要するにイギリス法においても伝統的に債権行為と処分行為とは別であり、処分行為は、当事者の意思により、裁判所はその意思を、契約条項などの客観的証拠により判断する[13]（不動産権〔legal estate〕の場合は一九二五年財産権法五一条～五二条が「捺印証書」によるように一本化した[14]）。しかしイギリス法においては処分行為を無因行為とするサヴィニー理論[15]はないので、「何人も保持しないものを与えることはできない（nemo dat quod non habet）」という法格言に従って（自動車の）善意無過失有償の権原取得者（『第三者（tertiary）』）が元の所有者の契約の錯誤（mistake）無効にもとづく請求に対して敗訴する事件も発生している（Shogun Finance v Hudson [2003] UKHL 62）～ただし詳細は二二九－二三二頁に譲る。したがって、取引の安全（commercial certainty）のために、イギリスの裁判所は錯誤（mistake）を認めるのに極めて慎重である。

▽ちなみに、歴史的には、中世以来、後にサイモンとガーファンクルが編曲した民謡の名前で有名になったスカーバラの定期市（Scarborough Fair）などの公認の公開市場（market overt）で動産を取得した買主は善意無過失である限り売主の許可なく直ちに占有する権原（good title）を得るという、公認公開市場の取引の安全を図るルールがあり（公認公開市場における売主の動産占有に公信性を認めたともいえようか）[16]、これはチャルマーズ起草の一八九三年動産売買法（Sale of Goods Act 1893）二二条にも反映された[17]（一九七九年動産売買法で削除）。公認公開市場は店（shop）を含まなかったがロンドン市（Ciry of London）内の店は公認公開市場と見なされた。一方、一五五五年から一九六八年まで馬の登記制度もあった（Horses Act 1555）。

（う）不当（無因）利得法

●右記に関連して、ドイツ法で契約の錯誤（Irritum）による無効、不成立が比較的認められやすい背景には処分行為の無因性と結合した不当（無因）利得法の充実した発展もあるが、イギリス法では不当利得法の存在の認知および発展は非常に遅く、かつより漠然と救済面に着目して「原状回復法（restitution）」とよばれてきて、最近まで隅に置かれてきた（第五編三三三頁以下参照）。

●（え）商法

中世にはイギリスの国王裁判所群が支配するコモンローのほかに、海事裁判所（Court of Admiralty）や羊毛など中世イギリスの主要輸出品の取引を扱った重要産物裁判所（Courts of the Staple）をはじめとする商事裁判所群（merchant courts）で適用される汎欧国際商慣習法（lex mercatoria）が存在した。国際商慣習法は、元来、中世イタリア商人が主体となって発展させたもので、もちろんローマ法の信義（bonae fidei）契約（法務官が発展させた売買など基本的な双務契約のすべて）の以来の伝統を受けて信義を一般原則としていた。一七世紀はじめから「コモンローの父」エドワード・クックの指揮下に、国王裁判所群は商事裁判所群の排斥につとめたため、商事裁判所の管轄権を吸収した国王裁判所の方で商慣習をある程度尊重することはあったとしても、国際商慣習法はイギリスから撤退を余儀なくされた。この結果起こった判例の混乱状態の整理にあたったのが一七五六年から一七八八年まで王座裁判所首席裁判官をつとめたマンスフィールド伯爵（William Murray, Earl of Mansfield）であり、伯爵はコモンローと大陸法と商慣習のすべてに通じ、先人ホールト王座裁判所首席裁判官（在職一六八九〜一七一〇）の築き上げた為替手形法、ベイルメント、代理（agency）法の成果の上に、コモンロー中に一定の商事法の体系を築き上げた[18]。イギリスで一般契約総論が整えられるのは次の一九世紀のことで、チャルマーズ（一八四七生〜一九二七没）の一八八二年為替手形法、一八九三年動産売買法、一九〇六年海事保険法などの制定作業は[19]、その時期に、網羅性は欠くものの一種の各論的商事法の確立に寄与したと位置づけられよう。実は、信義誠実義務（duty of good faith）というものは、このイギリス商事法の分野では保険契約をはじめ散見されるが、契約総論からは完全に欠如しており、信義則を総論にもってくることについては、第二編二九–三一頁で見たような頑強な抵抗に遭う。

● イギリス商事法の範囲はどこまでかを考えると、明確な境界線は存在しないというべきである。信義誠実義務に即して考えてみると、たとえば契約前の交渉段階においてイギリス法がほとんど介入せず、交渉を当事者の勝手にまかせ信義誠実義務をまったく認めないことは、むしろイギリス法がこの点で商事契約を前提としてきたからであるといえよう。イギリス法においては信義則が総則としては存在しないため、契約が成立する前の段階において過失責任（culpa in contrahendo）を生じさせうる原因は、次章で述べるように、詐欺（不法行為）か、過失による不実表示か、別の独立した契約か、エクィティか、しかない。イギリス法で信義誠実が認められるのは、財産権の権原の（第三者）取得、先順位担保権者に対する優先権の取得、代理人（対本人）や信託の受託者（対受益者）を含め広い意味での信認関係における受認者（相手方）、そして保険契約などにおける「最高信義（ubberimae fidei）」など特定の当事者関係か、エクィティの保護を求める当事者についてで[20]、商事関係のものも多いし、そうでないものもまた多い。

二　契約各論の欠如

● イギリス法の訴訟方式にそった判例法の発展において「各論」とはすなわち個々の訴訟方式であって、実体的な意味における契約各論・典型契約の類型化はみられず、事後的に主に講学的に総論を整えて契約法という法分野を整理したときに、一九世紀以来の専門分野の成文化制定法群（為替手形法、動産売買法、海事保険法、買取選択権付賃貸借法など[21]）、つまり商事特別法群をのぞいて、各論はその視野になかったといってよい。

●イギリスにおける典型契約の欠如の一つの重要な帰結として、契約文書の長文化、細密化が挙げられる。このことにはもちろん後述する他の原因（とくに契約前の交渉で重要なポイントを明文化する傾向がある）にもよるが、一定の類型の契約に適用される一般規定が法典で記されていないために、すべてを契約条項にする必要性があると同時に、事後的に裁判所に契約内容を勝手に変えられないように、あらかじめ細部まで規定しておこうとする傾向性が強い。

●典型契約を「枠」としてとらえれば（任意規定であれば「枠」という表現は不適切であろうが、イギリス人は「枠」として捉えてしまう傾向性はある）、そういう枠にはめないこともイギリス式の契約の自由（自由放任）の端緒といえるかもしれない。

三　契約の客観的解釈と信義則

●契約の自由、契約当事者の自由のそれ以外の端緒として、すでに三〇–三一頁で引用したブリッジ教授とグッド教授の「信義則」批判に表れているように、イギリスの裁判所は、契約の解釈において、当事者の取引（bargain）の安定性を最大限に尊重して、基本的に疑義のある場合には常識ある第三者（reasonable man）つまり陪審員が当事者と同じ立場に立てば同じ解釈をするかどうかを基準として解釈し、契約の内容の事後的な修正に対して極めて慎重、消極的であることが挙げられる。これは議会制定法の解釈に対する裁判所の姿勢とも共通するところがある（三三頁）。

●ただし、例えば現実のドイツ法の信義則（Treu und Glauben）は、意思表示の解釈の一般ルール（ドイツ民法典一三三条の「文字通り解釈ではなく表示者の真意を探求する」ルール）ではなく、契約の解釈の特則（同一五七条）の中で登場し、当事者の意思表示を客観的に信用した相手方を保護する趣旨である。さらに実際には、一三三条の適用範囲は贈与や遺言に限定されつつあり、一五七条の方が意思表示解釈の一般ルール化しているため[22]、以下に見るように、イギリス法との差は、一般に考えられているほど大きくない。

●イギリス契約解釈について、カートライトは、とりあえず要式・不要式の契約の成立要件などは別として、イギリスの判例法にあらわれる「客観的」契約解釈法を次のようにリステートしている。

「（一）まず、最初に、契約の存在および内容（条項）について当事者に主観的な合意があるかどうか？もし主観的に合意があれば、それで契約は問題なく成立する。

（二）もし、そういう主観的合意がない場合で、原告は甲という内容（条項）の契約が存在していると主張し、被告は契約の不存在ないし乙という内容の契約の存在を主張しているとき、裁判所にとっての問題は、原告の主張どおり、被告が甲の内容の契約を結ぶことで合意したと法律的に判断することができるかどうかである。そう判断するためには、

（あ）被告の言動（または例外的に沈黙）は、合理的第三者が原告の立場に立てば、被告が甲の内容の契約に合意していると信じるに足るものであり、かつ

（い）原告は実際に被告が甲の内容の契約に合意したと信じたこと

が必要である。

（三）もし原告が（二）の要件のとおり被告は甲の内容の契約に合意したと証明した場合、原告は甲の内容の契約の存在を立証したことになる。ただし、被告が、原告の言動（または例外的に沈黙）は、合理的第三

者が被告の立場に立てば、原告が乙の内容の契約に合意していると信じるに足るものであり、かつ被告は実際に原告が乙の内容の契約に合意したと信じたことを証明すれば、そのときは、原告側の立証は覆り、契約の存在は否定される。」（Cartwright, 2007, 92）

●

以下、各要素について、判例を吟味してみたい。基本的構造は、すでに一八七一年のスミス対ヒューズ（Smith v Hughes）事件の女王座裁判所ブラックバーン裁判官の判決に表れている。

「もし当事者の一方がある内容（条項）の契約を結ぶことを意図し、他方が別の内容の契約を結ぶことを意図すれば、つまり、しばしば用いられる表現に従えば、当事者双方が一致（ad idem）していない場合は、契約は存在していない。ただし、当事者の一方が、相手方の示した内容の契約に合意したということを否定できなくするような状況が存在すれば別である。この但書は、Freeman v Cooke 事件[23]による。もし、当事者の一方が、その真意はどうあれ、相手方の提案した内容に同意したと、合理的な人ならば信じてしまうような言動をとり、かつ相手方が実際にそう信じて契約関係に入った場合、そのような言動をとった当事者は、相手方の提示した内容の契約を結ぶ意図を有していたのと同然に拘束される。[24]」

▽　この判決の最初の部分、つまり一方の主観的意図と他方の主観的意図が食い違う場合に、はじめてカートライトのリステートメントの（二）の解釈が必要となるというポイントは、裏返せば、主観的意図が合致すれば、それでよいということで、カートライトの（一）のポイントを裏返しで暗示しているといえる。

▽　Smith v Hughes で、（二）のポイントは、禁反言に関する Freeman v Cooke 事件に依拠して表現されているが、この点は、Centrovincial Estates plc v Merchant Investors Assurance Co 事件控訴院判決で「イギリス契約法の確立された原則として、契約の申込は、申込者の頭の中に浮かんだことに依拠して主観的に解釈されるべき

ではなく、申込の受け手の『靴を履いた』常識的な人が解釈した申込の内容に依拠して客観的に解釈されるべきである」と表現され[25]、The Hannah Blumenthal 丸事件貴族院判決[26]では「契約を結ぶために必要なのは、・・・各当事者の意図が相手方に伝達され理解されたところにおいて一致することで、たとえ伝達されたところが伝達者の実際の意図と違ったとしても、それは関係ない。イギリス法において意思の合致（consensus ad idem）というラテン語表現はこのことを指し、・・・これがなければイギリス法において拘束力のある契約は成立しない」（ディプロック裁判官）や[27]、「本官の見るところ、吟味は全面的に客観的なわけではない。売主が（仲裁裁判の契約の）放棄を主張するためには、買主の方で契約は沈黙により放棄されるものと売主が受け取ってしまうような言動をとり（引用者註・ここは客観的）、かつ売主が実際にそう受け取ったこと（引用者註・ここは主観的）が証明されなければならない」（ブライトマン裁判官）と表現されている[28]。

◇ちなみにドイツ契約法について見てみると、（一）の当事者の主観的意思の合致があれば（他の契約成立要件は別として）契約が存在するというポイント（ドイツ民法典一三三条）が明確に現れた事例として、一九二〇年六月八日の大審院第二民事部判決[29]（RGZ99, 147）があり、当事者双方とも売買の目的物を外国（ノルウェー）語で「サメ肉」（Haakjöringsköd）と表示しながら、双方とも主観的にはそれがクジラ肉を意味すると信じて疑わなかったところ、実際に配達されたものがサメ肉だったために事件になり、裁判所は、サメ肉の配達を契約違反（つまり当事者双方の主観的合意と違っている）と判断した。実は、同じ立場がアメリカの第二次リステートメントに採用されている[30]。そして、（二）の当事者の一方の言動の客観的に意味するところを信頼した相手方を保護するポイント（民法典一五七条）

が出た事例として、一九八四年六月七日の連邦大審院第九民事部判決（BGHZ 91, 324）がある。ただし、イギリス法であれば（二）のポイントにまったく論争はないが、ドイツ法では、該当事件で、問題の言動をした当事者に契約関係に入る意思が全くなかったために、やや論争的である[31]。

● イギリス法の契約の客観的解釈を簡単にまとめると、契約解釈について当事者に争いのある場合、客観的に見て、契約の存在とその内容について信じているところが合理的な当事者を、客観的に見て、契約の存在とその内容について信じているところが合理的でなく、かつ相手方に誤解を与えても仕方のない行動をとった当事者よりも保護するということができよう。そして、その帰結として、当事者の主観に重みを置く法域に比べると、イギリス法においては錯誤無効の認められる場合が極めて少ないということがいえる。

● 三〇一–三一一頁で触れたように、「信義（good faith）」という英語は、個人の内面の信条というイギリス人にとっては主観的な価値観を示唆する傾向性があり、これに対して「合理性（reasonable）」という英語は、歴史的には陪審員の視点と同値されており、したがって「常識性」とも訳しうるが、理性に訴えた客観的な価値基準と捉えられやすい。

▽ 余談であるが、日本語の「条理」という言葉[32]をどう英訳するかによって、英米法系の法律家の受け止め方は、この点で変わることにも注意すべきであろう。

四　その他の場面での信義則

● 前項で、契約解釈における信義則に近いイギリスのルールを見てきたが、イギリス法でも中世以来「信義（bona fide; good faith）」は権原（title）の「善意取得」の意味で定着しており[33]、チャルマーズが既存の判例法とポチエの『売買契約論』[34]を参照しながら起草した一八九三年動産売買法[35]や、それを模範にしてアメリカのウィリストンが起草した一九〇六年米統一売買法[36]にも受け継がれて、その文脈では論争はない。

● 一方、アメリカの統一商事法典（Uniform Commercial Code）はドイツとドイツ法に熱烈なる憧れを抱いたレウェリン[37]を起草委員の一人に含み、ドイツ流の信義則（Treu und Glauben）が、契約の解釈や履行の文脈で総則的に導入され、ニューヨーク州法[38]、カリフォルニア州法などにも実際に採用され、リステートメントにまで反映されるに至った。

● 債務履行における信義誠実義務（ドイツ民法二四二条）について、イギリス法がどうしているか簡単に概観すると、イギリスの制定法や判例法は、次のように痒いところに手が届く個別の義務を課している。

▽ 一般原則は別として、ビジネス上、動産を売る売主には、満足のいく品質の商品を提供する義務（制定法が契約に挿入する黙示条項）があり、欠陥を知らなかったとか、調べれば知りえたかどうかということは、問題ではない（例 Sale of Goods Act 1979, *s.* 14 (2)）。この義務は消費者相手には強行規定である（Unfair Contract Terms Act 1977, *s.* 6 (2) (a)）。

▽ 契約当事者の一方は他方による履行を妨害してはならない（日商岩井事件 Nissho Iwai Petroleum Co Ltd v Cargill International SA [1993] 1 Lloyd's Rep 80; The Aello [1961] AC 135）。

▽ 不実表示（真実でない事実の表示）により締結された契約は、不実性について表示者に全く過失がなくても、取り消すことができる〔Misrepresentation Act 1967, *s* 2 (2)〕。

● ドイツ法の信義則は、ずっと広い範囲、とくに事情変更ないし法律行為の土台の転覆（Störung der Geschäftsgrundlage）の際の危険の分配、普通約款（allgemeine Geschäftsbedingungen; standard terms）の裁判所による監督（policing）そして、憲法の間接的な私人間適用の文脈でも活躍してきた[39]。近代イギリスの経験したことのない経済秩序の破綻（レンテンマルク）や憲法秩序の崩壊（ナチス）を経験したドイツにおける、そういう異常事態を踏まえた事情変更や人権の間接的私人間適用に関する信義則の活躍に即応するイギリス法現象が見当たらないのは当然としても、ドイツの普通約款解釈法を発展させた信義則（ドイツ民法典二四二条）にある程度対応するものとして、判例ではなく立法措置ではあるが、一九七七年不公正契約条項法[40]の「合理性の要請（requirement of reasonableness）」がある。そして、消費者契約における不公正条項に関するヨーロッパ共同体立法（Council Directive 93/13/EEC）にもとづくイギリス国内委任立法（一九九四年版と一九九九年版）では「信義の要請（the requirement of good faith）」という表現があり[41]、やはり裁判所（および公正取引委員会）が普通約款等を監督する根拠となっている。（第25章二六六–二七一頁）。

▽　この点の展開などを見ると、契約の自由というのは、現代イギリス契約法の歴史的土台というべきであり、現在では数多くの特別法（議会制定法とヨーロッパ共同体立法）が、論理的には「例外」として、しかし実態としては現代イギリス法をはるかに違った姿にしている。

●　ただし、合理性の要請は、信義の要請に完全に置き換わるものではない。

●　契約前の法的責任（21章）、事情変更（27章）なども参照のこと。

コラム　⑩大陸法の典型契約とイギリスの商慣行名

イギリス契約法に典型契約はないといったが、ではチャーター（charterparty）、ハイヤー（hire）、リース（lease）、フランチャイズ（franchise）などは一体何なのか？

近代法典の典型契約の古代ローマ法の一応の起源（stipulatio と並立して利用されたものもある）を対応させると、日本民法典では贈与（donatio）、売買（emptio venditio）、交換（permutatio）、消費貸借（mutuum+）、使用貸借（commodatum）、賃貸借（locatio conductio rei）、雇傭（locatio conductio operarum）、請負（locatio conductio operis）、委任（mandatum）、寄託（depositum）、組合（societas）、終身定期金（-）、和解（transactio）となるが、近代法典登場前の中世の学説彙纂（パンデクテン）法学を経て、概念的によく整理された類型となっている。

これに対して、英米法のチャーター等は、商法典の方に出てくる傭船契約（charterparty）、保険契約（insurance）などもあれば、極言すれば商慣行や商売用語に過ぎない場合、言い換えれば、必ずしも単一の意味を持っているわけではなく、典型契約のいくつか複数に同時に当てはまる場合も少なくない。

例えば、日本語で船や飛行機やバスを「チャーター」する場合は、一回の旅行に借切で乗務員込みでの輸送サービスの提供を受けること（voyage charter）を思い浮かべやすいが、海運業では、リベリアやパナマ籍の船を船員ごと何年間かタイム・チャーター（time charter）することが多い。この場合、海難事故でまず責任が問われるのは船長を雇用している船主（貸主）である。これらは相手方から見れば、輸送サービスの請負契約と見ることができよう。実は、乗務員ぬきで、輸送サービスではなく、輸送機械だけを一定期間チャーターする契約（bareboat charter）もある。概念としては、これは賃貸借である。もちろん、船腹の一部、たとえばコンテナ一〇個分のスペースの輸送サービスをチャーターすることもできるし、輸送サービスの提供を受ける期間を確保し（time charter）、その権利の全部または一部を転貸することもある。

ちなみに、チャーター契約書（charter party）とはパーティー（当事者）ではなく、ラテン語の charta partita のなまりで、原意は、当事者双方で持ち後で照らし合わせられるように二つに割いた「割き符」（「割い符」すなわち「さいふ」）

または「切手」などの中世の日本の契約証書類と同様の意味であった。

自動車やヨットやバイク、庭の芝刈り機や工作機械やコピー機その他の賃借には英語ならハイヤー（hire）が使われるが、ハイヤーはもちろん人のサービスを借りる、つまり人を雇う雇用契約、あるいは人のサービスの提供を受ける請負契約の場合もある。定期的に賃料を払う場合は rental hire ともいう。賃貸借か雇用か請負か区別がつかないといっても、古代ローマ法でも、locatio conductio は人や物やサービスの提供（locatio）と指揮（conductio）くらいの広い意味で、厳密には近代法典の区別はついていなかった。日本語でも、例えばサービスを借りるといっても意味は通る。

賃貸借で賃料を払いながら将来的に買取権を行使できるハイヤー・パーチェス（hire-purchase）は、「借り買い」で、割賦販売の代わりによく使われる。ハイヤーの対語はレット（let）で、不動産にも普通に使う。

不動産といえば、リース（lease）は terms of years という不動産権、いわば債権債務付き物権（賃貸借の物権化などというレベルではなく物権）を意味すると同時に、日常的にはコピー機のリース、中古車のリースなどと、ハイヤーの対語または同義語として、物権移転のない普通の賃貸借を指す言葉として使われている。

フランチャイズ（franchise）は、選挙権を指したり、販売権、商標や特定の商業技術の使用権などを指すが、歴史的には、定期市（fair）を開く権利、川渡し舟（ferry）の運行権など、いわば江戸時代の株のような相続できる財産権でもあり、そういう権利を付与する行為も指す。

イギリス契約法は、こういう用語の概念化をほとんどしてこなかった。

第20章　イギリス契約法の歴史的構造

一　定額債の訴え（action of debt）

●序論七頁で述べたとおり、イギリス法は訴えの定式（訴訟方式〔forms of actions〕）を基礎として発展し、それは「契約」という概念でまとめられる代物ではなかった。

●一二世紀おわりの『グランビル（Glanvill）』（著作名）においてその辺の民衆（layman）の雑訴で辛うじて当時の中央の国王裁判所の関心事に入っていたのは「定額債の訴え」だけで、契約一般とくに請負契約は入っていなかった[42]。定額債（debt）とは、元は「持ち主から離れて保持されている特定金品」のことで、貸借金品、売掛金品、買掛金品あるいは預金品を含んだ。つまりデット（debt の直接の語源はフランス語の dette）の訴えは物権的訴えで、「債」という訳は本当はおかしいくらいである（二七九―二八〇頁参照）。

●一三世紀に「定額債」（debt）から「特定品」（detinue）の訴えが分化し、デット（debt）とは「定額の金銭」を意味するようになった[43]。「特定品」とは持ち主から離れて保持されている特定の動産である。

●定額債（debt）が特定品（detinue）の分化以前から有していた物権的性格は、対象が金銭に限られた現代イギリス法にも残っていることは第一編で述べたとおりで、外国通貨単位を用いそれで判決を得ることができ、かつ定額で、損害ではないので損害を最小限にとどめる義務というものも発生せず、相手方の過失（fault）ではなく原告の権利の実現に主眼が置かれる[44]。つまり損害賠償（damages）、補償（compensation）とは別である。イギリス契約法上の責任がよく「厳格責任」（strict liability）ないし「絶対責任」（absolute liability）と呼ばれるのは、この点にも起因している。なお「判決債」(judgment debts) という表現も判決により執行できる確定債一般を指し、金銭債に限られるものではない[45]。

▽なお定額債の訴えには、債権者にとって大きな弱点があった。中世、後述する羊皮紙または紙に蝋を垂らして捺印して引渡した「捺印証書 (deed)」の形式によらずに、略式で成立した契約 (不要式契約＝parol contract) による訴えに対しては、被告は隣近所の人達の宣誓証言をもって原告の言いがかりをそそいで清めてもらう (compurgation) ことができた。これは、たとえ原告の主張が言いがかりでなく真実であっても有効であった。これを「雪冤宣誓 (wager of law)」という。この雪冤宣誓の手続では、被告の宣誓供述が反対尋問に遭うこともなく、隣近所の宣誓証言だけで、債務を免れることができた。借金であれば額によっては捺印証書もありえたが、売掛金などに捺印証書のような大げさなことをすることは考えにくい。

◇ちなみにwageという英語は「誓い」「質」を意味するgageと同根で、wage warという文脈で「戦争に訴える」ことを意味し「賭け」のニュアンスもある。ちなみに、中世、負債を負って追われる身というのは不法行為者・犯罪者と同視され、返せなかったら投獄されたので、「冤罪を雪 (そそ) ぐ」というのは、適切な意訳である。

▽実際には、被告は、おそらく経済的理由で、この雪冤宣誓に訴えることなく、むしろ陪審員に判断してもらうことが少なくなかったようであるが、原告 (債権者) は自然にそういう危険のない訴訟方式を開拓した。とくに後述する「約束違反の訴え (assumpsit)」の手続は雪冤宣誓がないので注目され、一五九七年から一六〇二年にかけてのスレイズ事件 (Slade's Case) において国王裁判所の裁判官全員の合議体の判決で「約束違反の訴え」で定額債の回収ができることについて、最終的な解決がなされた[46]。

▽　このスレイズ事件判決の結果、債権回収に雪冤宣誓のリスクがなくなってしまったため、言いがかりによる偽の取立てが蔓延し、一六七七年の詐欺法（Statute of Frauds 1677）は、一定の類型の重要な取引（たとえば不動産の処分、保証、一〇ポンド以上の動産売買代金等）について、何らかの書面に被告の署名のない限り、債権の裁判による強制を許さなかった。この種の詐欺法は、現在のイギリスでは保証契約（guarantee）を除いてその役目を終えているが、他の英米法諸国では多様な展開を見せている。

◇　なお、現代のイギリス法で、保証契約と、後述する不動産処分以外の分野で、一六七七年詐欺法を発展させた立法の一つが、一九七四年消費者信用法（Consumer Credit Act 1974）[47]で、債権者に一定の情報提供義務を課し、債務者に立法上の撤回権を与えた雛形どおりの契約書に当事者の署名がないと、その契約によっては債権の裁判による強制ができない。

● 二　捺印証書の訴え（action of covenant）

中世の侵害の不法行為訴訟（trespass）の中には、「被告に原告との間の合意を守るよう命ずる（praecipe D quod teneat P conventionem inter eos factam）」という国王裁判所の令状（writ of covenant）によるものがあった[48]。この令状の一般的な言葉がそのまま受け取られれば、イギリスのいわば不要式契約の一般準則の母体となった可能性はあるが、一三世紀に入ると、少なくとも中央の国王裁判所の実務では合意（covenant）といえば羊皮紙（parchment）に蝋を垂らして印形を押した捺印証書（sealed charter）に書かれていることが普通であったために、いつの間にか covenant といえば「捺印証書」を意味するようになってしまった[49]。

▽　フランス語の convention（「合意」[50]）とは語源は同じだが全然違う意味である。

●捺印証書（deed）は現代イギリス法のもとで一種の公正証書の役割を果たしている。

●捺印証書の形式は、古典的には、①羊皮紙または紙に書かれ、②蝋を垂らして印形を押し（sealed）、③引渡された（delivered）ことで、引渡（delivery）には、証書の条項に拘束されるという当事者意思を顕す言動が伴わなければならなかった[51]。捺印証書の引渡（delivery）は、イギリス法上、物の引渡に相当するので（後述するように、捺印証書債権は物権扱いである）、本書では「交付」とは訳さない[52]。当初は、蝋を垂らして印形（指輪、ハンコ、または指の爪）を押せば、それで個人的合意の表明と見なされ、署名は必要なかった。

●しかし、二〇世紀に入って蝋を垂らして「捺印」（sealing）」する部分が簡略化されるようになり、それを許容する控訴院判例を取り入れて[53]、一九八九年財産権雑則法（Law of Property (Miscellaneous Provisions) Act 1989）が制定され、同法一条一項により「捺印証書」（deed）とは、①作成者ないし当事者が「捺印証書（deed）」を作成する意図で作成したことを明記（manifest）し、②かつ有効に作成（validly execute）した、すなわち証人一名の面前で自署するか証人二名と作成者の面前で作成者の指示で代理署名をし、証人の署名（attestation）を得て、③作成者またはその代理人により引渡された文書（instrument）を指す（法一条三項）。同法は、一九九一年八月から施行されている。

▽コモンロー上の不動産物権の変動は、この捺印証書の形式を取らなければ無効の要式行為である（一九二五年財産権法五二条[54]）。捺印証書の形式によらない場合は、一六七七年詐欺法（Statute of Frauds 1677）以来、裁判で強制するためには何らかの書面に被告の署名が必要とされ、この点を一九二五年財産権法四〇条が継承していたが、一九八九年財産権雑則法二条は、これを廃止し、契約書の書面に当事者の署名があることを要件とし、これも一定の要式行為とした。

●なお、捺印証書（deed）によらないかぎり「贈与（gift）」は、「約因（consideration）」（一九二頁以下）を欠くために、「契約（contract）」として認められない。ちなみに大陸法においても贈与契約は要式行為であるため、実態としては、この点は、大陸法との「違い」にはならないかもしれない。しかし、捺印証書に基づく訴えは、後述する不法行為訴権の一種である「約束違反の訴え」（assumpsit）から派生した近代契約法とは別の起源をもつ訴えであり、イギリス法曹は、現在でも、捺印証書法と、近代契約法を全く別々に捉えている。たとえば、一九八〇年時効法（Limitation Act 1980）のもとで、契約法の訴えの時効は、一般不法行為と同様に六年であるが[55]、捺印証書（specialty）にもとづく訴えは、不動産の回復の訴えと同様に一二年である[56]。

三　不要式契約上の定額債（debt on contract）

●捺印証書による定額債（英語では debt on obligation）は、証拠法上、もっとも手堅い訴えで物権的に移転金銭を担保できたが、その対となる概念として捺印証書の保護のない不要式契約上の定額債（debt on contract）があった。

●実は、捺印証書によらない契約上の定額債の存在を、裁判所が認める一つの要件として取引性ないし有償性（あれをあげる代わりにこれをもらう関係 quid pro quo）があり、これは、次に述べる訴訟方式の置換があってから、約因（consideration）という現在の不要式契約の成立要素の起源となった。

四　捺印証書による条件付定額債の訴え（action of debt on conditional bond）

●捺印証書による定額債の訴えは、裁判による債権回収が手堅かったので、何らかの仕事をするという役務（service）契約の執行のために、当事者が編み出したのが「捺印証書による条件付定額債の訴え（action of debt on conditional bond)」であった。違約金額をあらかじめ定額債（debt）として約定しておくやり方で、便利なので一八世紀まで広く利用されたが[57]、違約金額が法外となり濫用も起こった。エクイティをつかさどる大法官裁判所は契約条件（condition）の本来の債務の二倍額を超えるものを「制裁金」（penalties）と見なして判決の執行を差止めるようになり、一六九七年の制定法[58]によりコモンロー裁判所でも被告の申立により被告が契約条件を実質的に履行するかその代価を裁判所に払い込む限り判決の執行を停止することができるようになった。イギリス法では現在でも脅迫性の「制裁金」（penalties in terrorum）と「損害賠償としてあらかじめ算定された金額」（liquidated damages）とを事実問題として分析区別してこの問題に対処している[59]。

五　約束違反の訴え（action of assumpsit[60]）

●捺印証書を利用できない場合、中世イギリス法では、契約上、動産を入手できるはずの場合には特定動産返還訴訟（action of detinue）[61]を、契約上の仕事（service）をする上で事故か何かで損害を被った場合には侵害訴訟（action of trespass）を、売物の品質などの保証（warranties[62]）に違背があれば詐欺（deceit）の一種の保証違反の訴え（action of breach of warranty）を用いるなど、既存の雑多な訴えの定式（訴訟方式）を駆使して対応する他なく、とくに契約上何らかの仕事をしますという債務の完全不履行については、一五世紀の終わりまでコモンロー上は救済方法が存在しなかった[63]。

●そのような間隙を縫って「不法行為の事実訴権」（action on the case）の一類型であった「約束違反の訴え（action of assumpsit）」が捺印証書という形式によらない、いわば「不要式契約」を全般にカバーする訴権へと発達した。ただし、イギリス法曹にとって契約（contract）といえば、この「不要式契約」のことで、捺印証書法は別に捉えられている。

●他の不法行為の事実訴権（trespass on the case）と同様、「約束（assumpsit）違反の訴え」は旧来の訴訟方式にまつろう諸制約（雪冤宣誓など）から自由で、次第に旧来の定式に置き換わっていったが、まず定額債（debt）は特別扱いとなって「負債（返還の）約束（違反）」（indebitatus assumpsit）の訴えという特別の訴えの定式が生まれ、現在に至るまで定額債は物権的性格を持つことはすでに述べたとおりである。

●なお、それ以外のいわば「脇の」約束違反の訴え（'collateral' assumpsit）も含めて、「（被告は）自ら引受け誠実に約束した」（super se assumpsit et fideliter promisit）という訴えの定型句からは、両当事者間の「合意」（agreement）ではなく一方的な「約束」をも裁判所が強制する可能性を持っていたようにみえるかもしれない。しかし、いつの間にか、この訴権類型は、広い目でみて、次のような旧来の不要式契約法の一般的な諸特徴を受け継ぐことになった[64]。すなわち、

①個々の当事者だけを特別に拘束すること。「契約の相対効」（privity of contract[65]）

②有償性、つまり対価（quid pro quo）性、取り引き（give and take）関係のあること

③契約条項（contractual terms）を裁判所が事後的に見て条件（condition）と保証（warranty）の二種類に分けること、そして

④作為過誤（misfeasance）と無作為または完全不履行（nonfeasance）で救済方法が異なり、前者は被告の不法行為による損害の賠償、後者は基本的に原告の期待利益の回復を図ることであった[66]。いずれも広い意味で現代法に受け継がれている特色である。

●　一四世紀の講師が「契約は当事者それぞれの純粋な意思による相互の言葉で承諾されたことにより真正である」[67]と記していたように、イギリスでも契約上の責任は当事者の意思から発生するということに疑いはなかったが、イギリス法は形式を非常に重んじ、意思の欠損などを掘り下げて理論化することはなかった。

六　意思説の受容

●　一七世紀末から一九世紀にかけて、捺印証書の形式をとらない不要式契約において、外国の自然法学理論、とくに意思説の受容の時代が訪れた。意思説の基本的考え方は、契約責任は当事者の自由意思の合致、相互の合意（mutual consent）から発生するというもので、申込と承諾による（当事者の主観的）意思の合致、法的関係に入る意思、錯誤無効などがその主な特徴といってよいだろう[68]。イギリスにおける受容は、大法官ノッティンガム卿（一六七三〜一六八二）やヨーロッパ商慣習法（lex mercatoria）に通じた王座裁判所首席裁判官マンスフィールド卿（一八世紀）などの活躍、そして何よりも一九世紀の裁判官と法律教科書の執筆者たちによるプーフェンドルフ、ポティエ、サヴィニーなどの理論の受容と、その教科書をもとに法学部で法律を学んだ法曹による判例への継続的再受容という過程をたどった。

●　しかし、意思説の、意思の合致による契約は、従来のイギリスの取引（exchange）を範形とする契約とは本来的に異質なもので、イギリス法における意思説の受容は、意思説に合わない「不純物」を排除するのではなく、無理矢理、意思説に強引に当てはめて、混乱状態を築き上げたのである[69]。イギリス契約法が、意思説に体系的にとってかわられたのではなく、意思説の一部をもって事後的に既存の契約法の部分的整理を試みた程度というべきであろう。

●　近代イギリスの不要式契約法における意思説の受容は、第三編第11章七六−七七頁であつかった、ほぼ同時期の非典型不法行為法における帰責論の受容と似ているが、本書は、基本的に学説受容後の現状の概説を試みる。

●

七　破邪顕正

歴史的に見れば、イギリス法というべきか、イギリスの裁判機能は、平たく言うと「破邪（wrong）顕正（right）」の一語で表現でき、イギリス私法は、「顕正」部（vindication of contractual rights or entitlements）と「破邪」部（damages for wrongs）の二部に分かれ、前者は物権的性格を帯び、後者は不法行為的性格を帯びる。顕正部には、定額債（debt）の訴え、特定品（detinue）の訴え、そして捺印証書（deed）にもとづく訴えなどがあり、破邪部には、不法行為訴訟と、「約束違反の訴え」から発展した近代契約法つまり本書では「不要式契約法」と一くくりにするもののうち、金銭債の訴え以外のものがある。

●

実は、第五編三二三頁で扱う不当（無因）利得法は、このイギリス法の伝統的な「破邪顕正」の二分論に沿わない概念であるために、イギリスにおいては、その発展が遅れたということがいえる。

第21章　契約前の交渉の自由

●

一　契約前交渉の自由

イギリス法は、一般的には、契約前の交渉は当事者の自由にまかせ、裁判所は交渉過程には余程のことがない限り介入しない。これも契約の自由の一つの属性といえよう。契約前の当事者の交渉を、イギリス法は、一般的に、当事者の私的利潤の追求の自由競争と見る。言い換えれば、イギリス法は、契約前の交渉過程にある当事者に法的責任を発生させる一般原則、たとえば信義則を認めず、従って、一般に「契約交渉過程の過失（culpa in contrahendo）」という概念がない。

二　契約前交渉の自由の属性とその帰結

契約前の交渉当事者の自由、言い換えれば自由競争の一般的属性として、イギリス法は、次の三点を認める。

▽　第一に、交渉打ち切りは当事者の権利である

▽　第二に、交渉中の当事者に利他義務はない

▽　第三に、交渉は各当事者の自己責任において行なう

一・交渉打ち切りの権利

契約交渉に入るときに、当事者は「何らかの契約を締結する合意」や、「何らかの契約を締結すべく鋭意努力する合意」や、「信義に基づき誠実に交渉する合意」などを結ぶことがある。イギリス法は、これらを内容不確定のために、法的に保護すべき契約とは認めない。デニング記録長官（控訴院民事部長）曰く、

「（根本的な条項がまだ合意されていないような）契約を締結するという内容の契約を、法が契約として認めない以上、交渉をするという内容の契約も認められないと思われる。そのような合意は曖昧（uncertain）すぎて拘束力を持ち得ないからである。交渉が成立するか決裂するか、そして仮に成立したとして、どんな結果になるのか、誰にも分からない以上、裁判所が損害賠償額を算定することなど不可能である。したがって交渉をするという契約は、契約を締結するという契約と同様に法的に認められる契約ではないと思料される。[70]」

アクナー貴族院裁判官曰く、

「（合意に至るために最善の努力を尽くすという合意があったにもかかわらず）、契約交渉を打ち切ったといっても、打ち切った当事者に、主観的に見て、適切な理由があったかどうか、裁判所にどうやって判断せよというのか。かりに、その答えは（合意内容にあるように）『信義にもとづき誠実に』交渉が打ち切られたかどうかによるとしても、そもそも契約交渉を信義にもとづき誠実に行なう義務があるなどと考えること自体が、交渉で競り合う当事者の立場（adversarial positions）と矛盾する。交渉中の当事者は、皆、不実表示（misrepresentation）を避ける限り、それぞれの利益を追求する権利を有する。したがって相手方の譲歩を引き出すために、交渉打ち切りの可能性を示唆して威嚇し、また実際に交渉を打ち切る権利がなければならない。[71]」

▽ちなみに、「交渉（negotiation）」という英語は「暇（otio）」の否定を意味するラテン語から来ており、その状態を英語は「忙しい状態」すなわちビジネス（business）という。これは、そういうビジネスにおける私的利潤の追求の権利を正面から認めた判決である。

▽契約交渉の打ち切りは交渉当事者の権利である以上、その帰結として、その権利の行使に当たって、かりに相手方がそれで損害を被ることを認識していたとしても、イギリス法上は不法行為にはならない。

◇ただし契約交渉中に、本契約と別に独立して成立しうる契約もある。

●二．交渉当事者には利他義務はない

交渉中の当事者には、私的利潤追求の自由競争が許されている以上、一般に、交渉当事者に相手方を利する義務はなく、情報提供義務もない。もちろん、イギリス法も、特定の場合には、後に見るように、一方当事者に情報提供義務を課したり、情報提供の誘引を与えることはあるが、一般論として、情報提供義務はない。

▽この点をよく示す、スミス対ヒューズ事件[72]における一八七一年女王座裁判所判決の裁判官のうち二人の

意見を見てみると

（コックバーン首席判事）「被告は特定のオート麦の袋を買った。そのオート麦はまぎれもなく標本どおりの良いオート麦であった。買主は勝手にこれを古麦だと思い込んだが、事実は違った。しかし売主の言動において、買主がそう思い込んでしまうように仕向けたものは何もなかった。買主の方が悪いのである。ここでの問題は、とくに道徳的に厳格な人や名誉を重んじる人ならこういう場合にどうするかということではない。[73]」

（ブラックバーン判事）「かりに売主が、買主の方で誤解していなければ、この商品を買わないであろうと認識していたとしても、売主が詐欺でも働いていない限り、買主は契約に拘束される。売主が買主の勝手な誤解を解こうとしなかったこと自体は詐欺にはならない。道徳は別として、法律上は、売主は、積極的に買主を誤解させない限りは、買主の勝手な誤解を解く責任を負わない。[74]」

● 三．交渉は当事者の自己責任

契約の交渉中は、当事者は、その選択、決断にあたって自ら負担し、仮に出費しても、相手方に求償できない。逆にいえば、たとえば本契約と別の契約によって、交渉当事者が交渉中の危険負担を逆転することは可能である。

● 三　民事訴訟法上の証拠開示義務（英 disclosure、米 discovery）

イギリスの裁判所は、余程のことがない限り、契約前の当事者の交渉に介入しないことを述べたが、このことは、民事訴訟法上の証拠開示義務にも関連してくる。

●イギリス民事訴訟法は一般に訴訟当事者に証拠開示義務を課している。このため、かりに契約前の交渉段階において、当事者に何らかの法的責任が発生するとすれば、それに関する証拠の開示が必然的に要求される。しかし、一般にそんなことをすると、契約の明文条項の客観的解釈を旨とするイギリスの契約解釈の基本原則に抵触してしまう。つまり契約成立当時の当事者意思の最善の証拠である契約の文面を見ずに、それに至った過程などを調査すること自体が、当事者の自由競争を害し、取引の安全を脅かすので、一般論として、イギリスの裁判所のするべき仕事としては認識されていない。

四　イギリス法が契約前交渉段階で特別に認めうる当事者の法的責任の原因

●ただし、契約前交渉段階においても、イギリス法上、当事者に法的責任がまったく発生しないわけではなく、例外的に法的責任を発生させうる原因がいくつかある。

●不法行為、不当利得、エクィティ、別契約であるが、これらについては、カートライト（Cartwright, 2007, 65-83）を参照するとよい。

第22章　契約の成立

●契約（contract）の成立には次の三つの要素が満たされなければならない。ただし捺印証書（deed）がある場合は別である。

（一）約因（consideration）があること

(二)　申込（offer）と承諾（acceptance）による意思の合致すなわち合意（agreement）があること

(三)　当事者に法的関係に入る意思（intention to create legal relationship）があること。

● なお、約因、申込と承諾、法的関係に入る意思という順序は、近代イギリス契約法において、要素が確立された歴史的順番を示している。

一　約因（consideration）

（あ）歴史

● 中世、捺印証書によらない不要式契約を裁判所が保護するには、客観的に見て、両当事者の間に互恵的な「取り引き」(quid pro quo)、つまり甲をわたす代わりに乙をもらう(give and take)関係のあることが必要とされた[75]。そして、その後、「約束違反の訴え（assumpsit）」が広まると、一五三九年頃までに「約因」と和訳される consideration[76] が登場するようになった[77]。約因とは、この訴えの定式（訴訟方式）の上では、被告の約束の理由または交換条件に他ならなかった[78]。

▽「約因」の起源として、シンプソン・ツィムマーマン説は、法曹見習いの間でひろく読まれた一六世紀の大法官サンジェルマンの『神学博士と法学生』[79]などに依拠して、中世ローマ法の「原因」（causa）の影響を論じている[80]。「原因」とは古代ローマ法の「典型契約以外から訴権は発生しない」（ex nudo pacto non oritur actio）から近代法の「非典型契約からも訴権は発生する」（ex nudo pacto oritur actio）への転換を橋渡しした概念で、今でもフランスやイタリアの民法典に残っている[81]。たとえば贈与契約の原因は一方的な喜捨の意思（gratuitous intention）なので、イギリス不要式契約法の前テューダー期の交換性または相互性（quid pro quo）やテューダー期以降の約因よりも広い概念である。

▽　一方、ベーカー説は、一六世紀（テューダー期）のイギリスの訴訟文献において、カウザ（causa）はコンシダレーション（consideration）やこれのかわりにあれ（quid pro quo）という言葉と同じ意味で使われており、中世ローマ法の用語カウザが単なる「ラテン語」を超えて契約の原因という「法概念」としてイギリス法に受容されたとは考えにくいとしている[82]。

◇　実は、一七世紀の王座裁判所首席裁判官ホールトや、一八世紀の王座裁判所首席裁判官マンスフィールド伯爵は、コンシダレーション（consideration）という英語を不当利得法における「利得の原因（ないし理由）」の意味で使うことがあった[83]。この用法は、最近まで「約因」と誤解されてきた。

●　約束違反（assumpsit）の訴えの定式（訴訟方式）の文面上は、約因とは、被告の約束の理由を指し、この訴訟方式の台頭により、イギリス不要式（parol）契約法の分析の焦点は、表面的には合意の相互性（reciprocity; give and take; quid pro quo）から一方的な約束（promise）へ移ったように見えたが、結局、約因は、原告が、被告の要請にしたがって、被告または第三者を利し、または原告自身が負担を背負ったことを指したので[84]、昔の相互性の要件が緩やかになったものが約因だといえる[85]。

●　一七六五年、王座裁判所首席裁判官マンスフィールド伯爵は「約因とは証拠上の問題に過ぎず、捺印証書によらなくても契約が書面化されていれば、もはや約因という証拠は必要ない」とテューダー朝の約因法理の廃止を唱えたが[86]、一七七八年、王座裁判所（第二審）からの一種の上訴〔誤審審理（writ of error）二六頁〕を管轄する貴族院（第三審）の諮問を受けた財務府裁判所首席裁判官スキナー[87]は、王座裁判所を除くコモンロー裁判所の裁判官全員[88]の意見として、捺印証書によらない不要式（parol）契約は約因があって初めて訴権があると答申し、これが貴族院に受け入れられた結果[89]、テューダー朝の約因法理は現在まで生き残っている[90]。

（い）比較法的視点

● なお意思説に従えば、約因であれ、原因であれ、マンスフィールド伯爵の主張どおり、法的に拘束されるべき意思表示の真摯さ（Ernsthaftigkeit; seriousness）の証拠の一つということで片付けられよう。しかし、意思説のイギリスでの受容は、三（二〇八頁）で詳述するように、補完的なもので、約因を駆逐するには至っていない。約因は、フランス法における原因と同様、今日でもイギリス法の伝統として深く民族感情に根付いている。ヨーロッパ契約法の統合を図ろうとすれば大きな感情的障碍となるであろう。以下、現状を概説する。

● 約因とは、すでに述べたように、約束の理由（対価）であり、約束者に頼まれて、被約束者が、何かをし（あるいはしない）、または何かをする（あるいはしない）約束をすれば足り、その何かというのは、被約束者にとって負担（detriment）になるか、または約束者や第三者にとって利益（benefit）になることでよい。したがって、契約当事者のどちらにも約因がある場合もあれば、一方にしか約因がない場合もある。

▽ 約因は、原告適格（つまり約束違反の訴えを起こす要件）としての性格があり、契約にもとづいて約束者（被告）を訴える被約束者（原告）から約因が提供されていなければならない（consideration must move from the promisee）[91]。つまり、原告が、被告の要請に応じて、何らかの行動や約束を、被告の約束の対価（約因）として、提供した事実がなければ、原告は被告を訴えることができない。

① プライス対イーストン（Price v Easton）事件[92]では、「ある男（丙）が甲（被告）のために仕事をしてくれることを条件に、丙が乙（原告）から借りている金を甲が乙に肩代わりして支払いましょう」という、甲から乙への約束について、乙が甲を訴えた。裁判所は甲乙間に契約の成立を認めなかった。なぜなら、

この事実関係では、甲の乙に対する約束の対価は乙のために提供されている（move to）かもしれないが、対価になっていると考えられるのは丙の甲に対する約束（または仕事）で、これは乙が提供している（move from）わけではないからである。逆に、甲の乙に対する約束が、丙の甲に対する約束の約因を提供している可能性はある（ただし、乙が甲の要請に応じて甲の借金を丙に返す約束をしていた場合）。

② 約因の原告適格としての性格は、次章で述べる契約の相対効（privity）[93]、すなわち当事者の内輪（プライベート）だけで効力を持つ性質にも関連している。

◇ ただし、この契約の相対性と原告適格としての約因は、次章二一二頁で述べる一九九九年契約上の第三者の権利法[94]により、約因の提供者でない第三者が約束を強制できるようになったので、その現代的意義は失われつつある。

▽ 頼まれてした約束や行動でなければ、約因にはならない。したがって、甲が頼みもしないのに、乙が好きで勝手にした（またはしなかった）ことは、甲の乙に対する約束の約因にはならない。

① たとえばコーム対コーム（Combe v Combe）事件[95]では、離婚手続中に、夫が妻の毎月の生活費を支払うことを約束したので、妻は離婚裁判所に生活費の支払いを求める裁判を提起しなかった。夫が約束を守らなかったので、妻は、その裁判を提起しなかったことを「約因」とする契約があるとして夫を訴えたが、裁判所は認めなかった。確かに、夫の約束があったために妻は裁判を思いとどまってきたし、また夫も妻がそうしている理由を知っていたが、別に、夫は、妻にそうしてくれるように、明示でも黙示でも、頼んでいたわけではなかったからであった。

▽ 約因は、被告の約束の「代償」（sufficient の語源 sub-ficiens の意味 substitution）でなければならないが、被告の

約束と「等価」（adequate の語源 ad-equus の意味）である必要はない[96]。そして、約因は、金銭の支払いまたはその約束である必要はないが、法の眼で見て、何らかの経済的な、客観的な金銭評価の可能なものを指す（something which is of some value in the eye of the law）[97]。

① 裁判所は、当事者のバーゲン（売買〜双務契約は広い意味ではすべて権利の売買である〜）が「高い買い物」だったか「安い買い物」だったかその出来不出来は問わないが、何らかのバーゲン、取引があったことが必要である。

② ポイントの一つは自然な愛情や、親に不平を並べて困らせないことなどは約因にならないということで[98]、このポイントは、現在では、より広く、二〇八頁で述べる「（裁判所の強制しうる）法的関係に入る意思」（intention to create legal relationship）の問題として処理できる。

③ チョコレート商品の売上を伸ばす目的で、人気レコードをチョコレートの包装紙三枚と一シリング六ペンスと引き換えに配布したことにつき、ゴミ同然の包装紙三枚の提供に約因性を認めた例（ネスレ Nestlé 事件貴族院判決[99]）があり、裁判所は商事ではとくに当事者の「もうけ」には干渉しない。

▽

当事者の約束、つまり甲の乙に対する約束と乙の甲に対する約束は、同時になされ、相互に関連していなければならない。したがって、すでになされてしまったことを理由として、後で約束がなされたとしても、約束と約因の同時性がなく、約因にならないし、同じ理由で、すでに負っている法的義務や債務の履行も原則として約因にはならない（ただし後述するエクィティ上の約束的禁反言の抗弁あり）。

① 「これまで、よく尽くしてくれましたね。お礼に五〇〇ポンド払います」などと、過去にすでになされた働きなどを理由として新たに約束をしたとしても、そんな約束が得られると思って働いたわけで

はない場合は、過去の働きは、新しい約束の約因にはならない[100]。ただし過去の働き（約束でもよい）がなされたその当時に、そのことについて、いつかは対価が支払われるものと、当事者双方が期待していた場合には、約因を認めて、事後の支払い約束を強制しうる[101]。

② スティルク対ミリック（Stilk v Myrick）事件[102]では、航海中に、水夫のうち二人が逃亡したため、船長は、残りの水夫に、一緒に航海を続けてくれれば逃亡した水夫の給料をみんなに分け与えると約束して、危機を乗り越えた。航海終了後、水夫は約束どおり分配を求めたが、船長は拒絶した。裁判で、緊急事態でも航海を続けることは当初から契約にあったので、既存の契約義務の履行では、新たな（船長の）約束の約因とは認められなかった。

③ 同様に警察官の公的職務は、その価値を経済的に評価できるかもしれないが、法の眼で見れば（in the eyes of the law）、何があっても当然なされなければならないことなので、約束者の約束の「代償」にはなりえず、従って、何か、通常の公的義務以上のもの（特別の要請に基づく特定人の警護など）がない限り、契約の約因にはならない（Glasbrook Brothers Ltd v Glamorgan County Council [1925] AC 270）。

④ 約束の一部の履行では約束の履行にならない。たとえば、すでに契約済みの金額よりも少ない金額の支払いでも構わないという新しい約束には、約因がないからである（Foakes v Beer; Re Selectmove）[103]。ただし、ピネル事件（Pinnel's Case）[104]の例示したように、支払期日前の支払いや、あるいは馬や鷹や礼服の贈与など、元の契約とは違う「新しい要素」がある場合は別である。

⑤ 制定法により非嫡出子の養育義務を持つ女親に、その子を養い幸せにすれば週一ポンド支払うという男親の約束について、控訴院は、養育義務は確かに女親の既存の義務ではあるが、子を赤の他人では

なく産みの親に育ててもらうのは、男親にとっての利益でもあるという理由で、約因を認めた[105]。これも被告にとっての「実際上の便益」（practical benefit）という新しい要素と捉えられる。

◇　一九八〇年一一月二三日のウィリアムズ対ロッフィー兄弟社（Williams v Roffey Brothers）事件の控訴院判決[106]以来、「被告にとっての実際上の便益」を認めて、約因要件を従来よりも緩やかに解釈する傾向がある。この背景として、「言うことを聞いてくれなかったら契約を破る」と相手方を脅して契約をより有利なものに変更しようとする行為については、本編二四四頁で説明するように、一九七〇年代以来「経済的強迫」（economic duress）が認められるようになったので、強迫による契約取消可能性は、約因の欠如（want of consideration）によって裁判所が契約として認めないことよりも、裁判所にとって融通が利くので、好まれるという事情がある。

（う）エクィティと約束的禁反言

●　コモンロー上は、既存の債務の履行は約因たりえないが、既存の債務の一部の履行を原因とした約束を守るエクィティ上の抗弁（defence）として約束的禁反言（pormissory estoppel）がある[107]。

●　甲が乙に「甲は乙に対する契約上の法的権利を厳密には行使しない」と信じさせ、乙がそれに依拠して行動した場合、裁判所は、甲が後になってその厳密な法的権利を行使するのは衡平でないと思料する場合には、約束的禁反言でこれを許さない。たとえば約束的禁反言の法理の指導的判例であるハイ・トゥリーズ・ハウス（High Trees House）事件[108]では、ロンドンのマンション全体を親会社から借りて管理し各戸を転貸していた子会社が、戦時中のロンドン空襲で空き家が増えて賃料満額を支払えなかったため賃料の一部支払で契約を継続させてもらっていたところ、一九四五年始めまでにマンションは満居となったので、親会社の財産保全手続（破産手続の一部）の管理人（receiver）が、将来にむかって満額支払いを請求するだけでなく、過去の未払分全額を請求した。ただし裁判では、管理人は、過去の未払分については戦争が終わった一九四五年の下半期の未払分だけを請求した。管理人のこの謙虚な裁判戦略は裁判官の心象をよくして効を奏したが、法的に重要なのは、仮に管理人が戦争中の未払分全額の支払いを求めていたとしたら、それは衡平でないというポイントである。

▽ ちなみに、この判決は、デニング高等法院裁判官（当時）のもので、かつ約束的禁反言の部分は、傍論（obiter dicta）に過ぎなかったが、厳密に先例拘束力を持つ控訴院と貴族院は、後述するように、他の約束的禁反言事件の判決において、この一高等法院裁判官の傍論を承認し、その要件の細則を定めたに過ぎない。デニング裁判官はこの後一九四八年には控訴院裁判官、一九五七年には貴族院裁判官、一九六二年には控訴院民事部長に相当する記録長官（Master of Rolls）にまで昇進した。

● 約束的禁反言の要件は、

① 約束者が「自身の厳密な法的権利を行使しない」と明確かつ疑問の余地なく意思表示をしたこと。
② 約束の相手方が約束を信じて、それに依拠して行動したこと。
③ 約束者が約束を取消し、自身の厳密な法的権利を実現しようとすることが衡平でないこと。

◇ 被告が「今代金の一部しか払えないが、これで放免してくれなかったら一銭も払わない」と言ったので、原告建築会社が仕方なく代金の一部支払いを承諾した事件で、原告が厳密な法的権利を実現することに衡平上の問題はないとして抗弁が認められなかった控訴院の例がある[109]。現在では、こういう場面では二四四頁以下でのべる経済的強迫（economic duress）が利用されるであろう。

● 約束的禁反言の効力は、普通、厳密な法的権利を中断するだけで、これを抹消することはない。常識的な通知をなすことで、厳密な法的権利の中断を解くことができるという貴族院判例がある[110]。

● イギリスでは、約束的禁反言は、訴えられたときの盾、抗弁（defence）にはなるが、それを矛、請求原因として訴えることはできないというコーム対コーム事件（Combe v Combe）控訴院判例が[111]、現在も生きている。

● 将来の可能性

▽ High Trees House 事件以来の約束的禁反言の法理の発展の前に、実は、一九世紀後半に確立された物権的禁反言（proprietary estoppel）の法理があった。これは、甲の言動が乙をして甲の不動産に一定の権利を取得できると信じさせ、または乙がそう勝手に誤解し、乙がそのつもりで行動することを甲も意図し、また実際に乙がそのつもりで行動したとき、裁判所は、エクィティ上の裁量権で、乙による権利取得を認めることができるというもので、物権的禁反言は単に乙が甲に訴えられたときの盾（抗弁）だけでなく、乙が積極的に甲を相手取って権利取得を主張する矛（訴訟原因）にもなる[112]。

▽ 実は、オーストラリアなど他のコモンロー法域では、約束的禁反言を、物権的禁反言と同様に、抗弁としてだけではなく、訴訟原因として使うことが許されるようになっている[113]。アメリカの契約法第二リステイトメントは、「約束が被約束者ないし第三者に行動をとらせ、あるいは行動を控えさせるものであると約束者の方で常識的に期待すべきであり、かつ、期待だけでなく実際にそういう効果が生じた場合は、その約束を強制することによってしか不正義の結果を回避できないときに限り、約束は拘束力を持つ。約束の違反に対する救済は正義の要請により制限することができる」と定めている[114]。

▽ 貴族院を受け継いだ連合王国最高裁が、今後 Combe v Combe 事件の控訴院判決[115]を転換して、物権的禁反言を約束的禁反言にも応用してオーストラリアなどの動向に倣うかどうかは、今後の課題である。

二〇〇一年にその転換可能性を指摘したジャッジ控訴院裁判官は[116]、二〇〇八年にはイングランド・ウェールズ首席裁判官となり、将来、連合王国最高裁裁判官になる可能性が高い。そうなれば、次章でのべる一九九九年契約上の第三者の権利法による約因なき契約訴権、Williams v Roffey Brothers 事件[117]による約因要件の緩和に続いて、約因の意義をさらに薄めることになろう。

●　二　申込と承諾による意思の合致

契約は合意（agreement）から成るという分析はローマ法にあるが、合意は意思の合致（consensus ad idem）であり（意思説）、それは申込と承諾から成るという分析は、フランスのポティエ（『債権論』一七六一年）に見られ[118]、同著はフランス民法典制定の翌々年の一八〇六年に英訳されてイギリス法曹界において高く評価され[119]、一八一八年には判例になった（Adams v Lindsell (1818) 1 B & Ald 681）。

●　合意を、一定の内容の契約を結びませんかという「申込（offer）」と、はいという「承諾（acceptance）」に分析することは、契約の成立不成立（承諾の有無すなわち合意の存否）、当事者の特定（すなわち申込者と承諾者）、契約の明示条項（申込まれ承諾された内容）、そして、契約が成立した時と場所（契約が成立した場所の特定は、どの国、どの法域の契約法が適用されるかを決める上でも重要）を特定するために便利で、英米法、大陸法を問わず、広く、採用されている。

（あ）申込

（一）定義

●　「申込」とは、特定の内容の契約を締結する用意があるという意思表示であり、相手方が承諾すればそのまま契約として成立し両者を拘束させる意図があることを要す。

▽

▽「申込」(offer) は、客引き、つまり「申込の誘引」(invitation to treat) とは区別される。「申込の誘引」は、契約交渉に入る用意があることを示す言動、または契約交渉を誘う言動に過ぎず、契約を締結する意思表示とは別である。「申込」と「申込の誘引」の区別をするのは実際上難しいことが多いが、裁判所は、判例、使われた言葉、発言の詳細さや明確さ、取引慣習や慣行、両当事者の間の従前の取引関係などの諸点を考慮して実際的に判別する。

「申込」と「申込の誘引」の区別について、一般的傾向性として、

◇ 広告 (advertisements)、商品の陳列 (display of goods)、入札の要請 (requests for tender) は、一般的に「申込の誘引」(客引き) と見なされやすい。

● ただし、広告上の条項が明確でそれに法的に拘束される意図 (intention to be legally bound) があれば申込になる場合があり、カーライル対カーボリック・スモークボール社 (Carlill v Carbolic Smoke Ball) 懸賞広告事件[120]の実例がある。これは「カーボリック煙球」という商品を毎日三個を二週間にわたり説明書どおりに摂取すればインフルエンザに罹らないことを保証し、その通りに摂取してインフルエンザに罹患した人が出た場合には報償 (reward) として一人当たり百ポンドを与え、この約束の「真摯さ」(sincerity) の証しに特定銀行の口座に一千ポンドを準備しているという内容の新聞上の懸賞広告に関する事件で、高等法院も、控訴院も、広告主がこの一千ポンドの準備金を供えた約束に法的に拘束されることを意図していたことを認めて、広告を契約の「申込」と認定し、また原告において広告で示されたとおりに負担の多い行動を取ったことが「承諾」であ

り、「約因」であると認めた。

●商品広告についての判例、パートリッジ対クリッテンデン（Parridge v Crittenden）事件高等法院判決[121]（鳥類保護法違反処罰事件）も、商品の陳列についての判例、個人商店のフィッシャー対ベル（Fisher v Bell）事件高等法院判決[122]（銃刀法違反処罰事件）やスーパー型店舗の薬剤師協会対ブーツ社（Pharmaceutical Society v Boots）事件控訴院判決[123]（薬毒法違反処罰事件）も、すべて刑事事件である。裁判所が契約法の判例となることを意図したというよりも、教科書執筆者が契約法の判例として援用したというべきで、近代イギリス判例法の形成の点で興味深い。ただし、スーパーの棚に値札をつけて商品を陳列することが「申込の誘引」で、その一つを買おうとレジへ持っていくことが「申込」に過ぎず、レジで「承諾」せずに、拒絶できるとすれば、未成年者に酒煙草を売ることを拒否できる点ではよいかもしれないが、逆に、人種・宗教差別による売買拒否はどうするか。もちろん公法関係は別に考えればよいと思われるが、立法によってはそうしていない場合が散見される。

（二）申込の終了

●申込は、承諾または反対申込（counter offer）を受けたときに終了する。

●申込は、承諾がある前に何時でも取消（withdraw）ことができる（Payne v Cave (1789) 3 Term Rep 143）。この原則は、たとえ申込の条項の中で、明示で、一定の承諾期間を定めていても、揺るがない（Routledge v Grant (1828) 4 Bing 653; 130 ER 920）。ただし申込の取消（withdrawal）は、申込の受け手が実際にそれを認識しなければ無効である（Byrne v Van Tienhoven (1880) 5 CPD 344）。そして、申込の受け手が、申込はもはや取消されたと常識的に認識してしまえば、かりにその事実の認識をもたらしたのが、申込者自身の通知でなくとも、たとえば信頼できる第三者から、申込者が別人に目的物の馬を売却したという事実を聞いて認識した時点で、申込は有効に取消される（Dickinson v Dodds (1876) 2 ChD 463）。

▽　この申込の取消の自由は、大陸法の一般的なルール、すなわち、承諾期間の定めのある申込はその期間中は取消すことができず、その定めのない申込でも、承諾するのに相当な期間は取消すことができない（日本民法典五二三条・五二四条）とかなり相違する。これは、すでに述べた契約前交渉の自由の一つの属性とも言える。また、これもイギリス法における契約の解釈の基本的ルールに沿った帰結であるとも言える。つまり、相手方の意思表示を合理的に解釈している当事者を、客観的に見てその言動が相手方に誤解を与えてしまう当事者よりも保護するというものである。

●承諾期間の定めのある申込の場合、その期間の満了とともに申込は終了する。

●承諾期間の定めのない場合は、「常識的」期間の経過とともに終了する〔Ramsgate Victoria Hotel Co Ltd v Montefiore (1866) 1 LR 1 Exch 109〕。

●申込中の「契約条件」（後述）が滅失（failure of condition）すれば、申込は終了する。

●申込者が死亡すれば、申込は終了するかどうか、はっきりしないが、おそらく、一般的には終了せず、申込者の死後の代表者（相続人や遺言執行人）が債務を履行しなければならない。ただし、申込の受け手が申込者の死亡を認識すれば、そこで申込は終了し、また、申込内容が、それは申込者の個人的な技能にかかるものであることを示していれば、申込は、申込者の死亡とともに消滅するというべきであろう。

（い）承諾

（一）定義

- 「承諾」（acceptance）は、申込内容をそのまま無条件で受け入れる意思表示でなければならない。
- 新しい内容を持ち出せば、元の申込を拒絶する「反対申込（counter-offer）」、つまり新しい契約の申込となる〔Hyde v Wrench (1840) 3 Beav 334〕。
- 「反対申込」（counter offer）は、情報提供の要請（request for information）とは区別される〔Stevenson v McLean (1880) 5 QBD 346〕。
- 沈黙は一般的には承諾にならない〔Felthouse v Bindley (1863) 1 New Rep 401 Ex〕。ただし両当事者の間に継続的な取引関係（course of dealing）がある場合は別である。

（二）承諾の通知

- 承諾は、申込の受信者またはその権限を持つ人から、申込者に通知されなければならない。
- 同時通信（対面または電話）の場合、承諾は申込者本人が受信しなければならない。
- 郵便による通信の場合は、郵便による承諾の特例（postal rule）がある。これは承諾の投函（発信）により完了するもので、通常、消印が証明する。消印有効の特例といってもよい。
- 郵便による承諾の特例は、郵便による承諾が求められていた場合、または郵便による承諾が両当事者の予見するところであり、申込者が他の伝達方法による承諾を求めなかった場合に適用される〔Adams v Lindsell (1818) 1 B&Ald 681; Henthorn v Fraser [1892] 2 Ch 72〕。
- 郵便による承諾の特例は、申込においてこれを明示で排除する条項があったとき、または事案の全般的情況に鑑みて明白に不都合ないし理不尽であるときは、適用されない〔Holwell Securities v Hughes [1974] 1 All ER 161

CA)。

● ファックス、電子メール、テレックスによる通信について、法律は未定である。全てに当てはまる普遍的な規範は難しい。当事者の意図、実務慣行、誰が危険を負担すべきかの判断に委ねられる(Brinkibon v Stahag Stahl [1983] 2 AC 34)。

▽ なお日本民法五二六条では発信主義が離れた者同士の契約の承諾の原則になっているが、イギリスでは発信主義は郵便の場合の特例に過ぎない。イギリスは着信主義をとるウィーン(国連)国際動産売買契約条約(Vienna Convention on Contracts for the International Sale of Goods)の加盟国ではないが、現時点では、米日発信主義と欧州着信主義の中間に位置すると言えよう。

▽ ただし、一九九九年契約上の第三者の権利法〔Contracts (Rights of Third Parties) Act 1999〕二条二項b号は第三者の承諾の郵送による通知も第三者権の債務者に着信することを要求しており、今後、イギリス法の郵便特例そのものが廃止される可能性を示唆している。

(三) 承諾方法

● 申込者が承諾方法を義務的に特定した場合、別の方法で承諾しても契約は成立しない。

● 承諾方法の特定が義務的ではなかった場合、申込者に特段の不利益がない限り、別の方法による承諾でも構わない[124]。

▽ 一方的申込の場合(懸賞広告など)、申込の受信者が条件の履行に着手(承諾)してしまえば取消せない(Errington v Errington [1952] 1 KB 290)。ただし、申込において、条件が完全に果たされる前にいつでも取消しうることが明示されていれば、この限りではない〔Luxor (Eastbourne) Ltd v Cooper [1941] AC 108〕。

（う）形式の戦い（Battle of Forms）

●現実の契約の成立を申込と承諾に分析することは必ずしも容易ではない。そして、商事の当事者が、双方とも、自社の普通約款（standard terms）どおりの契約を結ぼうとして、「ご注文（申込）ありがとうございます。下記の当社の普通約款にもとづいて承諾します」というような内容の反対申込と、それに対する新たな反対申込を何度も繰り返し、そのうちに、双方とも、とりあえず自社の普通約款どおりの契約が成立したと信じて履行に着手した場合、はたして、どちらの普通約款によって契約が成立したといえるのか？

●こういう場合に、何が最終的な申込で何が承諾か、形式的に判断するとすれば、どちらが勝つかについて、まったく予見可能性がなく、結局、どちらが「最後の弾」（last-shot）を撃ったか（そしてどちらがあきらめたか）という偶発的なポイントで決まってしまうという、形式の争い（battle of forms）問題がある。

●一方、控訴院において、デニング記録長官は、申込と承諾の分析を時代遅れとして、裁判所が事後的に「当事者の間で交換された書類のすべてを見て、あるいは当事者の言動を参照して、当事者がはたして重要ポイントのすべてに合意したかどうかを吟味する」アプローチの方が良いとした[125]。こういう完全に客観的なアプローチは、裁判所が勝手に正しいと思うところを、当事者の意思にかかわりなく、押し付けるという危険性をはらんでいる。

●貴族院は、ギブソン対マンチェスター市庁（Gibson v Manchester City Council）事件で、申込と承諾の分析が原則（rule）であり、それから離れることは例外的な場合に限られることを示した[126]。この事件は、マンチェスター市が市営住宅の賃借人ギブソン氏に対して「市営住宅を売却する用意ができるかもしれない」という内容の書簡を送り、ギブソン氏は正式に売却を求める買取申請用紙を提出し、市は、その後、該当住宅を「所有者居住中」のリストに移し、ギブソン氏は買取れるものと信じて住宅の改良費用を出費したものであった。控訴院においてデニング記録長官は当事者双方の言動から売買意思を発見したが、貴族院は市の書簡は売却の申込にはなっていないという解釈で、売買契約の成立を否定した。

●三　法的関係に入る意図（intention to create legal relationship）

歴史的には、早くも一六世紀のプロウデンの判例注釈集が、中世ローマ法学において通常は訴権を生まない非典型契約（nudum pactum）からも訴権を発生させる契約「原因」（causa）の背後に、法的関係に入る「決意」（'deliberation'）を認識したけれども、普及しなかった[127]。一八世紀には、すでに見たように王座裁判所首席裁判官マンスフィールド伯爵がイギリス法の「約因」（consideration）は契約をもって法的に拘束される意思というものの証拠の一種に過ぎないと考えて約因要件の廃止を唱えたが[128]、貴族院に否定された[129]。

▽ただしスコットランド出身のマンスフィールド伯爵の得意分野であった商慣習法（lex mercatoria）の裁判においては、大陸法の影響（たとえば当時のイギリスの世界通商上の競争相手オランダではローマ法的オランダ法が適用されていた）が濃厚で、コモンロー上の一般契約法では約因が要求されても、為替手形（bill of exchange）をはじめとする「商人の手形類」（mercantile documents）、今で言う流通証券（negotiable instruments）は、約因はなくとも[130]、商慣習（custom of merchants）ということで契約として成立する[131]。

一方、フランスではポティエが「原因」（causa）に固執して、フランス民法典にも受け継がれたが、一七世紀の自然法学者プーフェンドルフは拘束される意思をもって本物の約束と単なる冗談を区別したように[132]、一七世紀から一八世紀にかけてのドイツ語圏の法学者は、意思説に従い、契約の原因（causa）の要件を疑問視し、契約する意思の本気さを証拠法の問題として捉えなおした[133]。

●イギリスにおいては、この意思説は、サヴィニー[134]を通して、まずケンブリッジ大学のポロックの教科書『コモンローとエクィティ上の契約の原則』（一八七六年）[135]に受け入れられ、契約の三つ目の補足的な（subsidiary）成立要件として[136]、以下のように限定的に判例法に受容された。

▽家族間の約束には法的関係に入る意図がないと推定される（Balfour v Balfour [1919] 2 KB 571 CA）。この推定は反対の証拠を提出して覆すことができる（Merritt v Merritt [1970] 2 All ER 760 CA）。

▽関係が希薄であれば、推定も弱い（Simpkins v Pays [1955] 3 All ER 10 Assize）。

▽商売上の関係は法的に拘束される意図があると強く推定される。この推定を覆す立証責任は重い（Edwards v Skyways Ltd [1964] 1 All ER 494 QBD）。

▽家族間に商売上の関係がある場合は、裁判所は合意を取り巻く全体の文脈を考慮する（Snelling v John G Snelling Ltd [1973] QB 87 QBD）。

四　成立要素の欠如の効果

●申込と承諾の不在は、契約の前提となる合意そのものの成立を否定するので、契約ははじめから存在しないこと（原始無効）となるが、約因の欠如（want of consideration）や、法的関係に入る意思の欠如は、合意はあるかもしれないが、裁判所がその合意を契約としては認めず、契約として強制しないことを意味する。

●契約の無効と取消については、二二五頁以下で扱う。

五　二〇〇九年のヨーロッパ契約法の共通参照枠草案

● さて、次のコラムで詳述するように、欧州統合の流れの中で各国法制の調和と接近化の動きは、欧州民法典構想を生み、二〇〇九年二月、欧州における契約法の共通の基本原則、基本概念・用語、規範を定めるべき「共通参照枠」（Common Frame of Reference）の学術草案の概要版が、欧州委員会（European Commission）を通して公表されるに至っている。この中で、規範の雛形の第二編「契約および他の法律行為」、第四章「契約の成立」、第一節「総則」は、「契約は当事者が法的関係に入るまたは法的効果を生むことを意図し、十分な合意に達することで他に何らの要件なく成立する」などと、ドイツ民法典的構造を採用してフランス法の「原因」やイギリス法の「約因」を排除した。語弊を恐れずにドイツ的視点を強調すれば「原因」は古臭く、「約因」はそれがガラパゴス的な離れ小島において現地の異種と混合しながら特異な進化を遂げた亜種に過ぎず、いずれも意思の本気さ（Ernsthaftigkeit; seriousness）の証拠程度の価値しかなく、これからのヨーロッパはもっと理論的に純粋なドイツ的解決を採用すべきなのかもしれない。

● 一方、「申込と承諾」については、総則から離れたものの、第二節に規定され、廃止されていない。

● 学術草案は、このような規範雛形の欧州連合立法機関による公権的制定を準備することを視野に入れてはいるが、基本的にそれから一歩はなれて、純粋な学術研究の目的に終わることも念頭においており、連合王国の貴族院欧州連合委員会は、オックスフォード大学比較法担当教授シュテファン・フォーゲナウアーの学術的意見その他を聴取したものの、欧州民法典には断乎として反対し、契約の欧州共通選択準拠法などを制定する価値やその可能性にも懐疑的で、欧州連合の立法関係者の各国の多様な法制度の相互理解を深めさせ、その立法の質を改善させる目的で、一種の「道具箱」を提供することには意味があるかもしれないが、この学術草案がそのような目的に直接役に立つとは考えられないとし、これをもとに契約法典の草案にすることの価値と手続に懸念を表明した[137]。

●ただし、欧州連合における動きがどうあれ、次章で述べるとおり、イギリスの一九九九年契約上の第三者の権利法〔Contracts (Rights of Third Parties) Act 1999〕は、約因なしに契約上の権利（第三者権）が発生することを認めており、これはイギリス契約法の原理的転換であり、今後イギリス契約法の成立要素に影響を与えていく可能性がある。

コラム ⑪ヨーロッパ契約法の共通参照枠草案への道のり

●私法統一には複数の独立した動きがある。例えば、一九二四年一〇月三日の国際連盟理事会の決定にもとづき一九二六年に連盟の補助機関としてローマに設立され一九二八年に開所した私法統一国際研究所（UNIDROIT）がある。

●長らくの間、欧州統合の動きは消費者保護などの特定分野を除いて一般私法の調和には深くかかわってこなかった。しかし、一九八九年と一九九四年の二度にわたり欧州議会はヨーロッパ共通民法典（Common European Code of Private Law）の起草に必要な準備を始めることを要請し[138]、一九九九年一〇月のタムペレにおける欧州理事会の議長決定はヨーロッパ連合を自由と安全と正義の地域にするために加盟国の法制度の相互適合性と収斂《しゅうれん》性を高め、国境を越えた司法手続的協力だけでなく、加盟国民事立法を接近させる必要性を謳った[139]。そして二〇〇一年七月、欧州委員会は欧州契約法に関する理事会と議会に対する通信で、①何もしない、②既存法の改善、③

契約法の基本原則の発展促進を通じた各国法の接近、④包括的立法の四つの選択肢を提示した[140]。欧州委員会が最後の選択肢の採用に慎重であったことから、議会も「欧州民法典」という用語に慎重となったが[141]、二〇〇三年二月に委員会は「より一貫性のある欧州契約法のための行動計画」（Action Plan for a More Coherent European Contract Law）を採択し、その中で研究と関係者との協力を通して欧州契約法の共通の基本的概念や抽象用語や規範を定める「共通参照枠」（Common Frame of Reference）を作成することを決定した[142]。そのような「共通参照枠」の政治的作成・公権的制定の準備と、それから一歩離れた科学的研究教育と啓蒙教化のために、欧州民法典勉強会[143]と欧州共同体私法既得法研究会[144]が、学術的な『共通参照枠草案（DCFR）〜欧州契約法の基本原則、用語、規範雛形』の起草にとりかかり、二〇〇七年末にその中間概要版を[145]、そして二〇〇八年末に完全概要版を委員会に提出し、二〇〇九年二月に委員会から公表された[146]。さらに今後評釈や注釈を付け加えて概要版から完成版へと移る。

第23章　契約の当事者

一　契約の相対効（プリヴィティ）

●「関係者以外立入禁止」の告示を英語は単に private（プライベート）と書いて済ますが、契約の「プリヴィティ」（内輪性）というのは、契約が当事者間においてのみその効力を有することを意味する。

▽　イギリス契約法の「プリヴィティ」（privity）に近い概念として、フランス契約法の「相対効」（effet relatif）という概念があるので[147]、便宜上「相対効」という訳語を用いる。

●契約の相対効は、実証的には一三世紀に遡るが[148]、「約因（約束の対価）を提供した受約者が約束を強制できる」

(consideration must move from the promisee) というルール（一九四頁）とよく調和し、一八六一年のトウィッドル対アトキンソン（Tweddle v Atkinson）事件[149]で確認されて以来、教科書に教条的に取り入れられ、ついに一九五一年にはダンロップ空気タイヤ社対セルフリッジ百貨店（Dunlop Pneumatic Tyre Co Ltd v Selfridge & Co Ltd）事件[150]で貴族院判例として最高の権威を得てしまった[151]。契約当事者でない者は、契約上の債権も債務も有しない。

● トウィッドル対アトキンソン（Tweddle v Atkinson）事件は、契約当事者双方が特定の第三者に一定額支払うことを約し、かつその第三者に当事者を裁判所に訴える権利を与えることが契約上明示してあり、かつ契約当事者が死亡しさえしなければ、支払うつもりであったことに疑いのない事案であったが、それでも、第三者には一定額の支払いに対する約因がなかったことで、原告適格が否定された[152]。

二　比較法

● ローマ法の原則は、「何人も他人のために契約（stipulatio）することはできない。例外として使用人が主人のために、息子が父親のために契約してもよい。つまり、こういう債務は誰であろうと自分の利益を自分のために獲得することを目的としているが、何かが他人に与えられても私の利益にはならないからである[153]」（ウルピアヌス『学説彙纂』四五巻一編三八章一七節）。ツィムマーマンはローマ訴訟法の「すべてに金銭賠償判決」（omnis condemnatio pecuniaria）という原則のために金銭評価の可能な利益が存在しなければならなかったことと深く関係した原則であるとしている[154]。

● ただし、「一定期間経てば目的物を第三者に返還する」という条件付き贈与契約が頻繁に締結されたために、古法は、たとえその受益者が契約当事者でない場合でも、契約が満足かつ信義に従い履行されない場合には、贈与者またはその相続人に不当利得返還訴権を認めてきたが、その後、ディオクレティアヌス帝とマクシミアヌス帝は、古法を柔軟に解釈して、契約当事者ではない人にも、贈与者の意思に従った訴権（actio utilis）を許可した[155]」（二九〇年『勅法彙纂』八巻五四編三章）。

●

自然法学者グロチウス曰く「他人のために物を受領することで紛争が頻繁に発生する。このとき、ある人に物を与えるという約束が私に対してなされた場合と、物が与えられるべき当人の名前に対して直接約束がなされた場合とを区別しなければならない。私にどういう私的利益があるかを考えずに私に対して前者の約束がなされた場合、ローマ法が導入したように、その第三者が承諾するならば、自然に、その第三者に渡すために物を受領する権利が私に与えられるように思える。・・・こういう観察は自然法に反しないからである[156]」（『戦争と平和の法』二巻一一章一八節）。

●

一八〇四年のフランス民法典一一六五条は第三者のためにする契約を原則として否定しているが、その例外としての同一一二一条は、「何人も、自分自身のためにする契約の条件として、または第三者のためにする贈与の条件として、第三者の利益のために契約することができる。第三者がその契約により利益を得る意思表示をしたときは、約束者は取消すことができない」と定めた。これは、『学説彙纂』四五巻一編三八章一七節の自分自身のためにする契約と、『勅法彙纂』八巻五四編三章の条件付贈与（donatio sub modo）に、グロチウスの「第三者の合意」要件を加えただけのものであった。一七世紀、スペインに続いて国際通商上の繁栄を築いたオランダ（グロチウス）における「自分自身の利益を考えずに」という、ウルピアヌス以来の狭い私的利潤追求契約論を超えた広い契約目的は、むしろ高度な経済社会に適していたが、ナポレオン法典には継承されなかった。

●

この点、第三者に利益を与えることについての契約当事者の「精神的利益」（仏 benefit moral）を認めて、フランス民法典上の原則と例外の構造を転覆したは、一八八八年一月一六日の破毀院判決であった[157]。事案は生命保険契約で、保険会社に保険料を払う契約者にとって別人（受益者）が保険金を受け取る利益を、当事者にとっての「精神的利益」として認めたのである。一九〇〇年施行のドイツ民法典は、はじめから第三者のためにする契約を無条件に認めて三二八条以下に規定を置いた。

●

従って、イギリスでトウィッドル対アトキンソン（Tweddle v Atkinson）事件[158]の女王座裁判所判決が出た一八六一年当時は、少なくともフランスでは、第三者のためにする契約は一般には認められていなかった。トウィッドル対アトキンソン（Tweddle v Atkinson）事件は、新郎の実父と義父の間で締結され、双方が新郎に一定額の金銭を与えることを相互の約因とした契約であった。これは『勅法彙纂』の条件付贈与のような甲が乙に、丙に渡す条件で物を渡すものとは違い、また、当事者にとって実子・婿が相手方から金銭を受け取ることは、一八八八年一月一六日のフランス破毀院判決が認めた「精神的利益」以前の、ウルピアヌス的な金銭評価の可能な「経済的利益」があるとは言えない事例であった。

●

もちろん、イギリスのその後の一九一五年四月二六日のダンロップ空気タイヤ対セルフリッジ百貨店（Dunlop v Seldridge）事件の貴族院判決は[159]、「第三者により請求されうる権利」（ius quaesitum tertio）が契約から生ずることを否定し、大陸法の動向と逆行するものであった。一九世紀から第一次世界大戦にかけては、近代イギリス契約法の完成期で、大陸法学説の受容と同時に、一種の教条主義と民族主義的傾向も並行して進んだ時代であった。実に、フランス法の転換をもたらした保険契約の受益者の権利でさえ、イギリスでは個別の特別立法による例外措置にとどまった[160]。一九三七年の法改正委員会（Law Revision Commission）第六中間報告『詐欺法と約因法理』は契約で明示された第三者の訴権を認めることを勧告したが[161]、第二次世界大戦の勃発のために棚上げとなり、結局、一九九四年の法律委員会（Law Commission）の報告『契約の相対効・第三者のための契約』は、約因法理全体を見直すことはせずに、契約の相対効に絞って新法案草案を作成し[162]、これをもとに一九九九年一一月一一日に議会が「契約上の第三者の権利法」（Contracts (Rights of Third Parties) Act 1999）を制定した。

三　契約の相対効の伝統的な回避手法

● 一九九九年の制定法以外に、契約の相対効を乗り越える手法には、代理（agency）、債権譲渡、信託、不法行為などがある。

（あ）契約

● 第三者に契約上の権利を与えるためには、捺印証書（deed）を利用するか、別の契約を第三者との間で約因をそろえて締結することが必要となる。たとえば建設工事において、建設業者と建築士などの技師は、単に施工主と契約関係にあるだけではなく、一般に、目的建築物の賃借人ないし将来の所有者と直接契約関係に入る（collateral warranties）ものとされている[163]。

（い）代理

● 代理人（agent）は本人（principal）の授権（authorisation）を得て、本人のためにすることを示して第三者と契約を結ぶことができる。その場合、契約関係は本人と第三者の間で排他的に（代理人を排除して）成立する。

● この代理が、とくに裁判所の視点から見て、契約の相対効の「例外」として機能しやすいのは、イギリス法は、大陸法と異なり、代理人が代理人であることを相手方に告げなくても、一定の場合には、対外的に開示されていない本人（undisclosed principal）が突然介入して代理人を排除して契約当事者として契約を強制することを許すからである[164]。すなわち、①契約内容が本人と相手方の契約として適していること、②契約時に代理人が授権範囲内で行動したこと、③契約時に相手方が本人の誰たるかを認識していたとしても、本人と契約する用意があったことである。ともかく本人が知らされていない場合、相手方は、代理人を本人と思っているので、いわば契約の第三者から契約を強制されるのと同様の事態になる。もちろん、相手方は、こうして突然出現した本人に対して契約上の義務を負うことを求め、また抗弁があれば、抗弁を使うことができる。

▽たとえば船荷証券（bill of lading）は、荷送人（shipper）と運送人（carrier）の契約書と捉えられるが、運送人の責任だけでなく、運送人が荷の船積や陸揚等に雇いないし別契約した人夫（stevedores）などの責任を制限する「ヒマラヤ条項」（Himalaya clauses）が含まれていることが多い。ヒマラヤ条項とは、ヒマラヤ丸事件控訴院判決（一九五四年）[165]に由来し、船荷証券の第三者がヒマラヤ条項の便益に依拠することができるかどうかが争われたが、一九六一年のライド貴族院裁判官（Lord Reid）の傍論で運送人が荷の積揚人等の代理人として荷送人と契約したと認定できる場合が示され[166]、これが一九七四年にユーリメドン丸（The Eurymedon）事件枢密院判決で採用されて以来[167]、ニューヨーク・スター丸事件枢密院判決[168]やスターシン丸（The Starsin）事件貴族院判決[169]などを経て、英米法圏の船荷証券に広まった（二二三頁参照）。

● （う）債権譲渡（assignment of a ‘contract’）

契約上の便益を第三者に譲渡することを、イギリスの法曹は通俗的に「契約を譲渡する」（assignment of a contract）と表現する。これは契約上の負担は譲渡できないことを承知の上での表現である[170]。より一般的には「定額債を譲渡する」（assignment of debt）と表現する。もちろん債を受け取る権利の譲渡で、債を支払う負担は譲渡できない。近年、アメリカ、カナダ、オーストラリア等では、会計用語である「払方勘定」（account payable）の対語としての「受方勘定」(account receivable) の諸項目をそのまま「債権」(receivables) という法律用語に援用して、債権と債務の区別をしているが、この用法はイギリスにも浸透しつつある[171]。「債権譲渡」は assignment of receivables となる。この会計用語の援用は今日では権威ある用法であるが、やはり金銭以外の目的物を表現できない。「訴訟で実現される目的物の譲渡」(assignment of chose in action) の方が古典的である。

▽　ちなみに日本の江戸時代は「証文」を譲渡していた。

▽　大陸法の譲渡は cession と表現する。

●

イギリス法の債権譲渡は、コモンロー上は、現在、一九二五年財産権法一三六条の定めに従い[172]、書面によるコモンロー上の債権全体（一個の契約の全体）の完全な譲渡（たとえば担保権設定では不十分）が債務者に通知されてはじめて有効で、譲渡人はこれで債権を消失し、譲受人は自己の名義で裁判所に訴えることができる。エクィティ上は、書面でなくても、またコモンロー上の債権でなくても、また債権の一部でも、完全に譲渡できるが、裁判所に訴えるためには、かならず譲渡人の訴えに参加しなければならない。エクィティ上、譲受人は債務者に譲受を通知しなければならないわけではないが、通知しないと、債務者が知らずに譲渡人になした支払いに拘束される（つまり債権が減る）だけでなく、譲渡人が他人にも譲渡して、他の譲受人が債務者に通知してしまえば、これに対抗できない[173]。

▽　譲渡契約には捺印証書によらない限り約因がいるが、ゆるく解釈されている。たとえば原告が丙に石炭を届ける契約をし、丙はその石炭を被告に売った。そして丙は、原告に対して、原告と丙との間の契約の履行として、石炭を丙にではなく、直接被告に届けるよう指図した。このことの通知を受けた被告は、原告が丙の指図どおり被告に石炭を届ければ自費で荷をほどくと約束した。こうして丙は原告との契約上の債

権（石炭の引渡を受ける権利）を被告に譲渡した。原告は被告に石炭を届けたが、被告は荷をほどかず、約因がないので契約上の義務はないと主張した。つまり、原告はすでに丙との契約上負っていた既存の債務を履行しただけであって、新たな被告の約束の約因にはならないという主張であったが、裁判所は、原告のしたことは、原告にとっては新たな負担ではなかったとしても、被告はそれで便益を得たのだから、約因になると判断した（Scotson v Pegg (1861) 6 H&N 295）174。

（え）更改（novation）

●更改は古い契約を解除して、新しい契約を結ぶことで、当事者を変えることにも利用できる。捺印証書によらなければ約因が必要である。

（お）信託（trust）

●信託の受託者は、信託財産のコモンロー上の権利者であるが、エクィティ上は信託の受益者が権利者であり、受益者のエクィティ上の権利は、単に受託者に対する対人的請求権にとどまらず、受託者から有償で信託を知らずに善意で信託財産を取得した人以外の取得者に対して対物的に及ぶ。信託財産は不動産でなければならない理由はなく、動産でも、債権でも構わない。

●そこで、契約上の債権について信託を設定し、契約の第三者をその受益者にすれば、受益者には、信託を原因とする対人的および対物的請求権が発生する。ただし、信託の設定（declaration of trust）はこのような対物的（物権的）請求権を発生させるだけでなく、後から取り消せない（irrevocable）ので、裁判所は、信託の設定意思を黙示で認定することには慎重である。

▽また、契約上の債権についての信託には約束、たとえば金銭支払いの約束の信託（trust of promises）もあり、船

船売買契約や傭船契約（charterparty）などを斡旋する仲介業者（ship broker）の仲介料（commission）の支払いにつき、傭船契約の当事者間において船主の方でその支払いを負担すると約束すると、傭船契約の相手方たる傭船者がその約束を目的とする信託の受託者となる取引が見受けられる。この場合、受益者たる仲介業者（傭船契約の第三者）は、受託者たる傭船者を飛び越えて直接約束者船主に仲介料の支払いを請求することができる[175]（二二三―二二四頁参照）。この約束の信託からは複雑な法律関係が生じる。

●（か）物権法

イギリスの不動産法では、不動産の利用享受に関する捺印証書（covenant）上の権利義務のうち制限的なもの（restrictive covenants）は、不動産権（estate）という物権に吸収され、物権と一緒に一転する（ただし登記されなければ善意取得者に対抗できない）。これは不動産取引に特有の現象と考えてよいが、返還条件付動産引渡（bailment）では、甲から乙へ、そして甲の承諾を得て乙から丙へ目的物が引渡されたとき、甲から丙への請求に対して、丙は、甲乙間契約または乙丙間契約のいずれの免責条項等の便益でも受けることができる。

●（き）不法行為

ホワイト対ジョーンズ（White v Jones）事件では、遺言者とソリシタの間の遺言証書作成契約において、ソリシタの過失で受益者（第三者）が遺贈を受けられなくなったが、不法行為の過失の訴権が認められた[176]。なおドイツ民法典三二八条のもとでは、娘が父と弁護士の間の契約の第三受益者としてその権利を行使できる[177]。しかし、同じ事実関係でも、イギリス法では父とソリシタの間の契約は娘への遺贈を約束する契約ではなく、遺言証書を作成する契約に過ぎず、父とソリシタ双方の合意で娘に便益を供与する契約とは解釈しがたく、後述するように一九九九年契約上の第三者権法の適用はなく、かりに適用が可能であったとしても、ソリシタの免責条項でもあれば、これを排除できない（一九九九年法七条二項）。そのため、過失の不法行為は現代的意義を失っていない。

▽　実は、ドイツの裁判所は、ドイツ不法行為法がイギリス不法行為法と違って使い勝手が悪いため、いわゆる第三者のためにする契約でなくても、第三者に対して契約の保護範囲を判例で拡大する傾向がある[178]。たとえばスーパーに母娘が買物に来て娘がレジ近くの床の上に落ちていた野菜を踏んで滑って怪我をした事件を、契約締結過程の過失（厳密には契約でも不法行為でもない独自の債権債務関係を生む）を認めて、処理した[179]。イギリスでは不法行為の占居者責任（occupiers' liability）[180]で十分に対応できる事案であり、契約の問題にはなりえない。比較法的に興味深いのはドイツの裁判所が契約の保護範囲を第三者に広げる基準で、①契約当事者と第三者の関係の緊密性（Leistungnähe）、②第三者を保護する利益、③第三者損害の予見可能性、そして④他の契約上の訴権のないことで[181]、これらは、どことなくイギリスの「過失の不法行為」（tort of negligence）で注意義務の発生する先例のない当事者関係において注意義務を新たに認める場合の基準（七九－八〇頁）、①損害の予見可能性、②原告と被告の関係の緊密性、③注意義務を課すことが正義と公平と合理性にかなっていること（Caparo Industries plc v Dickman 事件貴族院判決[182]）を髣髴とさせる。どちらも訴訟の氾濫の防止策（flood-gate）である。要するに、ドイツ法では不法行為法が「法律上保護される利益」（Rechtsgut）のフィルターを通して硬直化して契約法が柔軟にその穴を埋め、イギリス法では逆に契約法が硬直化して不法行為法が柔軟にその穴を埋める傾向がある。この点で、イギリス不法行為法において裁判所が注意義務を発見する「特別当事者関係」（special relationship between the claimant and the defendant）という発想が、どことなくドイツ法の債権債務関係（Schuldverhältnis）という概念を髣髴とさせるのは興味深い。

●（く）特定履行（specific performance）

イギリス法がローマ法と同様に金銭賠償を原則として、特定履行はエクィティ上の裁量権に従うことは既に指摘したところであるが、ベズウィック対ベズウィック（Beswick v Beswick）事件では、貴族院は、契約の第三者の権利の実現のためには、金銭賠償では当事者の損害は名目的でしかないので不十分（inadequate）であるとして、特定履行を許した[183]。おじから石炭配達業を譲り受けた甥は、対価としておじに週ごとに扶養費を支払い、おじの死後はおばに同じことをすることを契約した（日独なら終身定期金契約）が、おじの死後、おばには一回しか扶養費を給付しなかった。貴族院は一九六六年には貴族院自身の先例拘束性からは自由になっていたが Beswick v Beswick 事件判決のあった一九六七年六月二九日においても第三者訴権を認めることには慎重で、代わりに原告のおばが契約当事者の遺産管理人であることに着目して、特定履行によって、この事案を解決した。

●（け）損害賠償

もちろん、契約で、第三者の権利が守られなかった場合の損害賠償を予め計算して、その額を条項に明記しておく方法もある。そうでなくても、旅行会社との契約など、契約者が、旅行に一緒に行った家族全員の利益を代表して訴えることができるという見方もある[184]。欠陥住宅建設事件に限られた例外であるが、建設業者が目的物件の賃貸ないし売却を知っていた場合には、施主が賃借人や買主のために損害賠償を請求することができる[185]。

● **四　一九九九年契約上の第三者権利法**

一九九九年法〔Contracts (Rights of Third Parties) Act 1999〕は、六条で同法の適用対象外の契約を列挙しているが、それは為替手形(bills of exchange)、約束手形(promissory notes)などの流通証券(negotiable instruments)一般(同条一項)、会社の定款における会社と社員の間の契約(二項)や、海運契約(五項)などに限られ、実際上、二〇〇〇年五月一一日以降に締結され、または同法の適用を明示した契約一般に適用されている。同法はイギリス契約法の構造上は厳密には「例外」であろうが、非常に広範な例外である。

▽ ちなみに船荷証券(契約)上の「第三者」たる荷の積揚業者等の免責条項(二一七頁のヒマラヤ条項)には一九九九年法は適用されるので、ヒマラヤ条項の有用性は減殺された。

● 契約上、名前または立場または描写により特定された第三者(まだ生まれていなくてもよい)は、契約が明示で許している場合、または契約条項が第三者への便益供与を意図(purport to confer benefit)している場合、その契約条項を強制することができ、契約違反についても、第三者が契約当事者であったのと同様の救済方法が利用できる(一条)。

▽ 契約条項が第三者強制権を明示している場合とは、Tweddle v Atkinson 事件が典型例である。一方、契約条項が第三者への便益供与を意図している場合は、裁判所の契約解釈による第三者権の推定に他ならず、それは当事者が合意したところの意図の推定である。従って、この推定を覆すためには、第三者に便益を供与するものと推定された当事者だけではなく、その相手方も第三者権を意図していていなかったことを証明しなければならない。

▽ 同様に、二一九―二二〇頁の傭船契約の斡旋をした仲介業者(第三者)に対する仲介料(commission)の支

払いに関する傭船契約当事者間の「支払い約束の信託」(trust of a promise) について、一九九九年法は、七条一項で同法と支払い約束の信託は並立することを規定しているが、同法の適用を排除するには、日伸海運事件[186]によれば、契約上、やはり当事者双方のその趣旨の意思が読み取れなければならないと考えられる。

● 概して、一九九九年法は約因のない第三者に契約当事者と同等の権利 (義務はない) を与えることを許し (一条)、第三者に与えた権利を第三者が承諾しまたはそれに依拠した場合 (reliance) には契約の変更を禁じ (二条) (三九-四〇頁)、契約当事者の側の抗弁 (defence)、相殺権 (set-off)、反訴 (counterclaim) の面でも、第三者を基本的に契約当事者と同等に扱う (三条) と同時に、契約当事者が権利を失ったり二重に義務を負ったりしないように規定されている。

▽ 約因なき契約訴権は、イギリス契約法史における革命といってよいが、第三者の承諾または依拠による契約訴権の発生は、今後、契約の成立についても約因不要論の大きな根拠となるであろう。

五　当事者能力

● 当事者能力については、次章 (契約の無効と取消) で簡単にふれる。

第24章　契約の無効と取消

●一　意思説の不完全受容

一九世紀イギリス不要式契約法（裁判所と教科書）におけるポチエの意思説の受容（一七六一年の『債権論』の英訳初版は一八〇六年出版）は、決して体系的なものではなかった。契約を意思の合致（consensus ad idem）、同意（consent）の交換と分析すれば、同意の過誤が契約の成立そのものを否定するのは当然といえよう。しかし、イギリス法は、従来から、契約を、取引（bargain）として捉え、同意（consent）を基礎にしては捉えてこなかったし、現在でもこの点はほとんど変わっていない。たとえば中世の不要式契約（たとえば不要式契約による定額債の訴え〔debt on contract〕など）における交換要件（quid pro quo）が、過渡期に新しく登場した「約束違反」（assumpsit）の訴訟方式においても、やや緩和された約因要件（consideration）として現在にまで残っているのは、その端緒である。

●イギリス法が保護しようとするのは、むしろ、契約によって契約時に当事者が獲得した取引と危険負担のバランスの安定性であり、とくに裁判所は、歴史的に、たとえば当事者の一方が錯誤によって取引（契約）の重荷から解放されるべきかどうかを考えるときに、なぜその相手方が取引（契約）のうまみを奪われなければならないかを、まず考える[187]。これは同意の欠陥という捉え方とは違う。従って、イギリスの裁判所は、一方の詐欺ないし不実表示（misrepresentation）や相手の弱みに付け込んだ作為がもう一方の錯誤（mistake）を招いた場合には積極的に介入するが[188]、相手方の誤解を招いた当事者に非のない場合には、滅多なことでは介入しないのである。

●さて、本章では、契約の無効や取消の原因について簡単に概説する。すなわち、無効原因として、錯誤（mistake）、取消原因として詐欺（deceit）を含む不実表示（misrepresentation）とそれに近接する例外的な情報提供義務違反（non-disclosure）、不当な圧力（illegitimate pressure）のコモンロー版の強迫（duress）とエクィティ版の不当威圧ないし過剰影響力（undue influence）及びイギリスよりもアメリカとオーストラリアで後者類似の機能を果たしている非良心的ないしあくどい取引（unconscionable bargain）を扱う。それぞれ元来、コモンロー、エクィティ、制定法がそれぞれの文脈においてバラバラに発展させてきたものなので、これらを一括して扱うことは珍しいが、いずれも、第五編三二三頁以下で概説するイギリスの原状回復法の「不当原因」（unjust factors）と呼ばれるものの一部である。

▽なお、契約の当事者の精神能力（mental capacity）の欠陥や、契約の違法性（illegality）については、その効果が複雑なので本書ではあまり深入りせず、最後に簡単に概略を述べるにとどめる。

二　無効と取消の効果

●契約無効（nullity）とは、契約が当初から成立していない（void）場合で、契約取消可能性（negativity）とは、契約は一応成立しているが、その成立をあとから取消すこと（rescission）ができる（voidable）場合をさす。つまり、無効と取消の効果は、契約不成立（原始無効）である。

●無効はイギリス法上、裁判所で訴える必要性（フランス法）はなく、最初から契約が存在しないと相手方に通知すれば足る。

●取消（rescission）は、契約を、はじめから無効、つまり不成立にするが、取消すまでは、契約は成立していたのと同じ効果を生じる。

●無効と取消は原状回復（restitution）義務を伴う。ただし、取消は、基本的にエクィティ上の救済なので、無効と違い、次の場合には、取消はできない。

（イ）当事者の原状回復が不可能な場合
（ロ）被害者が取消原因の存在に気づいた後に契約を追認（affirm）した場合
（ハ）被害者が契約取消を請求するのに不当に時間がかかった（laches）場合
（ニ）善意の第三者のいる場合

●イギリス法は、取引の安定のために、契約をあとから適切な場合に取消すことができる欠陥は認めやすいが、契約をつねに不成立、無効にしてしまう欠陥（錯誤）は認めにくい。

●取消の第三者対抗力については、論理的構造からすれば、本来、ここで扱うべきであろうが、イギリス法上は、この問題は、取消原因の一つ、不当威圧（過剰影響力）の判例法の発展の中で扱われてきたため、本書の解説も、不当威圧（過剰影響力）の項に譲る。

三　錯誤（mistake）

●錯誤は、（あ）様式上の錯誤と（い）内容上の錯誤の二つに大別され、より歴史的な様式上の錯誤には、（一）錯誤による署名と（二）文書化の錯誤がある。内容上の錯誤には（一）契約の相手方の本人性（identity）についての錯誤と、（二）契約の目的（subject-matter; フランス語の objet）の錯誤があり、一方的錯誤（unilateral mistake）と双方的過誤（common mistake）の二つの次元がある。

(あ) 様式上の錯誤

(一) 錯誤による署名

● 一六世紀には、字の読めない人も多かったので、他人が不正確に読み上げた契約内容を信じて署名した文盲の当事者は、「これは私の行為ではない (non est factum)」と主張できた (Thoroughgood's Case (1582) 2 Co Rep 9a)。現在でもこのコモンロー上の主張は可能ではあるが、これが認められるのは、署名時に、主張者は障碍 (disability) のために文書を理解できず、契約内容も信じていた内容と根本的に異なり、かつ主張者に署名にあたり過失がなかったときに限られる[189]。

(二) 文書化の錯誤

● エクィティ裁判所は、少なくとも一七世紀以来、当事者の合意の文書化の間違いを補正 (rectification) してきた[190]。これは、合意の間違いではなく、あくまでも合意の文書化の間違いである。

(い) 内容上の錯誤

(一) 相手方の本人同一性 (identity)

● 一般に、契約当事者の本人同一性 (identity) は契約目的のために重要ではないことが多い。たとえば量販店での売買で重要なのは商品と価格であって、買い手が誰であろうと、文句を言う方が、むしろ、おかしい。イギリスには戸籍制度もなく、氏名を簡単に変更できるので、氏名というものも、本人確認において、あまりあてにならない。

●しかし、本編一六七頁で触れた将軍ファイナンス社対ハドソン事件（Shogun Finance Ltd v Hudson [2003] UKHL 62）を始め、イギリスで話題となった錯誤無効事件は、詐欺で買主の正体を誤信させられた売り手が何も知らない第三取得者を訴えたものが多い[191]。売主としては、ストレートに詐欺（deceit）で訴えても、転売先の善意無過失の第三取得者相手には元の売買を取消せないので、錯誤無効を訴えるのである。

▽（将軍ファイナンス事件）一九九六年六月一〇日、三菱の四輪駆動車パジェロ（イギリス名「将軍」）を将軍ファイナンス社（原告信販会社）から買取選択権付で借り（hire-purchase）に来た男は、運転免許証とクレジットカードを所持していたが、実は、その名義人とは別人であった。原告は、訴外販売店から伝えられた運転免許証とクレジットカード情報およびそこから追跡調査した名義人の資力等にもとづいて販売店から「将軍」を購入し、これを運転免許証とクレジットカードの名義人であった訴外パテル氏に買取選択権付で貸し付けたと説明した。後者の賃貸借契約の当事者は、あくまで契約書に記載された当事者、すなわち原告とパテル氏であって、販売店の店員の面前で、パテル氏の運転免許証とクレジットカードを提示して、原告の普通約款（standard terms）契約書にカードの署名どおりの署名をして、「将軍」を乗り去った正体不明の男は契約当事者ではない。従って、原告から男への権原移転はなく、「ないものを与えることはできない」（nemo dat quod non habet）ので、男から「将軍」を購入した被告ハドソン氏にも権原はない。以上の原告の主張に対して、被告は、販売店を本件「将軍」の買取選択権付賃貸借契約における原告貸主の代理人であると主張した。そうすると、本件契約は面前契約となり、面前契約の当事者は契約の現場に実際にいた人物であると推定されるので[192]、一九六四年買取選択権付賃貸借法二七条（自動車の買取選択権付賃貸借契約において権原が賃借人に移転する前に車両が処分されたとき、自動車販売業者でない善意無過失の第三取得者は、有権原者か

ら取得したと見なされる）[193]が適用され、被告は権原を取得したと主張した。

▽原告は、原審、控訴院（二対一）、貴族院（三対二）で、辛うじて勝訴した。貴族院の多数意見は、販売店が原告信販会社の代理店であるという被告の主張を退けて、本件契約が面前契約であることを否定し、なにより契約書の存在を重視して、契約書に特定された当事者でない者から権原を受け取ることはできない、すなわち「ないものを与えることはできない」（nemo dat quod non habet）のがコモンローの原則であることを強調した[194]。少数意見は、細かい事実関係に依拠した面前契約かどうかの区別よりも、ともかく善意の第三取得者を保護すべきであると考えて、何とか一九六四年の制定法（コモンローの例外）を適用させようとした。ニコルス裁判官は、代価の支払いを受けずに商品を引き渡す方が不支払いのリスクを背負うべきであるとし[195]、ミレット裁判官は、ドイツ民法典九三二条に顕れる処分行為の無因性（Abstraction）、すなわち原告のした契約の効力にかかわらず物権は目的動産の引渡を受けた者に移転するという解決法に触れながら、少なくともドイツ法の帰結とイギリス法の帰結が異なってしまうと、望むべきヨーロッパ契約法の一般原則の調和が難しくなるとした[196]。

●これを受けて法律委員会（Law Commission）も二〇〇五年に無権原者からの動産の善意取得に関する法を今後取り組むべき法改正の課題として挙げている[197]。学説の中には、契約の後発不能（frustration）に関する制定法〔Law Reform (Frustrated Contract) Act 1943〕と同様に、実態として詐欺の被害者同士である原告と被告の両者の間で「痛み分け」のできる立法論を勧告しているものがある[198]。しかし、まだ議会の動きはない。

●ちなみに、将軍ファイナンス事件における権原移転原因の不存在（貴族院多数意見）の帰結としては、原告は原状回復で三菱「将軍」現物の返還を求めていたが、原審において、当事者は、原告勝利の場合の「判決（judgment）」

はその価格（quantum valebat）とすることで合意ができており、裁判所も「損害賠償（damages）」という表現は用いなかった[199]。現物返還を否定しながら、「損害賠償」の用語を使わなかった点は、原審判決二〇〇〇年、控訴院判決二〇〇一年、貴族院判決二〇〇三年という時期から見ても、後述する現代イギリス法における「不当利得」概念の浸透（三二六–三二九頁）の程度を表すと見てよいであろう。

●一・目的物についての一方的錯誤

契約の目的物（subject-matter）の存在や質についての当事者一方の錯誤では契約は無効にならない[200]。イギリス法は、「買主が注意すべきである（caveat emptor）」という原則を持ち、目的の存在や質が大切なら、その点について売主の保証（warranty）を求めるか、少なくともその点について売主に質問すべきであるし、買主が、何もしなければ、買主が、その点の危険を負担すべきであると考えている。スミス対ヒューズ（Smith v Hughes）事件（一七二頁、一八九–一九〇頁）では、競馬業者が農家からオート麦を購入したが、買主は馬の餌に古麦を求めたのに新麦を渡されたと訴えた。女王座裁判所は、県裁判所からの上訴を受けて、買主は売主が古麦であると約束していると誤信したのか（当時はまだ不実表示法が整えられていなかったので契約条項についての錯誤の問題となったが、売主の不実表示があれば契約取消の可能性あり）、それとも買主が勝手に古麦だと錯覚して購入しただけなのか（目的についての一方的錯誤で契約は有効）、原審裁判官の陪審説示で、以上の点が区別されていなかったとして、原審に差し戻した[201]。

●二・目的物についての双方的錯誤

当事者双方の契約の目的の存在や質に関する誤解（錯誤）は、売買の目的物が現実には存在しなかった場合（原始不能）や、売主が甲を売り、買主が乙を買うというように、目的がすれ違って（cross-purpose）、そもそも真正な合意に達していない場合には、契約は無効、不成立である。例えば、クーチュリエー対ヘイスティ（Couturier v Hastie）事件[202]では、ギリシャからイギリスへ船で運搬中の穀物が売買されたが、売買当時、穀物は発酵してしまって船長がすでにイタリアで売り払ってしまった後のことで、当事者は全く知らなかった。貴族院は契約の目的物が存在しなかった以上、契約は成立しなかったとした。スクリブン兄弟社対ヒンドリー（Scriven Brothers v Hindley）事件[203]では、被告は競りでロシヤ亜麻を買い落としたつもりだったが、原告は粗悪なトウ（tow）と呼ばれる麻繊維を売ったつもりだったため、契約は不成立（無効）となったが、こういう錯誤が認められる場合は、次のように、極めて例外的である。

● 現在の最高権威はベル対リバー兄弟社（Bell v Lever Brothers）事件の貴族院判決である[204]。この事件は、被上告人（会社）が会社の事情で上告人と退職契約を結んで退職してもらったところ、その時点で会社の気づいていなかったことに、上告人は特別背任罪を犯していたため、退職契約ではなく、雇用契約上、懲戒解雇できたことが後で判明した。会社は、退職契約の錯誤無効を主張して支払ってしまった退職金等の返還を求めた。貴族院は上告を棄却し、会社が勝訴した。アトキン貴族院裁判官（Lord Atkin）の認める錯誤は、「当事者双方の錯誤で、契約の目的物を、その質がなければ当事者の想定している目的物とは全く別の物にしてしまうような質の有無に関する錯誤でなければ（ならない）。[205]」

● 実は、この貴族院判決において先例拘束性があるのは、どの裁判官の判決かについて争いがあったが、この点について、控訴院は、二〇〇二年のグレート・ピース号（The Great Peace）事件判決[206]において、アトキン貴族院裁判官の論旨に従い、契約目的物についての共通の錯誤が認められる場合を次のように限定した。

①一定の事実関係（state of affairs）が存在するという共通の想定があったこと

②どの当事者もその事実関係の存在を保証していないこと
③その事実関係の不存在について、どの当事者にも過失がないこと
④その事実関係は、約因の存在またはその決定的な属性であるか、契約上の冒険の実行のために必要不可欠の事情（circumstances）であること。

●うち、②と③については、一九五一年の豪州最高法院（High Court of Australia）のマックリー（McRae v Commonwealth Disposals Commission）事件判決を踏襲しており、豪州最高法院は、タンカーの売主が売買目的物の存在を契約で保証して、通常買主が負うべき目的物の不存在のリスクを契約上負担していたと認定し、買主が目的物の引き揚げに向かった結果、現実にはそんな難破タンカーは存在しなかったことが判明したあとになって、売主がなした錯誤無効の主張を退けた[207]。大陸法であれば、不可能な契約は履行できない（原始不能）ということで、こういう契約は無効とされると考えられるが、英米法では契約違反に対する救済は、原則として、強制履行ではなく損害賠償なので、決して不可能ではないのである。この豪州最高法院の判決はイギリスの裁判所でも三和三井第一勧銀野村證券合同出資会社事件（高等法院）[208]やグレート・ピース号事件（控訴院）などで認められている[209]。

●なお、事実の錯誤と法律の錯誤の区別は、二〇〇四年になくなった[210]。

四　不実表示（misrepresentation）

一．詐欺（deceit）

●不実表示は、コモンロー上の詐欺（deceit）の訴え（Pasley v Freeman (1789) 3 Term Rep 51）にもとづき、一九六七

年の制定法（Misrepresentation Act 1967）が、それまでのより柔軟なエクィティ上の対応を踏まえた上で、詐欺の虚偽性（fraud または不正直性 dishonesty）の立証責任を緩和しながら、適用範囲を拡大したものである。

▽　歴史的に見れば、詐欺の訴えは、「保証違反の訴え（breach of warranty）」の源で、一四世紀の家畜等の動産売買における障碍の有無についての売主の保証（warranty は guarantee の咽喉音 gu が w に転換したもの）など、本来は「買主が注意すべし（caveat emptor）」が原則のところ、売主の保証（warranty）を得て危険負担者を転換した場合、契約の中身について捺印証書（covenant）の保護を受けない売買の買主の利用したのが、品質等の保証違反の詐欺の訴えであった[211]。ここにおいて、契約（捺印証書または約因）は将来についての約束を担保し、保証は契約の外で並行して現在の事実についての表示を担保するという区別が生まれた[212]。その後、一八世紀中葉以降に保証（warranty）は契約条項化（付随的条項）して[213]表示（representation）からも分化した。

●

詐欺（deceit）は、本来、犯罪であり、私法事件についても、今もなお陪審裁判が可能である[214]。その効果は、詐欺によって契約締結に誘い入れられた場合は、その契約は取消すことができ、少なくとも、因果関係のある限り、詐欺の招いた全ての損害が賠償され、このとき、過失の不法行為の場合のような損害の疎遠性（remoteness of damage）は問われず、かつ過失相殺（contributory negligence）も認められない。

●

詐欺の構成要件[215]は次の通りである。

▽　重要（material）な事実（facts）の表示（representation）があったこと（二三七頁参照）。

▽　表示が真実ではなかったこと。

▽　表示者が、表示の当時に、表示は真実でないことを知っていた、または真実かどうか気にもとめていなかっ

たこと（recklessness）。

◇真実だと正直に本気で信じていなかったこと（lack of honest belief）が、不正直性（fraud）の基本要素である（Derry v Peek (1889) 14 App Cas 337 HL）。

▽表示が相手方に伝えられたこと（communication）。

▽相手方がそれに依拠して行動（契約締結）することを意図していたこと（intended to be acted upon）。

▽実際に相手方がそのように行動したこと。

▽その結果、相手方が損害を被ったことである。

◇従って、途中で相手方が表示の誤りに気づいた場合、

◇表示が相手方の耳に入らなかった場合、

◇相手方に伝わったが、相手方がそれに依拠しなかった場合は、詐欺にならない。

◇なお、相手方の方で表示が真正かどうか確認する機会はあったのに、あえて確認せずに行動した場合でも、詐欺は成立しうる（Redgrave v Hurd (1881) 20 ChD 1 CA）。

二．一九六七年不実表示法（Misrepresentation Act 1967）

●コモンロー上の詐欺（deceit）の虚偽性（fraud）、とくに、表示事実の真実性ついて表示者が正直に本気で信じていなかったこと（lack of honest belief）の立証は、非常に困難であったため、不実表示の被害者の救済のために不十分であった。

●一方、昔から陪審制のなかったエクィティ裁判所には詐欺（fraud）の被害者に対してより寛容な対応を可能に

する潜在力があり[216]、一八五四年から一八七五年にかけてコモンロー裁判所とエクイティ裁判所が融合されると、控訴院が実際に不実表示の被害者に対して寛容な立場をとるようになった[217]。たとえば契約締結を誘導した表示が、表示者にとって後になって真実でなかったことが発覚した場合（非詐欺性の不実表示）に、控訴院が契約取消を認めた判例が出て[218]、後世の法学者が、イギリス原状回復法（law of restitution）・不当利得（unjust enrichment）という法分野を、契約法や不法行為法と独立して樹立するときの礎の一つともなっている[219]。

●

一九六七年不実表示法は、「非詐欺性の不実表示（innocent misrepresentation）に関する法を改正する法律」といい、コモンロー上の従来の詐欺の訴えの構造を維持しながら、エクィティ上の法の発展をふまえて、コモンロー上の虚偽性（fraud）の立証の困難さを緩和し、かつ救済範囲を拡大した。この制定法は、

▽まず、不実表示の結果として契約が締結された場合に、不正直（虚偽）性を主張しなくても、契約を取消すことができるようにした（法一条）。

▽そして、不実表示による損害賠償について、詐欺の故意の挙証責任を、被表示者から表示者に転じた。つまり、被表示者の方で、表示者の不実表示が誘引（inducement）となって契約を締結した結果、損害を被ったことを立証すれば、あとは、表示者の方で、表示事実を真実だと信じるに足る合理的な客観的根拠（reasonable ground to believe）があったことと、実際に契約を締結するまで正直にそう信じていたこと（honest belief）の二点を証明しなければ、詐欺をはたらいたのと同じ損害賠償責任を負う（法二条一項）。

▽また、法二条二項は、裁判所に、契約を取消さない代わりに損害賠償（damages）を与える裁量権を付与した。この取消の代わりの損害賠償額の算出には、不実表示の性質と、契約を維持した場合の損害額と、契約を取消した場合に相手方が被る損害額を考慮に入れなければならない。

（あ）「表示（representation）」とは

● 「表示」は、実は、右の詐欺（deceit）の構成要件の一部であって、一九六七年不実表示法は、この点は、何も変えなかった。

▽ 重要（material）な事実（facts）の表示（representation）

▽ 表示

◇ 表示の方法は、口頭、文書、身振り手振り、行動、何でも構わない。

◇ 沈黙（silence）は、一般的に、表示にはならない。

● 「道徳裁判所は別として、売主には、売主自身の言動が買主の錯誤を招いた場合ではない限り、買主が何かを誤解していることを通知する義務はない」（スミス対ヒューズ（Smith v Hughes）事件、ブラックバーン裁判官[220]）

● たとえば建物の賃貸借を考えている客に物件を見せるときに、柱にシロアリがついている部分を隠せば（行動）、表示となるが、別にそうしたわけではなく、客が訊かなかったので答えなかったこと（沈黙）は、表示にはならない。

● ただし真実の一部だけを真実の全体の有様を歪めて伝えた場合は不実表示となる（Dimmock v Hallett (1866) 2 Ch App 21）。

● また、表示時には正しかったが、その後、正しくなくなった場合に、契約締結時までに訂正しなければ不実表示となる（With v O'Flanagan [1936] Ch 575 CA）。

● そして、例外的に、判例法や制定法が、特別の情報提供義務を定め、これに違反して締結された契約を取消しうるべきものとしている場合がある。次項（二四二頁以下）で詳述する。

▽ 事実の表示

◇ 法律の表示は、元来は、事実の表示と区別されていたが、現在では、区別されていない[221]。

◇ 意見（opinion）の表示は、事実の表示とは区別され、不実表示にはならない（Bissett v Wilkinson [1927] AC 177 PC）。

● 但し、常識人（歴史的に陪審員の基準）なら、そんな意見は持ち得ないといえる場合は、不実表示になりうる（Smith v Land & House Property Corporation (1884) 28 ChD 7 CA）。

● 事実と意見の区別にあたっては、表示者の優越した知識や専門的知識の有無が重要な基準となる（Esso Petroleum Co Ltd v Mardon [1976] QB 801 CA）。

◇ 意図（intention）の表示では、一般的に、事実として不十分である。

● これは、中世、売買の際の売主の品質等の保証（warranty）を、捺印証書という形式的な契約の保護手段（covenant）がないところで詐欺の訴えをもって強制するための便法として、保証は現在の事実の保証、契約は将来についての約束つまり意図の保証と区別したことに由来している[222]。保証（warranty）が契約の「付随的条項」として契約に取り込まれて、表示（representation）と分化するのは一八世紀中葉以降のことで[223]、それ以降、表示を現在の事実の表示だけに限定することの合理性は薄くなったといえる。

● そこで、一九世紀には「人が頭の中の考えていること（state of mind）は、消化（理解）の程度（state

of digestion）と同様に事実である」〔Edgington v Fitzmaurice (1885) LR 29 ChD 459 CA〕という判例が生まれた。従って、約束（将来こうするという現在の意図の表明を含む）について、約束したときに正直であれば、かりに約束を守れなくても詐欺にはならないが、約束した時に、実はまったく約束を守る気がなかった場合は、不正直（dishonest）つまり詐欺になる。

▽重要な表示

◇表示の受け手が、表示を真剣に受けとめて、それに依拠して行動し、契約することが、客観的・合理的に見て、正当であることが必要である。

◇詐欺の場合は、被害者が詐欺に乗って行動することが必要であるが、不実表示の場合も、不実表示が、被害者を契約締結に誘い入れたこと（inducement）が必要である。

●ちなみに日本でも不当景品類不当表示防止法（昭和三七年法律第一三四号）の二条二項に「表示」の定義があり、「顧客を誘引するための手段として事業者が自己の供給する商品または役務の内容または取引条件その他これらの取引に関する事項について行う広告その他の表示」としているが、これはもっと広い意味である。

▽「表示」は、次章二五七頁以下で述べる契約の「条項（terms）」とは別の概念なので、区別が必要である。仮に、不実表示が契約条項になっていたとしても、それが契約締結の誘因（inducement）になっていれば、取消可能である[224]。ただし、契約前の交渉中の当事者の言動で、何が「表示」で、何が契約の内容の一部を構成する「条項」になるのかは、微妙な問題である。これは次章で扱う（二六一頁）。

（い）救済

●（一）契約の取消

契約の取消と原状回復は、訴えの原因（詐欺または制定法）にかかわらず、つまり不実表示者の故意過失にかかわらず、不実表示が契約締結の誘引(inducement)になったことが認められた場合の裁量的帰結である。契約は、最初から存在しなかったものとして取消され、両当事者は契約締結前の原状に回復される。元々エクィティ上の救済なので、①両当事者の原状回復が不可能な場合、②被害者が不実表示に気づいた後も契約を追認（affirm）した場合、③被害者が契約取消しを請求するのに不当に時間がかかった場合、④善意無過失の第三者のいる場合、⑤裁判所が一九六七年不実表示法二条二項にもとづき、原状回復の代わりに損害賠償を命令する場合には、利用できない。

●なお、原状回復（restitution）にあたっては、「損害賠償」（damages）とは区別される「損失補填」（indemnity）義務が発生する。これは契約が取消されるまでの間に契約上の義務の履行から生じた損失を補填するもので、損害賠償ではない。くわしくは、不当利得編で議論する。

（二）損害賠償

●詐欺の訴えであれば、表示者は、表示の結果発生した全ての損害を、その予見可能性にかかわらず、賠償する責任が発生する（Doyle v Olby [1969] 2 QB 158 CA; East v Maurer [1991] 1 WLR 461 CA）。

●一九六七年不実表示法二条一項によれば、不実表示者は、表示の真実性を合理的に信じる根拠があり、かつ契約締結まで正直にそう信じていたという抗弁（defence）に成功しない限りは、詐欺をはたらいたのと同じ損害賠償責任を負う。つまり、結果損害の予見可能性を問わず、その全てを賠償しなければならない（Royscott Trust Ltd v Rogerson and Maidenhead Honda Centre [1991] 2 QB 297 CA）。表示者が、この防御に失敗した場合は、「過失の不実表示（negligent misrepresentation）」と呼び、成功した場合は、「無過失の不実表示（innocent misrepresentation）」と呼ぶ。

● 表示者が法二条一項の抗弁に成功した場合、つまり「無過失の不実表示（innocent misrepresentation）」の場合は、裁判所は、法一条による契約の取消と原状回復（損失補填）または、法二条二項による取消（rescission）の代わりの損害賠償を命ずることができる（William Sindall plc v Cambridgeshire County Council [1994] 1 WLR 1016 CA）。

▽ この取消の代わりの「損害賠償（damages）」という表現は、この訴えが不法行為であることを前提としているが、この点は、一九六七年の立法段階において、イギリス法全般に、不当（無因）利得という概念が、いまだに共有されていなかったことを、よく表している。くわしくは不当利得編（三二三頁以下）に譲る。

（う）過失の不実表示

● 一九六七年不実表示法は、詐欺の訴えの基本構造を引き継いでいるため、基本的に、不実表示者が、真実性について正直に信じていたかどうか（そしてそう信じるに足る客観的根拠があったかどうか）が問題となり、真実性について不注意であったかどうかは関係がない。なお、真実かどうか全く気にもとめなかったこと（reckless）は、大陸法式に言い換えれば、嘘でも構わないという「未必の故意」と同値され、イギリスの詐欺・不実表示法上も、過失（negligence）とは区別されている。

● 不法行為編の過失の章で述べた一九六三年五月二八日のヘドリー・バーン対ヘラー（Hedley Byrne v Heller）事件貴族院判決[225]が、不注意による不実表示についても、特定の場合には、不法行為責任が発生することを認めたため、理論的には、過失による不実表示の訴えも考えられないわけではない。しかし、一九六七年不実表示法に比べると、立証責任と救済の面で、過失の訴えは圧倒的に不利な点が多い。まず、一九六七年不実表示法を利用すれば、不実表示者の方で虚偽性の推定を覆さなければならないが、過失の不法行為を利用するためには、まず被害者の方で不実表示者の注意義務違反を立証しなければならない。さらに、救済は、すでに見たように、一九六七年不実表示法所定の詐欺（故意）と同様の損害賠償の方が、過失の不法行為よりも圧倒的に有利である。

三・情報提供義務違反（non-disclosure）

● 一般的に、不実表示は沈黙を含まないが、この例外として、判例法や制定法が、特定の類型の契約に、あるいは、特定の当事者関係において、情報提供義務を課し、これに違反して締結された契約を取消し可能にしたり、取消権について特則を設けたりしている。

● 判例法

▽ 保険契約（insurance）には、一八世紀の王座裁判所首席裁判官マンスフィールド伯爵が認めた「最高信義（uberrimae fidei）」にもとづいて、担保すべき重要な危険（material risk）について当事者に情報提供義務があり[226]、そしてこの義務は、契約締結後も続き、提供した情報が事実と違うことが判明した段階で、それを通知する義務が発生する[227]。

▽ 組合契約（partnership）を締結する当事者全員に、やはり高度の信義に基づく、重要情報の相互提供義務がある[228]。

▽ 遺産分割など、親族間で財産権の設定協議をするときにも、同様の重要情報の相互提供義務がある[229]。

▽（連帯）保証契約において、債権者から保証人に、右記の場合より制限された情報提供義務、すなわち、債務者との契約において普通あまり見かけない特徴を保証人に通知する義務がある[230]。

▽さらに、連帯保証人が商業的利益を持たない債務者の信用保証をする場合に、銀行など金融事業者たる債権者は、連帯保証人が債務者の不実表示あるいは不当威圧ないし過剰影響力（undue influence）の下にある危険性を最小限にとどめるための、より特定の助言義務を負う[231]。助言義務の内容や救済面など、詳しくは、不当威圧・過剰影響力の項で扱う。

●制定法

▽たとえばヨーロッパ共同体立法で、消費者を一方当事者とする隔地者間の動産、役務、金融サービス提供契約において、立法上の消費者の取消権を行使できる期間を延長するものがある[232]。

●また、契約前の交渉において、当事者がすでに一定の信頼関係にある場合、たとえばすでに組合契約の当事者（partners）である場合や、信託の受託者と受益者、または、弁護士と依頼人など、これに類する信認関係（fiduciary relationship）がある場合には、裁判所は、特定の当事者の相手方に対する立場によって、情報提供義務を課すことがある。この点でも、不当威圧・過剰影響力（undue influence）と重なる部分が大きい。

●次章で述べるが、法が契約当事者の黙示の意図として契約に読み込む「黙示条項」（implied terms）の手法で、情報提供の呼び水（incentives）をかけている場合もあるが、これは情報提供義務とは区別される。

▽たとえば、動産の買主が、その特定の使用目的を買主に表示した場合には、買主には、その品がその目的に適していることを約束する黙示条項が読み込まれる場合がある[233]。

●最後に法学者の間では、現状では個別例外的に発生する情報開示義務の発生状況を一般化して、大陸法に広く認められている契約締結時の過失の根拠となる信義則に近いものにすべきことを提唱するものがある[234]。

五　強迫（duress）

（あ）強迫の歴史

● コモンロー上の強迫（duress）は、陪審裁判の時代は、言い換えれば一八五四年コモンロー手続法（Common Law Procedure Act 1854）が当事者の同意により裁判官単独による事実問題の解決と評決の道を開いて、一九一八年と一九三三年の立法[235]を待つまでもなく、民事陪審の利用度を急速に下げるまで、監禁（imprisonment）によるものが主で[236]、その後もポチエの影響もあってより広く「強暴」（violence）の概念が顕れるようになったもの[237]、一九七〇年代に入るまで、目立った変化はなかった。

● 一九七三年十二月五日のバートン対アームストロング（Barton v Armstrong）事件枢密院（豪州 New South Wales 最高法院控訴院部）判決[238]と、これをイングランドで適用した一九七六年報告のシベン・シボター丸（The Siboen & Sibotre）事件高等法院判決[239]が、強暴（violence）に至らない不当圧力（illegitimate pressure）によるいわゆる「経済的強迫」を認めるまでは、イギリス法曹は、実務的には、エクィティ上の不実表示や次（二四七頁以下）に述べる不当威圧（過剰影響力）などに、はるかに注意を払っていた。

（い）強迫の成立要件

● 強迫の定義について、「経済的強迫」が受け入れられて後の現在の指導的判例は、一九八一年四月一日のユニバース・センティネル丸（The Universe Sentinel）事件貴族院判決[240]で、強迫とは、相手方を契約締結に引き込んだ不当圧力で、相手方は不当圧力に屈服する以外に選択の余地がなかったことを指す。以下、各要件を詳述する。

（一）不当圧力（illegitimate pressure）の相手方への行使。圧力が犯罪または不法行為または契約違反（履行拒絶など）を犯すという非合法な内容の威嚇をすること。控訴院は、合法的な手段で威嚇することは不当圧力を構成しないが、それを不当な方法で行使すれば、不当な圧力となりうることを示唆した[241]。

◇ちなみに、イギリスの恐喝罪（blackmail）は、「自身または他人を利し、または他人に損失を与える目的で、脅し（menaces）をもって不当な要求をした者は、その要求をなすことについて合理的な根拠があると、そして、そのために脅しを用いることも適切な手段であると、信じていた場合でない限り、恐喝罪の責めを負う」[242]。

◇たとえば「今、この契約に署名しなければ、将来、そちらとは二度と取引（契約）はしない」と言うことは、当事者の取引関係によっては極めて強力な脅しになりうるが、その内容自体には違法性はない（契約違反の示唆さえない）。

◇スタイン裁判官は、圧力のかけ方次第で、合法的（lawful）なものが不当（illegitimate）になるとすれば、「契約が後でうまくいかなくなったときに、契約時に善意になされた取引勘定を、再び覆すことを許すことになる」ので、商事事件ではそういうことを許すべきではなく、「問題の言動が合法かどうかではなく、道徳的または社会的に許されるかどうかという点で吟味されるのであれば、それは法の基準を高く設定しすぎた間違いである」としている[243]。

（二）被害者にとって圧力に屈する以外に実際上選択の余地のなかったこと（no practical option but to submit）。この点の判断については、圧力をかけられた当時に被害者が反対意思を表明したかどうか、あるいは（たとえば既存の契約の更改を求める圧力であれば）、裁判所に訴え出るなどの別の手段が実際的に可能であったかかどうかが重要となる[244]。

◇ちなみに、被害当事者が、明確に反対意思を表明せずになすままにまかせ、契約締結後（圧力がなくなった後）も、すぐに行動を起こさなかった場合は、契約を追認したと見なされる場合がある（韓国の現代建設〔のちの現代重工業〕のアトランティック・バロン丸〔The Atlantic Baron〕事件）[245]。

◇これは契約の事例ではないものの、イギリス法上の強迫の典型例である監禁の事例として、一九六八年一月二三日に北朝鮮に拿捕された米軍艦プエブロ（USS Pueblo）の乗組員を解放するために、板門店で北朝鮮の用意した謝罪文に署名した米政府代表は、「人質を解放するために、その目的だけのために署名する」と発言して署名したが、こういう類の発言が「強迫」の証拠となる。

（三）因果関係すなわち契約締結の重要な誘因（inducement）となったこと。

◇通常、物理的な強迫であれば、それが契約締結の原因の一つであればよいが、経済的強迫の場合は、契約締結の決定的原因であったことが必要ではないかと示唆されている[246]。

（う）救済

●前述のように、取消と原状回復であるが、とくに強迫の場合は、脅迫の不法行為（tort of intimidation）を構成している場合が少なくない。

◇脅迫の不法行為の指導的判例であるルークス対バーナード（Rookes v Barnard）事件貴族院判決[247]は、ある労働組合から脱退した社員を解雇しなければ、社員全員（全員組合員）が雇用契約に違反してストライキを行なうという脅しに会社が屈服して、これによって解雇された社員が会社を訴えたものである（実は、不法行為編で述べたように、懲罰的損害賠償の許される場合を、公務員による恣意的、抑圧的、違憲の言動にほぼ限定した判例としても有名である[248]。

●（え）約因（consideration）への影響

既存の契約の当事者の一方が、相手方に対して、報酬額を上げない限り、契約上の仕事を履行しないと迫って、相手方がこれに屈した場合に、新たな契約が成立するかどうかについて、伝統的には、既存の契約上の債務の履行は、（契約以上の報酬を支払うという）相手方の新しい約束の約因にはならないので、新契約は成立しないと考えられてきた。しかし、一九七〇年代以降、この経済的強迫による契約の取消が認められるようになって以降、このことを理由にして、一九八九年のウィリアムズ対ロッフィー兄弟社（Williams v Roffey Brothers）事件控訴院判決[249]で、約因の成立要件が緩和された（一九八頁）。

六　不当威圧（過剰影響力〔undue influence〕）

（あ）コモンロー上の強迫（duress）よりも柔軟なエクィティ上の強迫が、通常「不当威圧」と和訳されている「過剰影響力」（undue influence）である。コモンロー上の強迫は一九七〇年代に経済的強迫が認められるようになるまでは実務的重要性は低く、むしろエクィティ上の過剰影響力が、不実表示とあわせてよく利用されてきた。過剰影響力は、信託の受託者と受益者、親子、弁護士と依頼人などの関係において、信頼されている当事者が相手方の信頼を裏切るないし信頼につけこんで不利な契約を結ばせるものなので、イベットソンは過剰影響力には一八世紀から「詐欺の匂いがした（smacked of fraud）」ことを指摘している[250]。

（い）ポイントは、自身の相手方に対する優等的地位（position）を濫用し、または相手の弱みにつけこんで契約締結を要求し、相手方が要求に応じる以外に実際上の選択の余地のない状態にあったこと、つまり、言いなりになった、またはなっていたことである。

◇たとえば「どうすればいいんだ? 他にどうしようがある? この連中の思うままに金を持って行かれる[251]」という発言は、圧力の結果として、実際上の選択肢がなかったことの証拠となる。右の事例は、実は、銀行が、相手方に対して、「この契約書に署名しなければ息子さんを警察に告発しますよ」と脅したもので、一九世紀当時のコモンローは強迫を監禁や物理的暴力以外には認めず、かつ犯罪を告発することは至極合法なことであったが、エクィティ上の不当威圧は認められた[252]。

(う) 証明方法。イスラム系の多国籍銀行BCCI対アブーディ (BCCI v Aboody) 事件 (教養あるイスラム女性が財政については完全に夫の言うなりになっていた事件) で、控訴院は、過剰影響力には現実の過剰影響力 (actual undue influence) と、裁判所が事実関係から推定する過剰影響力 (presumed undue influence) の二つがあるとして類型化を試みたが[253]、Royal Bank of Scotland plc v Etridge 事件で、貴族院は、過剰影響力とは一つの概念で何種類もあるわけではないことを強調しつつ、これを証明方法の違いとして捉え直した[254]。

◇(余話) 銀行業はまったくお粗末だったのに最盛期には世界第七位の資金力を誇ったという不思議なイスラム銀行BCCI (本店ルクセンブルク) は、この後、一九九一年三月〜六月のイングランド銀行筋の「監査」(直前に行なわれた米英仏軍のクウェート解放「砂漠の嵐作戦 (Desert Storm)」にちなんで「砂嵐作戦 (Sandstorm)」と呼ばれた) の結果、同年七月に世界各地で営業停止・資産凍結に追い込まれたが、断末魔的な債権者や被用者等の取立訴訟は、エクィティの発展に大いに貢献した。

(一) 現実の過剰影響力は、具体的には先述の「どうすればいいんだ? 他にどうしようがある? こいつらの思うままに金を持って行かれる[255]」(つまり「言いなりになるしかない」、もう少し威勢がいいと「持って行け、泥棒!」) などの発言が、その実在の証拠とされる。CIBC Mortgages plc v Pitt 事件では、ピット氏が様々な圧力をかけて嫌がるピット夫人を屈服させたことが原審で過剰影響力として認定されていたので、貴族院で、「推定」の問題は発生しないとされた[256]。

（二）過剰影響力があったという推定過程は次の通りである。

①　まず、取引の一方当事者に「明白な不利益」（manifest disadvantage）があるかどうか[257]。「（友情、慈善など、）普通の人の普通の動機では説明しかねること」[258]

②　次に当事者間に信頼関係（relationship of trust and confidence）があるかどうか。つまり信頼関係の濫用が過剰影響力の行使となる。

高度の信頼関係の立証には次の二通りがあり、

（ア）一つは、法的に、常に信頼関係の存在が推定される場合で、たとえば信託の受託者と受益者、弁護士と依頼人、医者と患者などがこれにあたる。宗教指導者と門徒（シスター）[259]、親子[260]など。

（イ）もう一つは、原告が個別の立証責任を負う事実上の信頼関係で、例えば、銀行員と顧客、老人と身の回りの世話をする人、夫婦（夫婦間の力関係はイギリス社会でも家庭によるので、どちらが強者でどちらが弱者かは事案ごとに判断せざるをえない）。

（三）過剰影響力の推定は事実の証明において覆すことができる[261]。

（え）契約の取消原因の第三者対抗力

（ア）第三者対抗力

● 契約の取消原因があっても、エクィティの保護する善意無過失の第三者（三〇一頁注17）がいれば、取消すことはできない。この善意無過失というのは、より正確には、「エクィティの眼で見て」、取消原因の存在を認識（notice）していなかったことである。契約の取消原因のあることを現実に認識（actual notice）していた第三者がいても契約取消に問題はないが、「エクィティの眼で見て」認識していたことにされる場合、すなわちエクィティ上の認識の擬制（constructive notice）に気をつけなければならない。

● この契約の取消原因の第三者対抗力は、イギリス法上は、不当威圧（過剰影響力）および不実表示の判例の中で発展したもので、過剰影響力の文脈から切り離して一般的に説明する教科書はイギリスにはない。

（イ）認識の擬制（constructive notice）

● 法源。バークレーズ銀行（Barclays Bank plc v O'Brien）事件の貴族院判決（Lord Browne-Wilkinson）[262]を基礎として、王立スコットランド銀行（Royal Bank of Scotland plc v Etridge）事件貴族院判決（Lord Nicholls）[263]が現在の指導的判例である。まずバークレーズ銀行（Barclays Bank v O'Brien）事件の事案から見てみよう。

▽ オブライエン氏が、自ら財産上の権利を持つ会社のバークレーズ銀行に対する現在および将来の債務を担保するために、銀行と連帯保証契約を結び、さらに妻と共同で所有し居住している自宅を担保に提供し、もって会社のバークレーズ銀行普通預金口座における借越限度額（overdraft limit）を三週間に限り引き上げてもらった。ところが三週間を待つまでもなく会社の借越高は引き上げた限度額を超過してしまい、銀行は契約にもとづき即座に裁判所に担保権の実行を申立てた。妻はこのとき初めて自宅の担保権設定契約およびそれを取り巻く取引の全貌を知って、夫の過剰影響力と不実表示を理由として、担保契約の一部取消を求めた。貴族院は、過剰影響力を銀行が認識していたと擬制して、妻の物的担保責任の範囲を夫の不実

表示の額に限定した。

◇夫は妻に「会社の債務残高は六万ポンドで、今回の取引は三週間だけのことだ」と伝えていたが、実際には、会社の債務残高は一〇万七千ポンド、そして貸越限度額を一三万五千ポンドに引き上げておく期間が三週間に限られていただけで、夫の連帯保証債務も、自宅に設定された銀行の担保権も、すべて無期限かつ無限額であった。一方、会社と取引のあったバークレーズ銀行ウールウィッチ支店は、オブライエン夫妻の自宅に近いバーナム支店に対して、担保権設定契約書にオブライエン夫人の署名をもらうときに、この取引の全貌と、契約書に署名した結果生じうる法的帰結を噛み砕いて説明し、もし何か気になることがあれば弁護士に相談してから署名するように助言するように念を押したが、バーナム支店の係員は守らず、「銀行は、私に対して、契約書に署名する前に独立した弁護士の助言を得るように助言したことを確認します」という所定の文言が印刷された紙切れに夫妻の署名だけもらって済ましていた、というのが事実認定である（一般に金融機関は独立した弁護士の助言を得るように助言するだけで、自ら助言することは嫌う）。

▽さて、この事件の妻は、夫の会社に対して何ら財産上の権利をもっていなかったので、ブラウン・ウィルキンソン貴族院裁判官の見方では、そのような妻が、会社の債務のために担保を提供すること自体が尋常の動機では説明できないという理由で、銀行は夫婦間の過剰影響力を認識したと擬制された。この点、銀行は過剰影響力がないかどうか「調査する義務を負う」（put on enquiry）と表現されるが、王立スコットランド銀行（Royal Bank of Scotland v Etridge）事件でニコルス卿は、調査義務が課されるのではなく、法が認識を擬制する基準をそう表現しているだけであるとし、その基準は単純明解であるべきだということで、配

偶者の債務の人的物的保証や、会社の債務の人的物的保証を提供する場合（財産上の権利の程度や役職では基準にはならない）を指すとしている[264]。

◇ ただし、たとえば夫婦のバカンス用の家の購入のための借金であったなど、妻にも財産上の利益があるように見える場合は、認識は擬制されない[265]。

◇ 「法は既婚婦人に優しい（law's tender treatment of married woman）」というが、このように、夫婦という関係に常に過剰影響力の推定があるわけではないので、既婚夫人の自宅に対する財産上の権利は、個別の事実関係から生じる法の推定や擬制によって守られるものに過ぎない。ただし契約の取消原因の文脈から離れて、一般的に自宅が夫婦共有かどうかは登記簿（land register）を見て判明するものではなく、銀行員が旦那さんとの交渉のために自宅を訪れたときに奥さんにお茶を入れてもらった、あるいは奥さんを見かけただけでも、奥さんの自宅に対する財産上の権利の認識について調査義務（put on enquiry）があるとされる。

（ウ）認識の擬制の回避方法

● 過剰影響力と不実表示の認識の擬制は、もちろん回避（rebut）することができ、王立スコットランド銀行（Royal Bank of Scotland v Etridge）事件貴族院判決[266]によれば、次のステップが取られていれば、金融機関にとって過剰影響力の弱い方の当事者が取引全体の性質と潜在的危険性を認識して署名したと信じる客観的証拠になるとしている。

（一）弱い当事者に対して、強い当事者のいないところで、できれば金融機関の上役が、取引全体の性質と潜在的危険性について噛み砕いて警告すること。

（二）金融機関は、弱い当事者が少なくとも弁護士（ソリシタ）から直接独立した法的助言を得るように、強い当事者のいないところで、助言し、かつ、実際に独立した弁護士から法律助言を行った旨の確認書を受け取ること（弁護士は金融機関が必要な情報を提供しない場合は、確認書の提出を拒むことができ、弁護士は依頼人が誰であれ弱い当事者の利益のために行動し、その同意なしに確認書を提出しないことを職業倫理とする）。融資を受けようとする当事者にとっては弁護士費用もかさみ、かつ時間もかかるが、以上が、貴族院の示す最低限の基準である。

七　非良心的取引、あくどい取引（unconscionable bargains）

これは、イギリスよりは、アメリカやオーストラリアで発展し[267]、イギリスにおける不当威圧（過剰影響力）の代わりになっている側面がある。イギリスでも、旅行会社の下働きの若い女性が、ささやかながら本人にとって唯一の居住用不動産を会社のための担保に供していた事件で、原審高等法院裁判官は現実の過剰影響力を認定して担保契約を取消し、ミレット控訴院裁判官は、原審の判断を支持しつつ、この「あくどい取引」の適用をも示唆した[268]。社長はイタリア人で倒産後本国へ逃亡、銀行はオランダ法人で実際の取引にあたったロンドン支店を閉店して債権回収だけをプロの回収業者に委託、被害女性はイギリス人であった。分析の焦点は過剰影響力と同様、契約を獲得するにあたって相手の弱点に付け入るあくどさにあり[269]、イギリスの裁判所がこれを適用するときは関係当事者の行動に対する裁判所の怒りと叱責を意味すると捉えられよう。

八　行為能力（capacity）

私法上の責任年齢に相当するものは、一九六九年家族法改正法（Family Law Reform Act 1969）の改正した成人年齢（majority）であり、従来の二一歳から一八歳に引き下げられた。未成年も従来の infant から minor に変わった。未成年の契約は、契約の種類によって、成人してから取消可能（voidable）か、一八七四年未成年救済法（Infants Relief Act 1874）とこれを発展させた一九八七年未成年契約法（Minors' Contracts Act 1987）などに所定のように、成人してから承諾（ratification）されない限り強制（enforce）できないか、効果が違う。

● 成人の精神的能力（mental capacity）の欠陥や衰退については、基本は、本人が取引を理解できず、相手方がそのことを認識していたときに限り取消すことができるが、やはり、あくどい取引（unconscionable bargains）と同様、無能力そのものが取消原因というよりは、相手方が本人の弱みに付け込んだかどうかが重要視される傾向がある[270]。

▽ 酩酊もこの類型に入りつつある。

▽ 様式上の錯誤（二二八頁）で述べたように、書面契約においては、無学文盲の当事者の保護のための中世からの判例法もある。

▽ エクイティ裁判所は当事者の「無知と貧困」（the ignorant and poor）に付け込んだ契約（古典的なあくどい取引）に厳しい態度をとってきたが、現在の裁判所も、離婚協議中のストレス、教育を受ける機会の欠乏などの弱みに付け込んだ契約について、同様の態度をとっている。

● 法人の行為能力については、①制定法による法人（statutory corporations）、②コモンロー上の勅許法人（chartered corporations）、③会社法の適用を受ける法人（companies incorporated under Companies Acts）の三種類の法人によって違う。商業会社（trading companies）の大部分は③の会社法会社であるが、①や②の場合もある。東インド会社は勅許法人であった。

▽制定法による法人の法定目的外の越権（ultra virus）行為を無効（void）とする越権法理は制定法による法人について発生し[271]、現在では、トライテルは、越権行為は効果を有さず（ineffective）、法人を拘束しないとしている[272]。代表的な制定法法人である地方自治体について、実際に、地方自治体の金融機関からの借入金の金利スウォップ契約が一九九一年の貴族院判決で越権（ultra vires）と宣言されてから[273]、不当利得法の発展において重要な判例が続出した（第五編三二八–三二九頁参照）。ただし一九九七年地方政府契約法〔Local Government (Contracts) Act 1997〕は、地方自治体のプライベート・セクターとの資産や役務に関する契約について越権か否かを問わない「公認」（certified）契約を導入し、越権無効の場合の相手方の補償を定めている。

▽コモンロー上の法人、すなわち勅許（Royal Charter）による法人（chartered corporations）においては、勅許に違反する行為をすれば、法務総裁（attorney-General）は勅許取消（revocation）の訴えを起こすことができ、法人の構成員も裁判所に差止命令（injunctions）を請求でき、この請求は勅許取消に至ることがあり、または越権（ultra virus）の宣言を求めることができる[274]。越権の宣言の効果については、制定法による法人の場合と同様、該当行為は当初から法人を拘束しない。

▽一八五六年ジョイント・ストック会社法（Joint Stock Companies Act 1856）以来の会社法（Companies Acts）の適用を受ける法人、会社法会社に関しては、一八七五年のアシュベリー対リッチー（Ashbury v Riche）事件貴族院判決以来[275]、基本定款（memorandum of association）に規定された目的を超えた契約は越権「無効」（void）とされたが、実際には善意（ただし認識の擬制あり）の相手方には対抗できなかった。イギリスの会社法会社における越権法理の廃止は、他のコモンロー法域と違って定款の目的条項を廃止するわけには

いかないヨーロッパ共同体第二次会社法命令（Second Company Law Directive 77/91/EEC）の掣肘《せいちゅう》の中で、ヨーロッパ共同体法（European Communities Act 1972）九条一項と一九八五年会社法（Companies Act 1985）三五条は「善意の推定」により相手方を保護し、最終的に一九八九年会社法（Companies Act 1989）一〇八条による一九八五年法三五条改正により「法人の行為は法人の基本約款（constitution）上の能力の欠陥を理由に問われることはない」という形で商業会社について越権法理は廃止された（慈善法人〔charities〕は別）。この解決は二〇〇六年会社法三九条一項[276]に引き継がれている。

●九　違法性（illegality）

違法性の原因の法源にはコモンローやエクィティの一般原則と個別の制定法がある。制定法は、その禁令に触れることの帰結を具体的に規定している場合もあり、禁令に触れる契約の条項の一部を無効にする場合も少なくない。一方、コモンローの「まがった原因から訴権は発生しない（ex turpi causa non oritur actio）」や「エクィティ裁判所の門をたたく手はきれいな手でなければならない（he who comes into equity must come with clean hands）」などの格言は、違法契約は裁判所で強制できないということを意味するが、たとえば強制できない契約によって物権が絶対に移転しないわけでもない（たとえば同性愛者二人が資金を出し合って家を購入し、実はこれでエクィティ上は共同所有権が発生するが、「貧乏で仕事もないので友人宅に間借りしている」と社会保障当局を騙して給付金を受けるために、片方の名前だけで登記し、登記されない当事者にもエクィティ上の権利が発生すると契約していた場合でも、契約の違法目的に依拠せずに権利移転を説明できればよい）[277]。コモンロー上、独占をはじめ経済取引活動の制限は一般に違法で、制限が例外的に許される場合には公共の利益（public interests）に合致していることが必要とされる。

第25章　契約の条項（Terms of Contract）

日本法のもとでの債務不履行の帰結や、瑕疵担保責任の問題は、イギリス法では、基本的に契約の条項の種類および明示または黙示の条項の解釈の問題として処理される。イギリス契約法は、大陸法におけるような典型契約（契約各論）の類型を持たずに発展してきたために、契約内容は当事者の自由に任せられ、裁判所の介入は、どの言葉が契約の条項を形成し、それがどう解釈されるべきかに限られてきた歴史が背景にある。

一　歴史

● 中世以来、契約条項を記した書面があれば、コモンローを司る国王裁判所は、条項の文言の解釈に専念し、口約束をもって書面の文言を変更することはなかった[278]。契約の客観的解釈の伝統である。そして、文言は文言を書いた当事者に厳しく解釈するという原則（contra proferentem）があった[279]。エクイティを司る大法官裁判所（Chancery）は、文言だけに縛られることはなかったと思われる。書面がない場合はどうしていたのか、陪審評決ないし雪冤宣誓で訴訟が終了していた時代、訴訟方式の裏の実体法を探るのは困難である。

● ただし、動産売買などの場合、契約と並行して（collateral）たとえば品質保証（warranty と guarantee は同じ語源）がなされることがあり、このような保証が間違っていた場合には、不法行為の事実訴権（trespass on the case）の一つの「詐欺」（deceit）の訴えの用語を用いた「保証違反」（breach of warranties）の訴えが、一四世紀末までに許されるようになった[280]。事案は売物の家畜の健康についての売主の保証で、原則は「買主が注意すべし（caveat emptor）」なのだが[281]、売主の保証（warranty）を得て危険負担者を転換したもので、契約の中身について捺印証書（covenant）の保護を受けない売買の買主でも、品質等の保証違反の訴えを利用することができた[282]。保証違反は一種の詐欺として損害賠償請求権を発生させたが、保証は契約と別に並存する（collateral）ものとして、その違反は詐欺とは異なり、契約を取消すことはなかった。ここから、契約（捺印証書または約因が証拠となる）は将来についての約束を担保し、保証は契約に並行（collateral）して現在の事実についての表示を担保するという区別が生まれた[283]。

● 一方、契約条項の中には、契約の前提条件（condition）として当事者が認識しているものも存在した。たとえば馬の売買における馬の健康や、乳牛の売買における乳の出（in milk）である[284]。このような契約条件の違反の場合の相手方は、契約が成立していないので債務を負っていないと抗弁でき、あるいは「負債（返済）約束（違反）」（indebitatus assumpsit）の訴訟方式における「（被告は原告のために）金銭を受領したという訴陳」（count for money had and received）を利用して、金銭の返還を求めることができた（詳しくは第五編不当利得法三二三頁参照）[285]。契約条件は、事実の表示でなければならない必要性はなかった[286]。ただし保証（warranty）と条件（condition）は、当事者の用語法に左右される概念ではなく、その区別は裁判所の仕事であった[287]。

● 一七五〇年頃には、品質等の保証違反を詐欺という不法行為訴訟に類別すると訴訟が煩雑になるので、契約上の仕事の不履行に対する「約束違反」（assumpsit）の訴訟方式による損害賠償の請求と、保証違反の訴訟方式による損害賠償の請求は、次第に区別がなくなって、契約と並存していた「保証」は、もはや契約の一部としての「付随条項」へと変化していった（英語は同じwarranties）[288]。この結果、契約の一部ではないが契約締結の誘引となった事実の「表示」（representation）と、契約の一部としての「付随条項」（warranties）の区別が発生した。

●一方、契約条件（condition）の違反の場合の契約解除と原状回復請求は別であった[289]。一七七七年、王座裁判所の首席裁判官マンスフィールド伯爵は、契約条件を「契約の根とコンシダレーション全体に及ぶ」（goes to the whole root and consideration of the contract）ものであるとした[290]。一八七六年、女王座部のブラックバーン裁判官（当時）は契約条件を「物事の根に及ぶ規定で、それが履行されないと、契約のその他の部分の履行が、元来約束されたところのものと実質的に別のものになってしまうほどの規定」と定義し[291]、このポイントは、現在でも後述する川崎汽船会社事件貴族院判決[292]に残っている。

▽本編一九三頁の「約因」の項で触れたように、マンスフィールド伯爵の言う「コンシダレーション」とは決して「約因」ではなく一般的な「原因」程度の意味で、右の引用は単純に「契約の根と原因全体に及ぶ」という意味であったと思われる。

▽ツィムマーマンがイギリスの契約条件を議論する直前の項に引用したグロチウスの『戦争と平和の法』三巻一九章一四節には、「・・・背信のそしりを受けずに約束を果さない方法が二つある。言うまでもなく条件の不履行による方法と補償による方法である。厳密には約束者は条件の不履行によって約束から解放されるわけではなく、事実関係から、無条件で合意されたはずのない債務は、実は存在していないと見なされるのである・・・」[293]とある。確かに、この作品はマンスフィールド伯爵の時代までに英訳されており（一七三八年）[294]、かつ、この議論は伯爵やブラックバーンのいう契約条件の違反とあまり矛盾しない。実は二人はともに近世オランダ・フランス法の影響の濃いスコットランド出身のイングランドの裁判官であった。

▽なおグロチウスはさらに続けて「・・・つまり、単一かつ同一の合意の個別条項が、その行間において、

もし相手方が約束したところを果すならば私もこれこれをするという条件を表示していたと擬制される」[295]（同右）と述べたが、この「相手方の履行を黙示の条件とする履行債務」という論法は、その後、フランス民法典一一八四条の双務契約の黙示の解除条件（condition résolutoire tacite）へと発展した[296]。もちろんフランス法と違って、イギリスの契約条件違反による契約解除は必ずしも裁判所に出訴する必要はないが、今では契約を解除せずに損害賠償請求できる選択権がある点は同じである。

◇余談であるが、グロチウスの右の論法は日本民法典五三三条やドイツ民法典三二〇条の同時履行の抗弁権またはフランス法のいう契約不履行抗弁権（exceptio non adimpleti contractus）に似るが、起源を異にし、同時履行の抗弁権は教会法の「信義は、破る当事者の信義に相関して破られる」（fidem frangenti fides frangitur）に由来する[297]。イギリス法でも、代金が支払われるまで商品を留置（lien）したりできるが、これは契約条件とは無関係である。グロチウスの条件論はおそらくパピニアヌスの期限および条件論（『学説彙纂』五〇巻一七編七七章）等を参考にしていると思われる。

▽ちなみに大陸法用語の「停止条件」（condition suspensive）や「解除条件」（condition résolutoire）は、厳密にはイギリス法には存在せず、それぞれに近いものとして「先行条件」（condition precedent）と「後発条件」（condition subsequent）という一般英語がある[298]。ブラックバーン裁判官は契約条件を先行条件ないし前提条件（condition precedent）と捉えていた[299]。

●イギリス法において何が契約条件になるかは、その後の意思説の受容の中で、当事者の意思によることになり[300]、後述する現代の契約条項の分類法（二六三頁以下）につながっている。

●以上のような歴史的経緯により、どういう文言が契約の一部となり、あるいは一部とならないか、そして契約の一部となる条項についても、どの条項が付随保証（warranties）であり、どの条項が契約条件（conditions）であるかを区別することが、今日でも重要である。

二　契約条項とそうでない言辞（incorporation of terms）

●契約は、文書によるもの、口頭によるもの、その両方の要素が入り混じったものと様々な形で締結されるが、どの発言や言葉が、条項として契約の内容となり、契約の一部として当事者を拘束するようになるかは、契約違反の責任を排除または制限する特約の有効性で重要となる。

●「このリンゴは世界一おいしいよ」などの「商売人の客引き上の誇張表現」（trader's puff）は、客観的査定が困難なので、契約の一部とはならない。

●契約の交渉段階で、顧客を契約に誘引するにあたって重要な役割を果たしたとしても、契約の一部を構成しない事実の「表示」（representation）もある。表示と契約条項の区別の一応の目安として、

▽言辞による表示から契約締結に至るまでの時間が長ければ長いほど、契約条項にはならなかったと判断される可能性が高まる。

▽言辞の契約締結誘引としての重要性が高ければ高いほど契約条項になったと見なされる可能性は高まるが、この点でとくに表示者の特殊な知識や技術は重要な要素となる（Oscar Chess Ltd v Williams [1957] 1 WLR 370 CA）。

●コモンローの基準

▽文書化されれば契約の一部と推定される可能性は高まる（Bannerman v White (1861) 10 CBNS 844）。

◇　署名（signature）があるかどうか。契約書に署名した当事者は、その条項を読んだか否かに拘らず、条項に拘束される。ただし条項が誤解を与えるものであった場合はこの限りでない（L'Estrange v Graucob [1934] 2 KB 394 CA）。

◇　署名された契約書のない場合、文言を認識（notice）していたかどうか。書面に書かれた文言（例、ホテルの部屋の中の札の「当ホテルは万一窃盗があった場合でも一切責任を負いません」との文言）は、契約締結前に相手方が常識的に認識していた場合に限り、契約の一部となる（Olley v Marlborough Court [1949] 1 KB 532 CA）。文言が相手方にとって大きな負担を強いたり、尋常でない場合は、相手方の認識の程度も大きくなければならない（Interfoto v Stiletto [1989] QB 433 CA）。

◇　両当事者間の継続的取引関係から認識の有無を判断される場合もある。ただし両当事者の行動パターンに一貫性がなければならない（McCutcheon v McBrayne [1964] 1 All ER 430 HL）。

三　黙示条項

●　契約の一部を構成する言葉は、明示 express の場合と黙示 implied の場合がある。

●　黙示条項は、次の場合に発生する。

▽　裁判所は、「推定される両当事者の意図」を行間に発見することができる。それは取引の円滑な遂行のために両当事者がそう意図したはずのもので（Re Moorcock (1889) 14 PD 64 CA）、契約交渉の場で仮に「おせっかいな傍観者」（officious bystander）がこんな場合はどうするのかと訊いても当事者が一致して「そんな当り前のことをいちいち書く必要はない」と答えるような性質の条項でなければならない（Shirlow v Southern

Foundries [1939] 2 KB 206 CA）。

▽制定法が強制的に契約の行間に読み込ませる黙示条項。すでに一五世紀には野菜や食べ物の売主は、その安全を明示で保証していなくても、制定法により、保証違反の訴えを通して詐欺の責任に問われた[301]。

▽商慣習にもとづき行間に発生する黙示条項。すでに一七世紀には商人の間の慣行となり、一八世紀の首席裁判官マンスフィールド伯爵の手記も保険契約などに黙示条項を読み込む裁判慣行があったことを示しているという[302]。

▽コモンロー上の原則は、「買主が注意すべし」（caveat emptor）であるが、一九世紀には買主に売物（動産）を点検する機会がない場合に少なくとも「商売に適する品質」（merchantable quality）であることを保証する黙示条項などがしばしば認められた[303]。近年でも、居住用不動産賃貸借契約など普通によく見られる当事者間関係において、貸主が自治体であるなど特定の種類の契約の行間に、裁判所の方針（policy）として「常識的に見て必要と思われる条項」を読み込む場合がある[304]。

●四　契約条件と付随条項

契約条項は、契約の中で占める重要度に従って分類される。

▽重要な条項は「契約条件」（condition）と呼ばれる。契約条件の違反があれば契約を将来に向って解除することができる[305]。歴史的には「解除」（discharge; termination）よりも「取消」（rescission）という言葉が使われてきたが契約をはじめに遡って取消すわけではないので、「解除」（discharge）ないし「終了」（termination）が使われている[306]。契約条件の違反の帰結については、二八六頁で詳述するが、歴史的にブラックバーン

裁判官は契約条件を契約の「前提条件」（condition precedent）と捉えていたが[307]、現在では、契約条件の違反ないし契約の根本的違反を、契約の不遡及解除の「後発条件」（condition subsequent）として捉えているといえるであろう[308]。

▽ それ以外の条項は「付随条項」（warranty）と呼ばれる。違反があれば損害賠償の請求はできるが、契約の解除はできない。

● 契約条件と付随条項の区別は、当事者の用語法にかかわらず、裁判所が、契約内容を一見したところから、その軽重を制定法や先例に照らして判断する。

● ただし、当事者の間でその重要性、性格について争いのある条項もあり、川崎汽船会社事件[309]で、控訴院は、そのような中間条項（intermediate または innominate term）については、契約内容に限らず、違反の結果の重大さを含めて契約をめぐる全体の状況に鑑みて、違反が契約の根（root）に及ぶかどうかを見て、「契約条件」か「付随条項」か裁判所が区別するとした。これは当事者意思から離れた解釈である。フォトプロダクション社（Photo Production v Securicor）事件でディプロック貴族院裁判官は、この後者のアプローチを、伝統的な当事者が契約条件に位置づけた条項の違反と区別して、契約の根本的違反（fundamental breach）と名付けた[310]。

▽ 商事契約における指定された日時（船の到着日やタクシーの到着時刻など）は、通常、契約条件と見なされる（The Mihalis Angelos [1971] 1 QB 164 CA; Bunge Corporation, New York v Tradax Export SA Panama [1981] 1 WLR 711 HL）。この点で、構造的には別でも、実際上は、ドイツ民法典三二六条の履行遅滞による解除権に接近する。

▽ 動産売買契約、買取選択権付賃貸借契約、動産役務提供契約については、判例法が認めてきた黙示条項を法典化した制定法があり（Sales of Goods Acts 1893-1979; Hire-Purchase Act 1964; Supply of Goods (Implied Terms) Act

1973; Supply of Goods and Services Act 1982)、とくに重要なものは黙示契約条件に定められている。

◇動産売買契約における契約条件（Sale of Goods Act 1979）311

①売主が動産を売却する権利を有していること（一二条一項と五A項）

②動産が販売時の描写に一致（corresponding with description）すること（一三条一項と一A項）

③満足のいく品質（satisfactory quality）であること（一四条二項と六項）

④使用目的に適合していること（fit for purpose）（一四条三項と六項）。顧客特有の事情については、購入時に明示しなければならない。

●①と②は、あらゆる売主に適用される。③と④は、事業上（in the course of business）販売する売主に適用される。②から④は、買主が常識的に点検する機会を得たあとで、動産を受け入れた場合には、契約条件ではなく、付随条項に変化する。

◇動産役務提供契約（例、材料を持ち込んでする大工仕事など）における契約条件（Supply of Goods and Services Act 1982）

●提供した動産について、動産売買契約と同じ契約条件が黙示される（①二条一項、②三条二項、③四条二項、④四条五項）。

●事業上役務を提供している場合、「常識的な注意義務と技量をもって（with reasonable skill and care）作業すること」が黙示条項（implied term）となる（一三条）。

五　民事責任を排除・制限する特約

（あ）コモンロー

● 民事責任を完全に排除したり、制限したりする特約文言について、コモンローは、それが契約の一部を構成するかどうかの判断（二六一–二六二頁）や契約条項の解釈（一七〇–一七四頁）を武器にして、社会正義の実現を図ってきた。

● 「契約条項は起草者に対して厳密に解釈されるべし」（verba chartarum fortius accipiuntur contra proferentum, Co. Litt. 36a）は、コモンローにもとづく裁判所の契約自由の原則に対する介入の最後の手段であった。コモンローは完全に責任を排除する条項に厳しく、責任の一部を制限する条項にはそれほど厳しくなかった。しかし、解釈で対応できる範囲はおのずと限られている。そこで、議会制定法による介入が待たれていた。

（い）制定法

（ア）一九七七年不公正契約条項法（Unfair Contract Terms Act 1977）

● 動産の売買や提供に関する制定法上の契約条件（前述）は、

▽ 消費者として取引する相手方に対しては、特約をもって排除または制限することができない（法六条、七条）。

◇ 「消費者として取引する」（dealing as consumer）要件は、①事業の一環として（in the course of business）契約を締結したり、事業者として契約関係に入ると表明せず、②相手方は事業の一環として契約を締結し、③契約の目的物が通常個人的な使用または消費のために供給されるものであるときに満たされる（一二条一項）。競売や競争入札の場合には適用はない（同二項）。消費者としての取引を否定する当事者が、挙証責任を負う（同三項）。

◇たとえば、R&B Customs Brokers v United Dominions Trust [1987] EWCA Civ 3 事件では、控訴院は、海運周旋業者の原告が、会社名で、被告から三菱の中古車を一台購入した件で、控訴院は原告の見かけと違う実態、つまり自動車を一台しか所有せず、被告との従前の取引関係も、自動車を一～二台しか購入したことがなかったという事実から、「消費者として取引した」と断定した。

▽それ以外の相手方に対しては、特約による責任の排除または制限が合理性の要請（requirement of reasonableness）（一一条）を満たすか否かで判断される（六条、七条）。

●合理性の要請とは、事案の全体の情況に鑑みて、責任の排除や制限が公平で合理的かということである（一一条）。この場合の合理性の要請の検討の際の考慮事項（附則二式 Schedule 2）は、

▽当事者の取引上の力関係

▽顧客が条項に合意するように誘引した要素があったか

▽顧客が条項の存在および責任免除・制限の範囲について知っているべきであったか

▽商品は注文に従って製造されたか。何らかの条件が遵守されない限り責任を排除するという条項である場合、遵守することが実際上可能であると期待することが合理的かどうか、である。

◇なお、対等の交渉力をもつ事業者同士が交渉した特約については、合理性の要請が満たされない場合はあまりないと考えられる（George Mitchell v Finney Lock [1983] 2 AC 803 HL）。しかし、たとえばイギリスの安全基準を満たしていると表示されている炭酸にベンゼンが混入していたような場合、購入した炭酸飲料製造業者の方で炭酸の品質を点検することは考えられないので、売主業者の責任排除の特約

は無効とされた（Messer UK v Britvic Soft Drinks [2002] EWCA Civ 548）。

◇　合理性の要請は、特約や告示が合理性の要請を満たしていると主張する当事者が、挙証責任を負う（一一条五項）。

●

明示された契約条項の違反を許容する特約、つまり一方当事者は約束した条項を履行しなくてもよいとか、約束と実質的に違った形で履行しても構わないという内容の特約は、相手方が消費者として行動する場合（一二条）、または、一方当事者が相手方の事業用の普通約款（standard terms）契約書に署名した場合には、合理性の要請（一一条）を満たすことが証明されない限り、無効である（三条）。

▽　この場合の「無効」は、個別の特約についてのみ無効という意味である。

▽　動産取引についての特約の合理性は、右記の附則二式の考慮事項、役務（注意義務）についての特約の合理性は、左に掲げるスミス対ブッシュ事件貴族院判決（Smith v Bush (a firm) [1990] UKHL 1）の考慮事項と重なるところが多い。すなわち、

◇　両当事者の交渉力

◇　助言の場合、他から助言を得ることの実際的可能性（時間と費用に鑑みて）

◇　役務の困難さ

◇　特約の実際上の効果（とくに、保険が効くかどうか）

●

事業活動におけるコモンロー、制定法、または契約上の過失責任の免除や制限

▽　人の死傷事故についての責任を特約または（契約の中身を構成しない）告示をもって排除または制限することはできない（二条一項）。

▽　それ以外の損失や損害に対する責任の排除や制限に関しては、それが合理性の要請（一一条）に沿うか否かで判断される（二条二項）。この過失責任の排除や制限の合理性の判断については、前記スミス対ブッシュ（Smith v Bush）事件貴族院判決の考慮事項が準用される。

◇　一九九九年契約上の第三者権法にもとづく第三者の権利（たとえば損害賠償請求権）に対して契約上免責や制限を設けても、同法七条二項により、合理性の要請の適用はない。

●　不実表示責任の免除や制限

▽　詐欺性の不実表示（fraudulent misrepresentation）については、責任の免除や制限は無効。

▽　非詐欺性の不実表示（non-fraudulent misrepresentation）については、改正一九六七年不実表示法三条に基づき一九七七年不公正契約条項法（Unfair Contract Terms Act 1977）附則二式（Schedule 2）の要求する合理性を満たす範囲内で有効とされる。

（イ）消費者契約不公正条項令（Unfair Terms in Consumer Contracts Regulations 1994-1999）

●　一九九三年四月五日の欧州共同体理事会の命令（Council Directive 93/13）は、これまでに一九九四年と一九九九年の二度にわたる政令（消費者契約不公正条項令）で、連合王国国内に適用されている。一九九四年令（旧令）は一九九九年令（新令）に置き換えられ、今後、さらに、連合王国国内履行令の文言を大陸法式に立案された欧州共同体立法に近づけることが図られている。

●　この政令は、事業（business）の目的で行動している売主（seller）または提供主（supplier）の、消費者（consumer）との間で締結された契約に適用され、消費者は、事業の目的外で行動している「自然人」と定義されており、連合王国の一九七七年不公正契約条項法であれば法人でも消費者として認定できることに比べると、適用範囲が狭い。イギリス立法が「事業上」（in the course of business）という客観的表現を用いているのに対し、欧州共同体立法が「事業の目的」という、少なくともイギリス人にとっては主観的に聞こえる表現を用いていることも、両者の違いを際立たせている。

● 政令の狙いは、「売主や役務提供主が消費者と締結した契約における不公正約款は消費者を拘束しない」（新令八条、旧令五条）にあり、不公正約款とは、「個別に交渉されなかった約款で、信義の要請に反して、契約上発生する当事者の権利義務関係において消費者に不利な重大な不均衡をもたらす」（新令五条、旧令四条）ものを指す。

● 特定の約款が「信義の要請」（requirement of good faith）にかなっているかどうかの判断をする際に、保守党政権下で制定された一九九四年の旧令では、当事者の取引上の力関係、消費者が約款に合意する上で誘引があったかどうか、動産や役務が消費者の特別の注文に従って売却されまたは提供されたかどうか、売主または提供主が消費者を公正に衡平に扱ったかどうか、を考慮に入れなければならなかった（旧令四条三項、附則二式）。以上の四つの考慮事由は、内容的に、前記の連合王国の一九七七年立法の「合理性の要請」（requirement of reasonableness）に関する附則二式（二六七頁）とよく似ていた。これに対して、大陸法の影響の色濃いスコットランドの出身者が主要閣僚を占めた労働党政権下で制定された一九九九年の新令では、この部分は削除されて、欧州共同体法の信義則をイギリス的に説明することをやめてしまった。労働党スコットランド人政権は、さらに一九九三年四月五日の欧州共同体立法とは無関係に制定された連合王国の一九七七年立法（Unfair Contract Terms Act 1977）の方を、欧州共同体立法に近づけて改正し、信義則をそのままイギリス立法に盛り込むことを企画した。

第26章　契約違反と法的帰結

契約違反の法的帰結は、しばしば救済（remedy）とも呼ばれ、カートライトは、各国法の契約の取り扱いについての特徴が最もよく顕れる分野であるとしている[312]。

一　金銭賠償の原則化の歴史

●ローマ法の訴訟方式（formulae）による手続では、すべての判決は特定の額の金銭でなければならない（omnis condemnatio pecuniaria）という原則があった[313]。実は、イギリスのコモンロー裁判所における訴訟方式（forms of actios）による手続においても、判決は金銭による損害賠償（damages）が原則であった。

●本編一八一頁で述べたように、コモンロー裁判所では、「捺印証書（コブナント）」にもとづく訴え（action on covenant）なら、コブナントは本来単なる合意を意味し、その合意の中身の実現を裁判所に強制してもらうことができるはずであったが、コブナントが羊皮紙または紙の上に蝋を垂らして捺印した厳格な捺印証書だけを指すようになり、同時に捺印証書の利用が主に不動産取引に限定されてしまったことから[314]、イギリス契約法においては特定債務の強制履行（specific performance）を裁判所に請求できるのは、目的が不動産引渡である場合の「例外」として捉えられるようになった。

●一方、役務（service）契約の履行過誤（misfeasance）には、当初は馬の蹄鉄を打ち損じて馬に怪我をさせたとか、医療過誤で失明させたなどと主張して侵害（trespass）の訴訟方式を強引に利用し、役務契約の完全不履行（nonfeasance）には、契約締結時に「捺印証書」（covenant）を用いて、契約違反の場合の損害賠償額を予め定めて、その額に対する物権的請求「条件付捺印証書による定額金銭回復の訴え」（action of debt on conditional bond）を提起する他なかったが、その後、いずれの場合にも不法行為の事実訴権（trespass on the case）の一つ「約束違反」（assumpsit）の訴訟方式を利用できるようになった[315]。いずれも、形の上では、不法行為による損害を金銭で賠償させる訴訟方式であったので、イギリスでは金銭賠償（damages）こそが契約違反に対するコモンローの主要な対応であると捉えられるようになった。

● 一方、エクィティ裁判所は、裁量で、契約上の特定の義務の強制履行（specific performance）を命ずるほか、多様な差止命令（injunctions）を出すことができたが、不動産をめぐる争いは主にエクィティ裁判所に持ち込まれるようになり、かつエクィティはコモンローを補完するという立場から、特定履行（強制履行）は例外であり、原則（rule）は金銭賠償（damages）であるというイギリス契約法の特色が生まれたといえよう。

● 手続的にも、出訴当事者の方で特定履行または差止命令の文面を用意しなければならないが、それでも、そういう命令の付与（award）は損害賠償判決の付与（award）に比べて、はるかに裁判所の業務内容が複雑である。このことも、イギリス法において金銭賠償が主、強制履行が従となった理由の一つである。

● 金銭賠償「原則」の発生に関して、司法制度を超えた背景として、さすがは「資本主義」（capitalism）という言葉を生んだ（生ませた）国だけあって、イギリス人は、物事の価値は何でもお金で数えられると考えているように見えることも、指摘されるべきであろう。バークスはこの点を「富の二通りの捉え方」（two conceptions of wealth）と題して説明している。一つは特定の個人の富をその個別の財産、たとえば家屋敷、自動車、宝石、貨幣、銀行預金、有価証券などに分けて捉える。もう一つはそのような個別の財産の資産価値ないし商品価値を金銭評価して足し合わせその総額を個人の富と見る。あるサッカー選手やある女優はそれぞれ何億円の商品価値があるという見方にも至る。イギリス法のアプローチは後者なのである[316]。

●ともあれ、金銭賠償を帰結とする訴訟方式からコモンロー上の契約法が発展したことで、コモンローにおいては、契約当事者は、契約を履行する義務を負う（教会法に由来する大陸法原則「契約は（無名契約でも）守られるべし」〔pacta sunt servanda〕[317]）というより、契約を破れば損害賠償責任を負うと捉えられ、そこから逆に契約を再定義すると、契約上予定された将来の出来事が発生するか発生しないかの不確定性について、つまり予定通りいかなかった場合に、当事者のどちらがその危険を負担するか（risk allocation）を定めるのが契約であるという発想に至った[318]。そういう発想においては、契約違反が意図的か意図的でないかで損害賠償の範囲（二八三―二八五頁）が変わるということはありえず、これをさらにアメリカ的（イギリス的の対）に表現すると「損害賠償金を支払って契約を破る自由」[319]ということになる。

▽ちなみに、二〇〇七年三月二八日の日本郵船事件貴族院判決で、ビンガム筆頭裁判官は「契約とは守るために結ぶもので、破るためにあるのではない。契約を守らずに破ることで損をすることもある」と述べた（傍論）[320]。

二　契約上の一次的権利義務と二次的権利義務

●さて、歴史的な訴訟方式の枠は一八三二年から一八五二年にかけての立法[321]で実質的に取り払われ、コモンロー裁判所郡とエクィティ裁判所郡も一八五二年から一八七五年[322]にかけての立法で統合されたが、そうしてみると、契約上の一次的権利義務の違反は二次的権利義務を発生させると捉えなおすことができる。フォトプロダクション社対セキュリコー社（Photo Production v Securicor）事件でディプロック貴族院裁判官曰く、

▽「裁判所が特定履行（specific performance）を命令して一次的権利を強制できる比較的珍しい場合を除いて、一次的権利の違反は、それに代わる二次的義務を違反当事者に課す。そして相手方がその一次的義務の履行責任から解放される場合もある。すべての一次的義務の不履行（failure to perform）は契約違反である。コモンローが暗黙のうちに読み込む契約違反者の二次的義務は、違反の結果として相手方が蒙った損害を金銭的に補償することである。しかし、二つの例外を除いて当事者双方の一次的義務は、履行されていない限りにおいて、そのままである。[323]」

◇二つの例外とは契約条件の違反の場合（二五九頁と二六三頁）と、契約違反の結果等を見て裁判所が契約を解除すべきと判断する場合（二六四頁）である。

●この分析の仕方は、構造的に契約上の一次的権利の強制を「一次的」、二次的権利義務としての金銭賠償(damages)を「二次的」と捉えて、従来の金銭賠償を原則、強制履行を例外と捉える見方とすでに矛盾を生じているように見えるかもしれない。しかし、一次的権利の強制はイギリス法においてはあくまでも裁判所(歴史的にはエクィティ裁判所）の裁量により、権利者には相手方に履行を求める権利はあっても、裁判所に強制してもらう権利はない。言い換えれば裁判所にはエクィティの基準に従い一次的権利を強制する裁量権があるだけである。これに対して、契約違反の契約当事者の間に発生する二次的権利義務は、裁判所（歴史的にコモンロー裁判所）が強制しなければならない権利義務である。

●歴史的に整理すれば、エクィティ裁判所には、エクィティの基準に従って一次的権利義務を保全し（差止命令

〔injunctions〕）、その実現（特定履行〔specific performance〕）を強制する裁量権を発展させてきた。一方、コモンロー裁判所には、二次的権利義務の目的たる金銭賠償（damages）を強制する義務を負っていた。一八五二年から一八七五年にかけてのエクィティ裁判所とコモンロー裁判所の統合後も、両者の役割の違いは、契約上の一次的権利義務の保全ないし強制権力と、二次的権利義務の強制義務という形で残存している。

三　一次的権利義務の強制と保全

● 特定履行命令や差止命令に違反すれば、裁判所侮辱罪（contempt of court）で処罰（投獄刑と罰金刑）されるので、裁判所も裁量権の行使にあたって慎重である[324]。借金が返せずに投獄された時代が去った後は、これも金銭賠償が原則となる理由である。

● 裁判所が契約上の一次的権利義務をそのまま強制する裁量権の行使には、エクィティ上の基準が存在し、制定法の制約もある。

▽ たとえば個人的（personal）な役務の提供を強制すること、言い換えれば特定の個人の意思に反して役務を提供させることは、役務（サービス）契約を奴隷契約にするということでエクィティは認めず[325]、被用者の労働の強制は制定法が禁止している[326]。もちろん個人的でない、つまり代わりの人を雇って履行できるような役務の提供は強制しても構わないが、そういう場合は、むしろ代替役務の市場価格を損害賠償させた方が簡便である。

▽ 金銭賠償では不十分である場合にしか強制はできない。不動産の引渡は、特定の立地の重要性に鑑み、基本的に代わりが効かないということで、金銭賠償では不十分であると考えられる。同様に代わりの効かな

いもの、例えば競走馬や名画や骨董品（antique）の引渡は強制できると考えられる[327]。

▽裁判所の命令の遵守状態を、裁判所が廷吏を派遣してずっと監督しなければならないような（constant supervision）命令は出されない。特定の個人に役務を強制する命令は、これにも抵触する。賃貸人のショッピングセンターの一角を借りている賃借人の店の営業を契約上の義務として強制することについて、ホフマン貴族院裁判官は、被告にとって経済的メリットのない契約を続けさせることは、これを懲罰するに等しく、契約法の目的は懲罰ではなく補償であるから、損害賠償が適切であるとした[328]。

▽捺印証書による無償（gratuitous）の役務の提供義務は、エクィティは好きで勝手にする当事者を助けない（equity will not assist a volunteer）という格言に従い、強制できない。ちなみに不要式契約には約因があってイギリス法上かならず有償と見なされる。同様に、エクィティは相互に強制可能性（enforceability）のない義務の履行を強制することはない。これは相手方が強制を求めているかどうかには拘わらず、例えば相手方が未成年でその義務を強制できない場合に当てはまる。その他の一般的エクィティ上の規範、クリーン・ハンズの原則なども当然適用される。

●差止命令（injunction）は、契約上の一次的権利義務の違反の「差止」と捉えられ、作為を禁止するものもあれば（prohibitory injunction）、逆に違反状態の撤去など作為を命ずる場合もある（mandatory injunction）。これらは契約上の一次的権利義務の保全のために利用できるが、基本的には、すでに見てきたところと同様の基準が適用される。つまり一次的権利義務の違反が発生してまったら金銭賠償では取り返しが付かないこと、（歌手に他社との契約を禁じる契約などについて）差止命令が結果的に特定個人に役務を強制する効果を生まないことなどである[329]。そして契約違反の建物の撤去などについては、被告の出費が契約違反状態の継続のために原告が蒙る損害に比べて著しく巨額である場合[330]や、居住用家屋の需要を満たすべき社会的要請に反する場合などには、許されない[331]。

▽　イギリス法は、フランス民法典一一四三～一一四四条と異なり、裁判所が債務者の費用をもって債権者に違反状態の撤去や代替履行を許可することは、代替役務の市場価格の補償では不十分で、すでに出された差止命令や特定履行命令に債務者が従わない例外的な場合に限られている[332]。

四　契約違反の種類

●　前章において、契約条項が契約条件（condition）と付随条項（warranty）に分れ、その見極め方には契約当事者意思のイギリス流の客観的解釈（一七〇–一七四頁）による場合と、違反の実際上の帰結と契約をとりまく全体の状況を見て事後的に裁判所が解釈するやり方（川崎汽船会社事件控訴院判決[333]）の二通りがあることを説明した。

●　付随条項とは、歴史的には、二五七–二五八頁で述べた通り、売買契約と並立した売主の権原や目的物の品質等の保証（warranty）から生まれたもので、訴訟方式上も保証違反（breach of warranty）の訴えは、契約の効力を妨げることなく、違反による損害を金銭的に賠償（damages）する権利義務関係を生むという現代的帰結に至っている。

●　契約条件とは、それがなければ契約にならない、契約の根幹となる条項と捉えられ、違反の被害当事者には、違反を解除条件として契約を解除し、契約上の義務から解放される権利が発生する（二八六頁）[334]。

●　とくに川崎汽船会社事件控訴院判決のように契約文面に表れた当事者意思だけではなく、契約違反の帰結を含めた全体の状況から「契約条件違反」を認定する場合は、フォトプロダクション社対セキュリコー社（Photo

Production v Securicor）事件貴族院判決で「相手方が契約上獲得すべきであると当事者の意図した便益（benefit）のすべてを実質的に奪う結果になった違反」と定義されている[335]。これは厳密には根本的違反（fundamental breach）と呼ばれ、契約条件違反と区別して捉えられる。

▽　このような根本的違反は、①契約の履行拒絶（repudiation）[336]または放棄（renunciation）と呼ばれる契約上の義務のほとんど全部を履行しないこと、②相手方の契約上のうまみをほぼ完全に奪ってしまうほどの欠陥履行、③先制違反（anticipatory breach）ないし先制拒絶（anticipatory repudiation）と呼ばれる契約の履行期に至る前に契約を放棄することを相手方に伝えることを含む。契約の先制違反は、相手方にとっては、さっさと契約を解除して別の戦略を立てられるので、商事契約では効率的で有益とされる[337]。

◇　履行拒絶は、無条件で明確でなければならない。

◇　履行拒絶があった場合、相手方には拒絶を「承諾」（accept）して契約を解除し、当事者双方の契約上の権利義務を消滅させるか、逆に契約を「追認」（affirm）して契約上の権利義務を維持する選択肢がある。

五　二次的権利義務

●　一次的権利義務の違反は二次的権利義務を生み、二次的権利には（あ）一般的な損害賠償請求権、（い）特別の場合の契約解除権があり、それぞれに対応する二次的義務がある。

（あ）損害賠償（damages）

●契約違反の自動的なコモンロー上、法的な帰結が損害賠償金の請求と支払いである。

（二）損害賠償の多義性

●ダメジズ（damages）という英語（複数形）は損害賠償を意味し、単数形のダメージ、損（loss）害（harm）と区別される。この英語はフランス語のドマージュ（dommages）の強いノルマン方言を受け継ぎ、意味はさらに遡ってラテン語のダムヌム（damnum）の「損」（loss）と「害」（harm）から来ているとされる。ラテン語源の動詞（damnare）は、法的文脈では、判決で非難する、制裁金を科すという意味を持っていた。イギリス法においても、捺印証書（deed）によらない不要式契約上の訴えは歴史的に不法行為の訴訟方式に起源を持ち、損害賠償は、「破邪顕正」の区別からすれば、「破邪」に強く傾斜した意味を持つ。

●しかし、以上のような経緯から損害賠償（ダメジズ）という英語が受け継ぐ「破邪」（制裁）、「不法行為」というニュアンスは、契約違反に対する現代法の対応としては、いささか穏当でない側面がある。たとえば、先述のショッピングセンター貸店舗事件で、ホフマン貴族院裁判官が、「契約法の目的は懲罰ではなく補償（compensation）である」といって契約どおりに営業継続を命ずる差止命令（mandatory injunction）を拒絶したとき[338]、損害賠償（damages）と言わなかったことに注目すべきである。

●その上、イギリス法上、損害賠償（damages）は、多義的に用いられてきて、原状回復（restitution）も損害賠償（damages）と呼ばれてきた。

▽ちなみに、本編一七九頁で述べたように、俗に借金と訳されるデット（debt）は、本来の持ち主から離れて保持されている（de-habitum）定額の金銭を指し、英語の用法では債権回収（debt recovery）でも債務返済

(repayment of debt) でも同じ単語であり、本書では定額債と訳すが、その請求は実は物権的請求であり、損害賠償 (damages) とは区別される。裁判所がデット (debt) の回収を求める機能は「破邪顕正」で云えば「顕正（＝権利実現）」機能である。

● (二) 損害賠償の基準 (measure of damages)

損害賠償の基準には、実は色々あるが、基本は、契約当事者の富 (wealth) を、金銭で計算して、契約が違反なく完全に履行された状態に置くことである[339]。言い換えれば、「契約で獲得することが期待されていた便益の喪失」(loss of bargain) を補償することである[340]。つまり、損害賠償は一次的権利義務の履行を完成させる金銭的代替手段と捉えられる。

▽ 不法行為の損害賠償の基準は、先述（一四四頁）の通り、被害者の富を金銭で計算して、不法行為のなかったとした場合の状態に戻すことである。

▽ 原状回復 (restitution) は、第五編不当利得編で詳述するが、焦点は、不当利得の返還にある。

◇ 原状回復が被請求者の不当利得の返還に焦点を置いているのに対し、損害賠償の焦点は、請求者の損害の補償にある。原状回復は、したがって、損害賠償と原理を異にする。もちろん、実際には、損害賠償の契約上および不法行為上の基準と、原状回復の基準をすべて総合して複合的に適用しなければならない場合が多い。イギリス法では、第五編（三二六–三二九頁）で詳述するとおり、二一世紀に至るまで、原状回復と損害賠償の区別がつけられなかった。

● 損害賠償は契約上の一次的権利義務の履行を完成させる金銭的代替手段であるから、契約違反はいかに小さくても、損害賠償請求できる。一般原則として、債務が完全に履行されない限り、代金を支払う義務はない (Bolton v Mahadeva [1972] 2 All ER 1322 CA)。

▽ これを逆から見て、契約全体からみて、実質的な部分が履行され、不履行は些細な部分に留まる場合、裁判所は、軽微な契約違反の分を差し引いた代金の支払いを命ずることができる（Hoenig v Isaacs [1952] 2 All ER 176 CA)。

● 損害賠償は契約上の一次的権利義務の履行を完成させる金銭的代替手段であるとしたが、その例外の一つとして、契約上の損害賠償請求で、請求者が失った契約上の期待便益を計算する基準のない場合、違反当事者の相手方が契約に依存した出費や出損を賠償させる依存損失賠償（reliance loss）という方法がある[341]。たとえば、俳優がテレビ局とのドラマ出演契約を破り、ドラマがおじゃんになり、テレビ局が俳優を相手に損害賠償を求めた事件で、契約違反がなかったらどれくらいの儲けが出たのか、そもそも儲けが出たかどうかさえ誰にも分からないので、裁判所はとりあえずテレビ局が代わりの役者を探すのに要した費用などを弁償させた（Anglia Television Ltd v Robert Reed [1972] 1 QB 60 (CA)）。これは、当事者の富を契約違反がなかった状態に回復するのではなく、むしろ違反当事者の相手方の富を契約そのものがなかった状態に回復するもので、契約上の損害賠償というより、原状回復（restitution）であるが、その原理は不当利得返還ではなく、損害賠償である。

● もう一つの例外を考えるため、まず事例を先に見る。一九九五年六月二九日のラックスリー対フォーサイス（Ruxley v Forsyth）事件貴族院判決[342]を見る。自家用水泳プール建設工事契約で、事実関係は複雑であるが、原審の認定では、契約上のプールの代価は約一万八千ポンド、仕上がりは契約どおりの深さにこそ足らないが、飛び込み用水泳プールとしては十分に通用するもので、契約どおりのプールの市場価格と実際にできたプールの市場価値の差は皆無、契約どおりのプールに作り直す「修正費用」（cost of cure）は約二万二千ポンドであった。

●

原審は、修正費用はその効果と釣り合いがとれず不合理であると判断してこれを退け、深さ不足について施主の「娯楽の喪失」（loss of amenity）に対する慰謝料（general damages）二千五百ポンドと、建設会社の仕事ぶりが何度もやり直しを要したことについて施主の苦痛（pain and suffering）に対する慰謝料七五〇ポンドを認め、施主はその分を差し引いてプール工事の代価を支払うという判決になった。控訴院は、水泳プールの修正費用（cost of cure）を認め、多数意見の一つは「（これがいくら契約価格より高かろうと）これを認めない限り、建設会社は施主の注文通り契約を履行しなくてもよいことになる」とした[343]。貴族院は、本件事実関係において修正費用を弁償させることは不合理であるとし、控訴院判決を破毀し、慰謝料のみを認めた原審判決を回復した[344]。

●

ここにおいて「修正費用」（cost of cure）の賠償は、建設工事契約によく見られるもので、一次的権利義務の履行の完成のための費用の代替市場価格の賠償に他ならない。これは原則どおりである。

▽　しかし、Ruxley v Forsyth 事件においてロイド貴族院裁判官は、損害賠償が常に一次的権利義務の特定履行と金銭的に同じものでありうることを否定した[345]。固有の事実関係に照らした費用対効果のバランスや、契約違反の損害賠償は補償であって懲罰であるべきではないという論法がその論拠に使われているが、いずれも先述の特定履行をめぐる裁判所の裁量権の行使についてのエクイティ上の基準（二七五－二七七頁）であることが興味深い。

●

「苦痛」（pain and suffering）や「娯楽の喪失」（loss of amenity）の慰謝料（一四九頁参照）は、金銭評価が難しく、不当解雇事件の損害賠償請求で、解雇のあり方が不必要に屈辱的（humiliating）で心痛（injured feeling）を与えたという部分につき、これを否定した貴族院判例がある[346]。しかし、その後、パッケージ・ツアー契約のような一種の娯楽契約違反事件[347]で例外が認められ、さらに老後の住家の購入に先立つ家屋調査契約において、飛行機の騒音がないかどうか特別に調査を依頼していたのに調査士が忘れたという契約違反につき、貴族院は娯楽の追求または苦痛の回避を重要な目的とする契約においては、損害賠償が認められるとした[348]。娯楽追求や苦痛回避が契約の重要な目的の場合には、その違反についての慰謝料は、原則どおり、契約の一次的権利義務の履行完成の金銭的代替手段と捉えられる。金銭評価が難しいという問題はあったとしても、決して例外ではない。

● なお、原告は契約違反により生じた損害を最小限度にとどめるためにあらゆる常識的な措置をとる義務を負い、かつ損害を拡大するような非常識な行動をとらない義務を負う[349]。また、契約違反により、事実上、便益も発生した場合は、その分は、損害賠償から相殺される[350]。

(三) 損害賠償の範囲

● 損害賠償の範囲は、

① 「公平かつ常識的にみて、契約違反から自然に、すなわち物事の通常の筋道に従って発生する程度、または当事者双方が、契約当時において、違反からおそらく生じそうな結果として想定(contemplation)していたと常識的に考えられる程度[351]」に限られ、

② 特別な損害を発生させうる特別の事情の存在を当事者双方が共通して認識している場合は、特別損害を当事者双方の常識的な想定内であったと見なしても構わないが、そのような当事者双方の共通の認識なしにそう見なすと、知らない当事者から、特別の事情について別に契約を結ぶ機会を奪ってしまうので、そうすべきではない[352]。

● 右の現行ルールの基礎を提供した一八五四年二月二三日のハドリー対バクセンデール(Hadley v Baxendale)事件

判決[353]は、日本民法典四一六条の源流である[354]。

①の部分は、日本民法典四一六条一項（通常損害）のモデルの一つであるが、イギリスのコモンローではなく、ポチエの『債権論』の「債務者は、契約当時に、債権者が債務不履行により蒙るであろうと人々の予見できる損害と利息の賠償責任しか負わない」[355]とフランス民法典一一五〇条、およびアメリカのルイジアナ州民法典から生まれたものである[356]。とくにルイジアナ州民法典（一八二五年当時の一九二八条）の判例解釈[357]がポチエの「予見」をより明確化した「当事者双方の想定内」という基準は、ハドリー対バクセンデール（Hadley v Baxendale）を経て、ドイツ法の教科書や注釈書に影響を与えるに至っている[358]（しかし日本民法典四一六条では消え失せた）。

②の部分は、日本民法典四一六条二項「特別の事情によって生じた損害であっても、当事者がその事情を予見し、または予見することが出来たときは、債務者は、その賠償を請求することができる」を導き出したが、実は、イギリスの不法行為責任の一種であった「運送屋責任」（carriers' liability）[359]がカバーする通常予見される危険以上の危険負担は別の契約によるべきであるという商慣習に起源をもつ[360]。Hadley v Baxendale 判決の後、控訴院が Victoria Laundry (Windsor) Ltd v Newman Industries Ltd 事件判決[361]において、この部分を Hadley v Baxendale の「判決理由の特別損害に関する第二肢」（second limb）として整理し、さらに貴族院がヘーロン二号（The Heron II）事件判決[362]において、Victoria Laundry (Windsor) Ltd v Newman Industries Ltd 事件当時の控訴院の不法行為的用語法、つまり「違反者の予見」という表現の用いられていた部分を「当事者双方の想定」（contemplation of the parties）に訂正して、現在に至っている（つまり日本民法典四一六条が不法行為による損害賠償の範囲制限に援用されるようになったのとは逆の道をたどり、不法行為と峻別された）。

▽ ちなみにHadley v Baxendaleは後に高等法院に組み入れられた「財務府裁判所」（Court of Exchequer）の全裁判官合議法廷（裁判官の陪審説示と商人陪審〔special jury〕の法適用に対する一種の司法審査）の判決として権威が高く[363]、ヘーロン二号事件における貴族院はその権威を承認しつつ、不法行為なのか契約なのか曖昧な部分を明確化したといえる。

▽ 通常損害であれ特別損害であれ、その発生度を当事者双方がどの程度に認識していたらよいのか、たとえば、「ひょっとすると発生するかもしれない」（not unlikely）くらいでよいのか、「おそらく発生する」（quite likely）くらいか、あるいは「発生する大きな危険性」（serious possibility）がなければならないのか、この点については、まだ決着が付いていない。

● なお、フランス民法典と違って、イギリス法では契約違反が意図的かどうかで損害賠償の範囲が変わることはない（フランス民法典一一五一条では故意による損害賠償責任には予見可能性の制限はかからない）。イギリス法は、不法行為による損害賠償については被告の非難可能性の度合を損害賠償の範囲に反映させるが（八五頁）、契約法による損害賠償は、非難可能性ではなく、契約時に当事者が決めた危険負担の分担（risk allocation）に従う[364]。

（四）損害賠償額の予定契約

● なお、損害賠償額予定条項（liquidated damages clauses）は、損害額の真正な推計である限りにおいて有効であるが、懲罰を意図する制裁金条項（penalty clauses）は無効である（一八三－一八四頁）[365]。

●（い）契約解除権

●契約条件の違反ないし契約の根本的違反の場合は、違反していない当事者の選択で、将来に向けて両当事者の契約上の一次的債務のうちまだ履行されていない部分すべてを終了（put to an end; termination）させることができる[366]。歴史的には取消（rescission）という表現が用いられてきたが、不実表示の場合の遡及的な取消と区別するため、貴族院は解除（discharge）と呼ぶべきだとした（Johnson v Agnew [1980] AC 367）。

▽ドイツ法（民法典三二五条以下）における契約の解除権（Rücktritt; withdrawal）の行使は、契約を成立時から遡及的に消滅させる効果を生み、その結果、契約上の損害賠償請求権の発生する余地はなく、不当利得返還請求権のみが発生する。損害賠償と不当利得返還の不両立性は、比較法的には珍しい[367]。

▽ドイツ式の履行遅滞による契約解除（Rücktritt）は遡及的に契約を解消させるので、ツィムマーマンは英語では「取消」（rescission）または「撤回」（withdrawal）と表現している[368]。これに対してイギリス式の契約解除は、契約を将来に向って終了させるので、トライテルやカートライトはディプロック貴族院裁判官の語法（put to an end）に忠実に「終了」（termination）と表現している[369]。ただ論者によって用語法は違うので、文献により注意して区別する必要がある。

●イギリス式の非遡及的な契約解除の帰結については、契約は将来に向けて解除され、当事者間には新たな権利義務関係が発生し、事案によっては原状回復請求と、損害賠償請求とを、並立して提起できる場合があると考えるべきであろう。

●解除方法については、イギリス法の場合は、フランス民法典一一八四条と異なり、わざわざ裁判所に出訴する必要はなく、相手方に解除通知をすればよい。この解除通知は取り消す（撤回〔revocation〕）ことができない。

もちろん解除権を行使しないで、損害賠償だけ請求することもできる。

▽ちなみに、前述のフォトプロダクション社（Photo Production v Securicor）事件[370]の原告は、被告に夜間の作業場の警備を頼んでいたが、被告の従業員の失火で作業場が全焼したため、解除権を行使して、まず警備契約上の免責条項の適用を排除した上で、不法行為（失火）による損害賠償を請求しようとした。

● 六　その他の契約解除の事由

ちなみに契約解除は、契約違反以外にも、合意やフラストレーションからも帰結する。

▽合意による場合

◇契約の合意解除は、新しい契約なので約因（consideration）がなければならない。

◇更改（novation）も合意解除の一種で、たとえば甲乙間の契約で、甲が乙を契約から解き、丙が乙の代わりに契約当事者となることを、甲乙丙間で合意すれば甲丙間で新たな契約が成立する。

▽フラストレーション

◇契約解除（不遡及）は、当事者の力の及ばぬところで、外的事態（supervening external event）の発生により当事者の権利義務の履行が当事者の意図したところと根本的に違ったもの（radically different）になってしまうこと、いわゆる「契約目的達成不能」（frustration）によっても発生する。

◇フラストレーションは、実際上は、契約違反の訴えに対する抗弁（defence）として主張されることが多い。

◇次章で詳述する。

第27章　事情変更とフラストレーション

イギリス人は、一旦締結された契約義務を絶対と考え、損害賠償を支払えば契約義務から解放されるが、「事情変更」(change of circumstances) に応じて契約内容を変えるということに対しては、強い嫌悪感を抱く。事情変更という大陸法 (civil law) の言葉には「一緒にビジネスの出来ない」、つまり文明のルールをわきまえない (uncivil) という否定的な語感さえつきまとう。契約とは日常英語では「バーゲン」つまり「商売」に他ならず、要するに契約とはビジネスであり、一度決めたことについて事情変更などという子供じみたことを後から口にしないのが、ビジネスのルールである。どれだけ思いがけないことが起ころうと、普段と変わらぬビジネス・アズ・ユージュアル (business as usual)。

イギリスの絶対契約の法理 (doctrine of absolute contracts) というのは[371]、たとえば部屋の賃貸借契約で、途中で思いがけず転勤になって解約しても契約期間満了までの家賃の賠償を請求され、家賃は一括払いでもないのに、日本と比べたとき、実態として決して誇張ではない。

ただし法律上、「イギリス法には事情変更の法理はなく、かわりにフラストレーションという独特の制度がある」と言ってしまうと、真理の一面はついているものの、おそらくドイツ法の事情変更の法理の誤解だけでなく、本章で見るようにイギリス法のフラストレーションの起源についての誤解もあろうかと思われる。

一　フラストレーション

●フラストレーション（frustration）は「契約目的達成不能」と訳されている[372]。これは一八七四年の財務府会議室裁判所（Court of Exchequer Chamber のちの控訴院の前身の一つ）のジャクソン対ユニオン海上保険事件（Jackson v Union Marine Insurance）判決が用いた言葉で[373]、語源はラテン語の frustra で、期待を裏切られること、徒労に帰すこと（in vain, to no purpose）である。「事情変更」という大陸法の言葉は契約の解除原因を指すが、要するに「フラストレーション」という言葉は、原因ではなく、契約が結果として途中で挫折し、残念な当事者の心理状態の方に着目した命名である。もちろん、法律上の意味は、契約目的（purpose or object）の「達成不能」というと、不能の点でやや語感が強過ぎるであろうが（たとえば違法化は不能化ではない）、この法理の実務的実態をよく表していると思われる。ただし英語の用法（to frustrate contract）に鑑みて、本書では「契約の挫折」という表現を用いることもある。

●しかし、フラストレーションは、本章で見るとおり、中世ローマ法の「事情変更の法理」（clausula rebus sic stantibus）[374]、ラテン語を文字通り訳すと「物事が契約当時のままである限り」の契約効力という法理が、フランスのポチエとスコットランド出身のイングランドの裁判官ブラックバーンを経て、イギリス法に導入されて生まれたものである[375]。

二　歴史的構造

●フラストレーションの起源が、中世ローマ法の事情変更の法理にあるといっても、イギリス法においては、コモンローの解釈法の文脈に取り込まれて初めて意味を持つもので、まずコモンローの歴史的構造の中に位置づけられなければならない。

● イギリス契約法においては、内乱（清教徒革命）時代の一六四七年のパラダイン対ジェイン（Paradine v Jane）事件[376]の絶対契約の法理（doctrine of absolute contracts）がある。事案は、借家が国王の敵により占領され追い出された賃借人の家賃債務についてで、裁判所は主権者が法律上の義務をもって不可能なことを強いることをゆるさないが、契約、つまり自由意思で、義務を負った当事者は、たとえその履行が予期せぬ外的原因で不能になったとしても、その義務から逃れることは許されないとした。その理由は、契約当事者は必要なら契約条項でその責任を排除したり制限したりできるからである[377]。この絶対契約の原則は契約自由の原則の一つの帰結として位置付けられよう。

● 一八六三年のテイラー対カルドウェル（Taylor v Caldwell）事件の女王座裁判所判決[378]は、少なくとも形の上では、この絶対契約の法理の例外を集めて、そこから帰納的にフラストレーションの法理を初めてイギリス法に導入した[379]。これは、あくまでも絶対契約が原則であって、フラストレーションによる契約解除（むしろ消滅）は例外であるという構造を現す。

● テイラー対カルドウェル事件は、興行師と音楽家の契約で、契約の履行場所であった演奏会場が契約履行前に焼失したものであった[380]。担当のブラックバーン裁判官は、実はスコットランド出身のイングランドの裁判官であったが、特定個人にしかできない代替不能の技能提供契約でその個人が死亡した場合の先例や、契約後に履行が違法とされた場合の先例を引きつつ、「明らかに契約当時の当事者はこのような惨事が発生しうることを全く想定しておらず、かかる事態に備えた規定を設けることをしなかったので、本件の問いに対する答えは、かかる契約に適用されるべき法の一般原則（general rules of law）に依拠せざるを得ない」と述べて[381]、スコットランド人らしく中世ローマ法やフランスのポチエを引用し、そこから「契約履行が特定の個人または物の継続的存在に依存している場合に、その個人や物の消失により履行不能になれば、履行義務を免ぜられるという契約条件が黙示される」とした[382]。

▽　ちなみにブラックバーン裁判官は「そういう（個人や物の）継続的存在」を「（契約上）なされるべきものの土台（foundation of what was to be done）」と呼んだが、この用語も一九二〇年代のドイツで「法律行為の土台の崩壊」（Wegfall der Geschäftsgrundlage）という概念に発展したのと同じ中世ローマ法の根からブラックバーンの議論が組み立てられたことを示唆している。実際、ブラックバーンは錯誤無効も同じ土台から議論しようとした[383]。もっともイギリスではドイツと異なり外的事故（supervening event）による契約目的の挫折（契約の後発的途中解除の原因）と当事者の錯誤（契約の原始無効の原因）を「契約の土台」から説明しようとする動きが主流となることはなかった。

●

ブラックバーン裁判官の「黙示の契約条件」説は、フラストレーションによる契約解除を「約定解除」と説明したことになるが、すでに見たとおり本人が解除を「法の一般原則」に帰し、当事者意思に帰していなかったので自己矛盾を抱えていた。この点は、一九五六年四月一九日のデイビス対フェアハム（Davis v Fareham Urban District Council）事件貴族院判決で[384]、ラドクリフ裁判官が、「（これまで黙示の契約条件説に従って説明してきた諸先例の示唆してきた）公平で合理的な人の代弁者とは、詰まるところ正義の擬人化に過ぎず、それは裁判所そのものである。従って、フラストレーションは、契約締結後、当事者の責任によらずに、契約を履行すべき状況（circumstances）が契約履行を契約当時に意図したところとは根本的に違う（radically different）ものにしてしまって履行不能に陥った場合に、法が常に認定するものだと説明した方が簡単であろう[385]」と述べて、要するに、フラストレーションを契約の約定解除ではなく、法定解除であると説明しなおした。

▽　イギリス法の方法論のポイントとして、フラストレーションによる契約解除を、約定解除説から法定解除説に転換するに当たって、判例の積み重ねから帰納的に説明していることに注意。

三　適用

●　フラストレーションの現代的定義は、右のデイビス対フェアハム（Davis v Fareham UDC）事件におけるラドクリフ貴族院裁判官の判旨と以下のポイントを受けて「当事者の支配力の及ばない事態の発生で、契約履行が契約時に当事者の意図していたものと根本的に違ったもの（radically different）になってしまうこと」となろう[386]。

●　フラストレーションは当事者の支配力の及ばない事態でなければならない。当事者にとって契約当時にそういう事態の予見可能性（foreseeability）がなかったことでよいのではないかと思われるが、実際に当事者がそういう事態を予見していた場合でもフラストレーションを認めうるとする控訴院の傍論がある[387]。当事者の支配力が及ばない（outside the parties' control）というフラストレーションの要件は、厳しく解釈される。

▽　例えば、漁業会社がカナダ水産省の許可を得なければ操業できないことを知りながら、許可を得られるかどうか分らない間に底引網漁船を傭船し、結局許可を得られなかった事件で、枢密院はフラストレーションを認めなかった[388]。

▽　スーパー・サーバント二号（The Super Servant II）事件[389]では、原告が日本の工場に発注した掘削装置をヨーロッパへ運ぶために特殊船が必要で、そのような特殊船を二隻所有する被告と傭船契約を結んだ。しかし契約上は二隻のうち一隻が特定されていたわけではなかったため、被告の方で勝手に用意していた一隻（二号

船）が沈没してフラストレーションを主張したとき、控訴院は、被告には契約上別の一隻（一号船）を提供する選択権があったことを重視して、現実には一号船は別契約に回されていて実際上選択肢はなかった（impracticable）のに、フラストレーションを認めなかった。

▽フラストレーションが主張された場合、その結果が主張当事者の支配力の及ぶものであったことの立証責任は、相手方当事者にある[390]。

●契約履行が契約当時に当事者の意図したところから根本的に変わってしまうことが要件であって、物理的不能までは要求されない。

▽ただし中東戦争におけるスエズ運河の封鎖で喜望峰に迂回しなければならなくなったツァキログル（Tsakiroglou & Co Ltd v Noblee Thorl GmbH）事件では、契約上、期日や航路の指定がなかったために、フラストレーションは認められなかった[391]。実は、イギリスで戦争によるフラストレーションの認められた判例報告事例は、契約の履行が利敵行為や違法となってしまったものにほぼ限られる。

◇第一次世界大戦の事例（Metropolitan Water Board v Dick Kerr & Co Ltd [1918] AC 119）はロンドン水道局から貯水池の建設を請負ったが、戦争で目的地が軍需大臣の命令で強制収用され、貯水池建設を続ければ処罰されることになった。ちなみに七年間の傭船契約中に目的船が戦時徴用された事件は、判決時点でまだ契約期限（一九一七年十二月）が切れていなかったので、それまでに徴用も解除される可能性が残っているという理由でフラストレーションは認められなかった[392]。

◇第二次世界大戦の事例（Denny, Mott & Dickson Ltd v James B Fraser & Co Ltd [1944] AC 265）も材木置場の譲渡契約が同様に違法となった。なお、フラストレーションの帰結で後述するファイブローサ（Fibrosa v Fairbairn）事件[393]も、イギリスの機械をポーランドに売る契約で、ポーランドの港が敵ドイツ軍に占領されてしまったものである。

▽先述のデイビス対フェアハム（Davis v Fareham UDC）事件[394]は、戦後の地方自治体と建設会社の間の住宅建設契約で、九万四千ポンドの報酬で七八軒の住宅を八ヵ月間で建てる契約であったが、深刻な労働力不足で工事に二二ヵ月、一一万五千ポンドもかかってしまったため、建設会社がフラストレーションによる契約解除と不当利得返還を主張したが、貴族院は、この程度では日常的な商売上の危険の範囲内（within the ordinary range of commercial probability）と認定して、フラストレーションを認めなかった。イギリスに経済情勢の変動によるフラストレーションの事例はない。

●日本語で、フラストレーションが「契約目的の達成不能」と訳されてきた理由は、ヴィクトリア女王の太子だったエドワード七世の戴冠式中止事件にあり、裁判所の吟味の焦点が、契約履行が物理的不能かどうかということよりも、当事者の契約目的が挫折したかどうかにあったことにあったためである。

▽エドワード七世の戴冠式中止事件とは、新国王の病気で中止された戴冠式にまつわる催しの見物を目的としたホテルの予約キャンセル事件で、ホテル側も予約目的が戴冠式にまつわる催しの見物であることを承知していたが、二つの別々の事件で、控訴院の判断が分かれた。フラストレーションが認められた事件は、契約の目的が戴冠式の行列の見物であったが（Krell v Henry [1903] 2 KB 740 CA）、フラストレーションが認められなかった事件は、契約の目的が新国王による艦隊観閲式の見物だけでなく、同艦隊を海上から見物する目的も入っており、観閲式はキャンセルされたが、艦隊見物は可能であった（Herne Bay Steam Boat Co v Hutton [1903] 2 KB 683 CA）。

●なお、現実の契約では当事者が天災や戦争などが発生した場合を予め想定して、そういう場合にどちらの当事者が危険を負担すべきか規定している場合が多い。こういう規定を「不可抗力条項」(force majeure clause) と呼び、そういう場合にはフラストレーションの問題にはならない。

▽たとえば『イギリスの司法制度』[395]で触れた日本郵船事件[396]では、日立造船製のリベリア船籍の石油タンカー「ゴールデン・ヴィクトリー丸」(The Golden Victory) を一九九八年七月から七年間傭船した日本郵船の契約の第三三条に「米国、旧ソ連、中国、英国、オランダ、リベリア、日本、イラン、クウェート、サウジアラビア、カタール、イラクいずれか二ヵ国以上の間で戦争ないし敵対行動が発生した場合に当事者双方は契約を解除できる」という「不可抗力条項」があった。一九九八年七月の契約時点で、二〇〇三年三月の米英軍によるイラク侵攻を現実的に予測できたとは考えにくいが、この契約は実務において「不可抗力条項」がいかに詳細に規定されているかを如実に示す好例である。一応、この条項は実際に日本郵船の役に立った。すなわち契約三年目の二〇〇一年一二月に日本郵船は返船して、これが履行拒絶 (repudiation) と事実認定されてしまったが、貴族院は三対二で契約違反による損害賠償債務を契約期限の二〇〇五年七月までではなく、不可抗力条項所定の解除事由に当たる二〇〇三年三月の米英の対イラク開戦時までに限定した[397]。

四　フラストレーションの帰結

●フラストレーションの帰結は、

(一) コモンロー上は、フラストレーションの時点で契約は消滅し (terminated)、両当事者は、その時点での状態のまま、契約上のあらゆる権利義務を失う。契約は文字通り徒労に帰す（frustrated）のである。

（二）一九四二年六月一五日のファイブローサ社対フェアバーン社（Fibrosa v Fairbairn）事件貴族院判決[398]は、イギリス会社の機械をポーランド会社に売る契約で、ポーランド会社が購入代金の一部を支払ったあと、機械の引渡し直前になって、突然、ドイツ軍がポーランドを占領してしまい、イギリス会社の債務が利敵行為として違法となり履行できなくなった事案で、フラストレーションにより約因（consideration）が完全になくなった当事者（ここではポーランド会社）は、フラストレーション前に支払った金銭の返還（原状回復）を求めうるとした（二九九頁参照）。

▽この判例は、次に述べる翌年一九四三年八月五日の制定法四〇号の適用されない傭船契約、船荷証券、保険契約、滅失性動産の売買契約について、現在でも有効である。

（三）一九四三年八月五日の制定法四〇号「挫折契約法改正法」〔Law Reform (Frustrated Contacts) Act 1943〕は、右の貴族院判決を受けて、約因（対価）が完全に欠損してしまった当事者以外にも救済の道を広げることを企画して、右記の契約類型以外の契約について、コモンローの元の原則の不公正な帰結を緩和するために制定された。

▽法一条二項は、フラストレーション前に支払われた金銭の返還や、フラストレーション前に履行期を迎えた金銭債務の履行を命じる裁量権を裁判所に与えた。金銭の支払いを受けた当事者の側に債務履行のための出費があった場合には、裁判所は、裁量で、フラストレーション前に受領した金額（つまり不当利得）の範囲内で、相手方の出費の償還を命ずることができる。この点の裁判所の裁量範囲は広い[399]。

▽法一条三項は、フラストレーション前に当事者の一方が相手方の債務の履行により非金銭的便益を享受していた場合、事案の全体の情況からみて正しいと判断できる対価の支払いを命ずる裁量権を裁判所に与え

た。

◇　英国石油探索社対ハント〔BP Exploration Co (Libya) Ltd v Hunt〕事件[400]は、英国石油がリビアで採掘権を持つハントのために石油の出そうな地点を探して試掘することを請け負い、石油が出たら代金と原油販売利潤の一部を受け取る契約であったが、石油が出た後クーデターでリビアの王政が倒れ、カダフィ大佐が外国資本を接収してしまった。裁判所は英国石油の出費額がハントの原油販売の利幅よりも小さかったので、ハントに英国石油の出費全額の償還を命じた。

▽　法二条三項は、契約当事者がフラストレーションを予期した不可抗力条項を用意している場合について、契約の本当の解釈（the true construction of the contract）に反しない限りで、裁判所は制定法を適用できるとしている。

●　フラストレーションは、右の帰結に鑑みて、実務上は、契約違反による損害賠償請求を受けた当事者が、防御方法（defence）に利用することが多い。

●　フラストレーションが一次的権利義務を消滅させるだけでなく、傭船契約などの長期契約においては、フラストレーション以前に発生した契約違反による損害賠償の二次的権利義務まで消滅させることについて、二九五頁の二〇〇七年三月二八日の日本郵船事件貴族院判決がある[401]。多数意見はまずフラストレーションで損害賠償責任も消滅すると論じて、これを不可抗力条項による契約解除で損害賠償責任が消滅するという結論の論拠の一つとした[402]。

▽　ただし、これについては、ビンガム裁判官とウォーカー裁判官の強力な反対意見がある。多数意見は、契約違反がなかったら不可抗力条項の事態の発生で契約は途中で消滅したはずだから、損害賠償債務も満期

終了時までに限定されるというものだが、少数意見は、契約上の権利義務が、履行拒絶という契約の根本的違反によって完全に損害賠償についての二次的権利義務に転換した後は、その時点で損害賠償の総額を一度に計算すべきで、その後、契約違反がなかったら契約がどうなったか云々は全く関係がないとした。端的に言って、少数意見の方が、イギリス法らしい。ただし、この事件は、日本郵船が契約期間満了前に借りていた船を返したことが仲裁裁判で履行拒絶と認定されてしまい、たまたまイラク戦争が勃発したので、事後的に不可抗力条項を流用したものである。ドイツ法の信義則に理解の深いビンガム筆頭貴族院裁判官は、「履行拒絶が承諾された後、借主が損害賠償を支払うという二次的債務を迅速に履行していれば、この事件は、（イラク戦争）が現実化するはるか前に解決していたであろう」という表現で日本郵船の行動を暗に信義則違反として批判した[403]。しかし、貴族院は、仲裁裁判の事実認定を無批判に受け容れて、イギリス法上の争点だけを裁くのが仕事である。従って、日本郵船という明治以来のロンドン商事仲裁の古いなじみのお客さんでイギリス契約法に精通した当事者が犯したとされる契約違反という認定事実の背景にある事情や、その後の交渉の詳細を全く知らない。そういう立場で、当事者に信義則的な道義的批判を加えた少数意見は、30～31頁で見たブリッジ教授やグッド教授の信義則批判から窺えるイギリス法の道徳と峻別された実務的エチケットを忘れたように見える。

五　フラストレーションの理論

● トライテルは、フラストレーションによる契約解除（当事者一方の一方的撤退と違い当事者双方にとって契約関係が将来に向けて消滅する）が、当事者意思（黙示条件）によるのか、契約の土台の崩壊によるのか、約因（対価）

の完全消失によるのかといった理論の実際的効能はないとしている[404]。これも五二頁で扱った法学方法論に関連するが、イギリス人の理論嫌いは徹底している。もちろんトライテルはギュンター・ハインツという名前からも分るようにドイツ系だが、なおさらイギリス人の気質をよく理解している。

▽ なお「約因（対価）の完全消失」（total failure of consideration）理論は、先述のポーランド会社ファイブローサ（Fibrosa v Fairbairn）事件貴族院判決に登場するが、フラストレーションは約因を要しない捺印証書による契約でも消滅させるし、もちろん契約の履行途中でも発生し、その結果は約因の部分消失となるはずであり、一九四三年挫折契約法改正法は、その約因の部分消失にも対応する趣旨であった。このため、一九八〇年一二月一日のパナルピーナ（National Carriers v Panalpina）事件判決で貴族院は同理論を排斥した[405]。

▽ この点、バークスは、フラストレーションの結果に限らず、なべて不当利得の判例におけるコンシダレーション（consideration）という英語を不要式契約の成立要素たる約因（対価）と捉えるから混乱するのであり、一八世紀のマンスフィールド伯爵の用法に戻って、利得の理由という意味に捉えるべきであると論じている[406]。第五編（三二三―三三〇頁）で詳述する。

コラム ⑫事情変更と英独論争

事情変更の法理をめぐる英独論争には、契約法を超えて、ある意味で一国の法制度の信頼度ということについても、深く考えさせられるものがある。ドイツ人は、一九二三年のはじめのライヒス・マルクが一九一四年当時の購買力の二七八五分の一に下落し、一九二三年末には一兆分の一以下に暴落したという詳細な統計を持ち出して、このような経済生活の基準の狂乱、従って法律行為のよってたつ土台の崩壊、ドイツ民法典の全く想定していなかった事態に、裁判所がやむをえず信義則を創造的に活用して対応したことを強調し、事情変更がそうして生まれた判例法なのだということも忘れずに言及するが、それを聞いたイギリス人がどう思うかといえば、そんなみっともない事態に陥らないイギリス経済と法制度の国際的信頼度についての自覚と責任を一層強くするのである。イギリスは、ベルサイユ講和後のドイツにおけるような経済の完全なる破綻というものを経験したことがないし、そもそもドイツのように、わずか一世代の間に大きな世界大戦を、二度も、繰り返して起こして勝手に自滅したことはないことを、誇りに思っている。イギリスは単に恵まれているだけなのかもしれない。しかし、緊急事態に動揺しない冷静さには、他国にないものがあることも事実であろう。第二次世界大戦中のイギリスの判例集は紙の質も悪く、貧しい紙にいじましいほど細かい字で頁が埋め尽くされており、当時のことで耳にする話も、暖炉に火がなく店に商品がない、空襲、食糧配給、金属類の接収、学童疎開、灯火管制、我が物顔で闊歩する米兵等々、日本で聞く戦中戦後の話を髣髴とさせるが、それでも裁判所が普段どおり正常に機能していたことに驚かされるのである（日本の国家機関が、非常時だと騒ぐ前から正常に機能していなかったことの方に驚くべきなのかもしれない）。とくに取引の安定性（commercial certainty）を重んじる国際的な商事事件の当事者にとっても、そんなロンドンの裁判所は信頼性が高いのであろう。戦争が起こると日本円は急落するが、ポンドはどちらかというと上がり、上がるのはポンドの相場だけではない。イギリスの裁判所の株も、契約法の株も上がる。

注

1 Ibbetson, 1999, pp. 220-223.

2 Frederick Pollock, Principles of Contract at Law and in Equity (1876).

3 穂積重行『明治一法学者の出発～穂積陳重をめぐって』岩波書店一九八八年一七四～六頁。

4 Hedley Byrne v Heller [1964] AC 465 (HL) at 528-9 per Lord Devlin.

5 Henderson v Merrett Syndicates [1995] 2 AC 145 HL.

6 我妻栄『物権法』新訂、岩波書店 1983 年〔七二〕一（八）、John Bell, et al, Principles of French Law, Oxford University Press, 1998, 289; »l'obligation de livrer la chose est parfaite par le seul consentement des parties contractantes«, Article 1138 CC.

7 我妻栄『民法総則』新訂、岩波書店一九六五年〔二八〇〕法律行為の発生する効果の種類による分類（処分行為は物権行為と準物権行為をあわせた概念)。

8 我妻栄『物権法』新訂、岩波書店一九八三年〔七二〕、Basil Markesinis, The German Law of Contract: A Comparative Treatise, 2nd ed., Hart Publishing, 2006, p. 35.

9 我妻栄『物権法』新訂、岩波書店一九八三年〔七〕物権行為の独自性と無因性参照。独自性は Trennungsprinzip、無因性は Abstraktionsprinzip に対応する（Basil Markesinis, The German Law of Contract: A Comparative Treatise, 2nd ed., Hart Publishing, 2006, 27-37)。台湾法が学説（王澤鑑）・実務ともにドイツに倣っている。

10 Baker, 2002, 384.

11 Sale of Goods Act 1893, s. 17, Sale of Goods Act 1979, s. 17.

12 Law of Property Act 1925, s. 40 (contract for disposition of land), s. 52 (conveyance by deed only). ただし、エクイティ上は、売買契約の成立と同時に権原が移転し、言い換えれば、売主が信託の受託者、買主は受益者となる（Walsh v Lonsdale (1882) 21 ChD9; Cheshire and Burn's Modern Law of Real Property, 17th ed., Oxford University Press, 2006, pp. 877-880)。

13 Cartwright, 2007, 51; e.g. Sale of Goods Act 1979, s. 17 (2)（この点は一八九三年法と同じで判例法の成文化としての制定法規定)。

14 Law of Property Act 1925, ss. 51-52.

15 Friedrich Carl von Savigny, Das Obligationsrecht, vol. II (1853) p. 256 et seq.

16 Baker, 2002, 385.

17 善意無過失は Sale of Goods Act 1893, ss. 22, 23, 25 では in good faith and without notice という英語で表現され、エクイティ上の認識の擬制（constructive notice）により、無過失という意味が入る。In good faith 自体は、過失、無過失ということではなく、「事実問題として正直に（in fact done honestly)」に取得されたかどうかということで（s. 62 (2))、重点は、むしろ「認識（notice)」にあるといえよう。

18 Royston Goode, Commercial Law, 3rd ed., Penguin, London, 2004, pp. 3-7.

19 Bills of Exchange Act 1882, Sale of Goods Act 1893, Marine Insurance Act 1906.

20 Goode, 2004, 95.

21 Bills of Exchange Act 1882, Sale of Goods Act 1893, Marine Insurance Act 1906, Hire-Purchase Act 1964, etc.

22 Markesinis, 2006, 133-135.

23 Freeman v Cooke (1848) 2 Exch 654 at 663; 154 ER 652 at 656.

24 Smith v Hughes (1871) LR 6 QB 597, 607 per Blackburn J.

25 Centrovincial Estates plc v Merchant Investors Assurance Co [1983] Com LR 158 (CA) 158 per Slade LJ.

26 Paal Wilson & Co A/S v Partenreederi Hannah Blumenthal, The Hannah Blumenthal [1983] 1 AC 854 HL.

27 The Hannah Blumenthal [1983] 1 AC 854 (HL) 915 per Lord Diplock.

28 The Hannah Blumenthal [1983] 1 AC 854 (HL) 924 per Lord Brightman.

29 Reichsgericht, zweiter Zivilsenat.

30 Restatement of the Law (2d), Contracts (St. Paul, Minnesota, American Law Institute, 1981).

31 以上、Markesinis, 2006, 134-5.

32 我妻栄『新訂民法総則』二五六頁。

33 Baker, 2002, 385-6.

34 Robert Joseph Pothier, Traité du Contrat de Vente (1806).

35 Sir Mackenzie Chalmers, Sale of Goods Act 1893, ss. 22, 23, 25, 62 (2) (cf. Sale of Goods Act 1979, ss. 23, 24, 25, 61 (3)); Royston Goode, Commercial Law, 3rd ed., Penguin, London, 2004, p. 7, n. 22. なお善意取得以外の意味での用法はない。

36 Professor Samuel Williston, Uniform Sales Act 1906.

37 Karl Llewellyn.

38 ニューヨーク州法は、レウェリン以前から信義誠実則をもっていたとする意見について、船越優子『コモン・ローにおける信義誠実の原則の展開』神戸法学雑誌第五五巻（二〇〇五年）二二九頁、二五一―二頁参照。

39 Markesinis, 2006, 131.

40 Unfair Contract Terms Act 1977, s.11.

41 Regulation 4 (1), Unfair Terms in Consumer Contracts Regulations 1994 (SI 1994 No. 3159); Regulation 5 (1), Unfair Terms in Consumer Contracts Regulations 1999 (SI 1999 No. 2083).

42 Glanvill, Tractatus, X; Ibbetson, 1999, 17-21.

43 ラテン語源を見ると debt は debere (de-habere) から、detinue は de-tenere からきており、ともに誰かから離して（de）持つ（habere）ないし持ち置く（tenere）という意味であった。なお detinue からイギリス法独特の bailment が派生した。

44 Ibbetson, 1999, 300.

45 Report of the Payne Committee on the Enforcement of Judgment Debts (1969) Cmnd. 3909.

46 Slade's Case (1602) 4 Co Rep 91; Baker and Milsom, 1986, 420; Baker 2002, 344-345.

47 Consumer Credit Act 1974, Part V.

48 Ibbetson, 1999, 21, Baker, 2002, 318.

49 Ibbetson, 1999, 24-5.

50 日本の旧民法典財産編二九五条〜三六〇条参照。

51 Cartwright, 2007, 116.

52 ちなみに田中英夫『英米法辞典』はこれを「交付」と訳しているが、元来、物の引渡（livrer）と同じ言葉である。

53 First National Securities Ltd v Jones [1978] Ch 109 (CA).

54 Law of Property Act 1925, s. 52.

55 Limitation Act 1980, s. 2 (tort); s. 5 (contract).

56 Limitation Act 1980, s. 8 (specialty), s. 15 (land).

57 Ibbetson, 1999, 150.

58 Statute 8 & 9 Will III c. 11, s.8 as amdended by Statute 4 Anne c. 16, s. 13 (1705). Ibbetson, 1999, 150, 214-5.

59 Dunlop Pneumatic Tyre Co Ltd v New Garage and Motor Co Ltd [1915] 1 AC 79 at 86ff.

60 この訳語は訴えの定型句「（被告は）自ら請け合って誠実に約束した」（super se assumpsit et fideliter promisit）から作成した。訴えの名称は一五二〇年代までにこの訴えに対する陪審員の一般評決が通常の「（被告は）邪（guilty）か否か」ではなく「請け合った（assumpsit）か否か」に定まったこと（Ibbetson, 1999, 131）に由来するように思われる。

61 ちなみにこの動産返還請求訴訟（action of debt）の対象が bailment（返還を明示または黙示の条件として動産を預けること）で、今日でも契約に含められる部分とそうでない部分がある。

62 Warranty は普通の英語でいう guarantee（保証）をフランス語のノルマン方言、つまり法律用語で表現したもの。子音の変化については逆さまの例であるが英語の William がフランス語の Guillaume に対応することを参照。

63 Ibbetson, 1999, 94.

64 Ibbetson, 1999, 135-147.

65 ちなみにラテン語の privus は prae-vos（in front of you）つまり distinguished, especial から派生して each、個々人を意味する形容詞とされる。プリヴィティはブライベートの名詞で、訳しにくいのでフランス法の似た概念（effet relatif）の直訳を用いる。

66 Ibbetson, 1999, 76-87 (privity, reciprocity, contractual terms), 87-94 (expectations, entitlements and liability for breach of contract).

67 'contractus vero ex mutuis verbis mera voluntate partis utriusque probatis' Cambridge University Library, MS Dd 7.6 (2) f. 12, quoted in Ibbetson, 1999, 71, n. 1.

68 Ibbetson, 1999, chapter 12 'The Rise of the Will Theory'.

69 Ibbetson, 1999, 221.

70 Courtney & Fairbairn Ltd v Tolaini Brothers (Hotels) Ltd [1975] 1 WLR 297 (CA) 301.

71 Walford v Miles [1992] 2 AC 128 (HL) 138.

72 Smith v Hughes (1871) LR6QB597.

73 Ibid. 603-4 per Cockburn CJ.

74 Ibid 607 per Blackburn J.

75 Ibbetson, 1999, 80-83.

76 田中英夫編『英米法辞典』183-4.

77 Sir John Baker, 'Origins of the "Doctrine" of Consideration 1535-1585' in Morris S. Arnold, et al ed., On the Laws and Customs of England: Essays in Honour of Samuel E. Thorne, The University of North Carolina Press, Chapel Hill, 1981, pp. 336-341.

78 Ibbetson, 1999, 144.

79 Sir Christopher St. German (d. 1540), Doctor and Student, Selden Society, vol. 91 (1974).

80 Zimmermann, 1996, 554-6 は Brian Simpson, A History of Common Law of Contract: The Rise of the Action of Assumpsit, Clarendon Press, Oxford, 1975, Chapter VI, Consideration and the Canon Law に依拠している。

81 フランス民法典一一〇八条、イタリア民法典一三二五条、日本のボアソナード民法典財産編三〇四条。

82 Baker, 1981, 350-354.

83 Martin v Sitwell (1691) 1 Show KB 156; Holt 25; Milsom and Baker, 1986, 467 at 478, per Sir John Holt CJKB; Moses v Macferlan (1760) 2 Burr 1005, 1012; 97 ER 676, 679 per Lord Mansfield CJKB.

84 Ibbetson, 1999, 142; cf. Stone v Wythipol (1588) 1 Leon 113, 'every consideration that doth charge the defendant in an assumpsit must be to the benefit of the defendant or charge the plaintiff, and no case can be put out of this rule', per Coke.

85 Ibbetson, 1999, 141-5; Baker, 1981, 357.

86 Pillans and Rose v Van Mierop and Hopkins (1765) 3 Burr. 1664: 'I take it that the ancient notion about the want of consideration was for the sake of evidence only; for when it is reduced into writing, as in covenants, specialties, bonds, and so on, there was no objection to the want of consideration', per Lord Mansfield.

87 Skynner CB.

88 訴訟は、マンスフィールド伯爵が首席裁判官をつとめる王座裁判所（Court of King's Bench）の誤審審理（第二審）判決に対する貴族院（第三審）への誤審審理申立で、財務府裁判所（Court of Exchequer）と人民間訴訟裁判所（Court of Common Pleas）の裁判官全員が集まって貴族院へ答申した（Baker, 2002, 137, 352）。本書は、財務府裁判所は勘定奉行裁判所、人民間訴訟裁判所は歴史的に衆座裁判所（Court of Common Bench）または衆訴裁判所と訳してもよいのではないかと考えている（Baker, 2002, 38n4; 47）。

89 Rann v Hughes (1778) 4 Bro.P.C. 27; Term Rep 350n.

90 Baker, 2002, 352.

91 Tweddle v Atkinson (1861) 1 B&S 393.

92 Price v Easton (1833) 4 B&Ad 433.

93 イギリス契約法の内輪性「プリヴィティ」（privity）は訳しにくいので、便宜上フランス契約法の「相対効」（effet relatif）を借用する。

94 Contracts (Rights of Third Parties) Act 1999, c. 31.

95 Combe v Combe [1951] 2 KB 215 (CA).

96 Cheshire, Fifoot and Furmston's Law of Contract, 13th ed., Butterworths, London, 1996, p. 84.

97 Thomas v Thomas (1842) 2 QB 851; 114 ER 330.

98 White v Bluett (1853) 23 LJ Ex 36.

99 Chappell & Co Ltd v Nestlé Co Ltd [1960] AC 87 (HL).

100 Re McArdle [1951] Ch 669 CA.

101 Re Casey's Patents [1892] 1 Ch 104 CA.

102 Stilk v Myrick (1809) 2 Camp 317; 170 ER 1168.

103 Foakes v Beer (1884) 9 App Cas 605 (HL); Re Selectmove [1995] 2 All ER 531 CA.

104 Pinnel's Case (1602) 5 Co Rep 117a.

105 Ward v Byham [1956] 2 All ER 318 (CA) per Denning LJ.

106 Williams v Roffey Brothers & Nicholls (Contractors) Ltd [1989] EWCA Civ 5; [1991] 1 QB 1 (23 November 1989).

107 Combe v Combe [1951] 2 KB 215 CA.

108 Central London Property Trust Ltd v High Trees House Ltd [1947] KB 130 HC.

109 D&C Builders Ltd v Rees [1966] 2 QB 617 (CA).

110 Tool Metal Manufacturing Co Ltd v Tungsten Electric Co Ltd [1955] UKHL 5; [1955] WLR 761 (16 June 1955).

111 Combe v Combe [1951] 2 KB 215 CA.

112 Ramsden v Dyson and Thornton (1866) LR 1 HL 129, 170 ; Wilmott v Barber (1880) 15 ChD 96, 105-6.

113 Walton Stores (Interstate) Ltd v Maher (1988) 164 CLR 387 HC Australia.

114 American Law Institute, Restatement of the Law (2d) Contracts, 1981, para. 90 (1), 'A promise which the promisor should reasonably expect to induce action or forbearance on the part of the promise or a third person and which does induce such action or forbearance is binding if injustice can be avoided only by enforcement of the promise. The remedy granted for breach may be limited as justice requires.'

115 Combe v Combe [1951] 2 KB 215 CA.

116 Baird Textile Holdings Ltd v Marks & Spencer plc [2001] EWCA Civ 274, [55] per Judge LJ.

117 Williams v Roffey Brothers & Nicholls (Contractors) Ltd [1989] EWCA Civ 5; [1991] 1 QB 1 (23 November 1989).

118 Le contrat renferme le concours des volontés de deux pesonnes, dont l'une promet quelque chose à l'autre, et l'autre accepte la promesse qui lui est faite. Robert Joseph Pothier, Traité des obligations, 1761, n. 4.「契約は一方が他方に何かを約束し相手がその約束がなされることを承諾するという意思の合致から成る。」

119「この国においてはポティエの権威は裁判所の判例に次ぐほどの高い権威をもつ」Cox v Troy (1822) 5 B & Ald 474 at 480 per Best J.

120 Carlill v Carbolic Smokeball Co Ltd [1893] 1 QB 256 CA.
121 Partridge v Crittenden [1968] 1 WLR 1204 QB.
122 Fisher v Bell [1961] 1 QB 394 DC (Divisional Court).
123 Pharmaceutical Society of Great Britain v Boots Cash Chemist (Southern) Ltd [1953] 1 QB 401 CA.
124 Manchester Diocesan Council of Education v Commercial and General Investments Ltd [1969] 3 All ER 1593 ChD.
125 Butler Machine Tool Co Ltd v Ex-Cell-O Corporation (England) Ltd [1979] 1 WLR 401 (CA) 404 per Lord Denning.
126 Gibson v Manchester City Council [1979] UKHL 6; [1979] 1 WLR 294, 297 per Lord Diplock.
127 Edmund Plowden (1518-1585), Commentaries: Plowd. 309, 75 ER 470-1; Baker, 1981, p. 337.
128 Pillans v Van Mierop (1765) 3 Burr 1663.
129 Rann v Hughes (1778) 4 Bro PC 27.
130 為替手形は、甲が乙から金を借り、代わりに丙を支払人とする手形を乙に振出す。乙が手形を丙に提出すると丙は乙から何も約因を得ていないが、これに支払わなければならない。
131 Ibbetson, 1999, 204-6.
132 Samuel Pufendorf, De jure naturae et gentium, (Francofurti ad Moenum, 1694), 3.5.10.
133 Zimmermann, 1996, 553.
134 Friedrich Carl von Savigny, System des heutigen roemischen Rechts (1840).
135 Frederick Pollock, Principles of Contract at Law and in Equity, (1876), 2.
136 Cartwright, 2007, 140.
137 House of Lords, European Union Committee, 12th Report of Session 2008-09, European Contract Law: the Draft Common Frame of Reference, Report with Evidence, HL Paper 95.
138 OJ 1989 C 158/400 and OJ 1994 C 205/518.
139 Presidency Conclusions, nos. 5, 28, 38-39 of the European Council at Tampere, 15-16 October 1999 <http://europa.eu.int/council/off/conclu/oct99/oct99_en.htm>
140 Communication on European Contract Law, COM (2001) 398.
141 COM (2001) 398 – C5-0471/2001 – 2001/2187 [COS]; OJ 2002 C 140E/538 (13th June 2002).

142 A More Coherent European Contract Law, An Action Plan, COM (2003) 68.

143 The Study Group on a European Civil Code.

144 The Research Group on Existing EC Private Law. Existing EC Law とは acquis communautaire の英訳で、「欧州共同体既得法」、これまで欧州共同体諸機関が制定してきた立法と集積してきた判例法の総体を指す。

145 Principles, Definitions and Model Rules of European Private Law; Draft Common Frame of Reference (DCFR), Interim Outline Edition (Sellier 2008)

146 Principles, Definitions and Model Rules of European Private Law; Draft Common Frame of Reference (DCFR), Outline Edition (Sellier 2009).

147 Barry Nichjolas, The French Law of Contract, 2nd ed. Clarendon Press, Oxford, 1992, 169, 177.

148 Ibbetson, 1999, 76 et seq.

149 Tweddle v Atkinson (1861) 1 B&S 393, 30 LJQB 265, 4 LT 468, 121 ER 762 QB.

150 Dunlop Pneumatic Tyre Co Ltd v Selfridge & Co Ltd [1915] AC 847.

151 Ibbetson, 1999, 241-2.

152 Tweddle v Atkinson (1861) 1 B&S 393, 30 LJQB 265, 4 LT 468, 121 ER 762 QB.

153 'Alteri stipulari nemo potest, praeterquam si servus domino, filius patri stipuletur: inventae sunt enim huiusmodi obligationes ad hoc, ut unusquisque sibi adquirat quod sua interest: ceterum ut alii detur, nihil interest mea.' (Digesta, 45.1.38.17).

154 Zimmermann, 1996, 35-36.

155 Imperatores Diocletianus, Maximianus: 'quotiens donatio ita conficitur, ut post tempus id quod donatum est alii restituatur, veteris iuris auctoritate rescriptum est, si is in quem liberalitatis compendium conferebatur stipulatus non sit, placiti fide non impleta, ei qui liberalitatis auctor fuit vel heredibus eius condicticiae actionis persecutionem competere. Sed cum postea benigna iuris interpretation divi principes ei qui stipulatus non sit utilem actionem iuxta donatoris voluntatem competere admiserint...' (Codex 8. 54.3).

156 'Solent et controversiae incidere de acceptatione pro altero facta: in quibus distinguendum est inter promissionem mihi factam de re danda alteri, et inter promissionem in ipsius nomen collatam cui res danda est. Si mihi facta est promissio, omissa inspectione an mea privatim intersit, quam introduxit ius Romanum, naturaliter videtur mihi acceptandi ius dari efficiendi, ut ad alterum ius perveniat, si et is acceptet : ita ut medio tempore a promissore promissio revocari non possit; sed ego cui facta est promissio eam possim remittere. Nam is sensus iuri naturae non repugnat,...' Hugo Grotius, De Iure Belli ac Pacis (Amsterdam, 1632) Liber II, Cap. XI, xviii.

157 Barry Nicholas, The French Law of Contract, 2nd ed., Clarendon Press, Oxford, 1992, 185.
158 Tweddle v Atkinson (1861) 1 B&S 393.
159 Dunlop Pneumatic Tyre Co Ltd v Selfridge & Co Ltd [1915] UKHL 1, [1915] AC 847 (26 April 1915).
160 Married Women's Property Act 1882, s. 11; Road Traffic Act 1988, s. 148 (7); etc.
161 Sixth Interim Report, 'Statute of Frauds and the Doctrine of Consideration' (Cmd 5449, 1937), para. 48.
162 Law Commission, 'Privity of Contract: Contracts for the Benefit of Third Parties' (Law Com No. 242, Cm 3329, 1996), paras 1.3, 1.4, and Draft Bill.
163 Cartwright, 2007, 217.
164 Cartwright, 2007, 219; Zimmermann, 1996, 47.
165 Adler v Dickson, The Himalaya [1954] EWCA Civ 3, [1955] 1 QB 158 (29 October 1954).
166 Scruttons Ltd v Midland Silicones Ltd [1961] UKHL 4, [1962] AC 446 (6 December 1961) per Lord Reid.
167 New Zealand Shipping Co Ltd v A M Satterthwaite & Co Ltd, The Eurymedon [1974] UKPC 1, [1975] AC 154 (25 February 1974) 167-8 per Lord Wilberforce.
168 Port Jackson Sevedoring Proprietary Ltd v Salmond & Spraggon (Australia) Pty Ltd, The New York Star [1981] 1 WLR 138 (PC) 144.
169 The Starsin [2003] UKHL 12, [2003] 2 WLR 711 (13 March 2003).
170 Linden Gardens Trust Ltd v Lenesta Sludge Disposals Ltd [1994] 1 AC 85 (HL) 103 per Lord Browne-Wilkinson.
171 Professor Royston Goode 筆者の質問への回答。Royston Goode, Commercial Law, 3rd ed., Penguin, London, 2004, 744.
172 Law of Property Act 1925, s. 136.
173 Dearle v Hall (1828) 3 Russ 1.
174 これは一八七三年の最高法院設立前の古い判例であるが、のちに枢密院でも確認されている（New Zealand Shipping Co Ltd v AM Satterthwaite & Co Ltd, The Eurymedon [1975] AC 154 (PC) 168)。
175 Les Affréteurs Réunis SA v Leopold Walford (London) Ltd [1919] AC 801 (HL).
176 White v Jones [1995] UKHL 5, [1995] 2 AC 207 (16 February 1995).
177 BGH NHW 1965, 1955
178 Basil Markesinis, The German Law of Contract, 2nd ed., Hart Publishing, Oxford, 2006, 204, 'Verträge mit Schultzwirkung für Dritte'.

179 BGHZ 66, 51.

180 本書第三編第13章一〇四頁。

181 Markesinis, 2006, 207, 705; BGH, 16 October 1963, NJW 1964, 33.

182 Caparo Industries plc v Dickman and Others [1990] UKHL 2, [1990] 2 AC 605 (8 February 1990).

183 Beswick v Beswick [1967] UKHL 2, [1968] AC 58 (29 June 1967).

184 Jackson v Horizon Holidays Ltd [1975] 1 WLR 1468 (CA), as explained by Woodar Investment Development Ltd v Wimpey Construction UK Ltd [1980] 1 WLR 277 (HL) 283.

185 Woodar Investment Development Ltd v Wimpey Construction UK Ltd [1980] 1 WLR 277 (HL) 300-1; Alfred McAlpine Construction Ltd v Panatown Ltd [2001] 1 AC 518 (HL).

186 Nisshin Shipping Co Ltd v Cleves & Co Ltd [2003] EWHC 2602 (Comm); [2004] 1 Lloyd's Rep 38 (7 November 2003).

187 Cartwright, 2006, 145; Ibbetson, 1999, 210, 227.

188 Ibbetson, 1999, 210.

189 Saunders v Anglia Building Society [1971] 1 AC 1004 HL.

190 Ibbetson, 1999, 210.

191 Cundy v Lindsay (1878) 3 App Cas 459 HL（隔地者間）；Ingram v Little [1961] 1QB 31 CA（面前）；Lewis v Averay [1972] 1 QB 198 CA（面前）。

192 注191

193 Hire-Purchase Act 1964, s. 27 (1) This section applies where a motor vehicle has been bailed ... under a hire-purchase agreement, ..., and, before the property in the vehicle has become vested in the debtor, he disposes of the vehicle to another person. (2) Where the disposition referred to in subsection (1) above is to a private purchaser, and he is a purchase of the motor vehicle in good faith, without notice of the hire-purchase ... agreement ... that disposition shall have effect as if the creditor's title to the vehicle has been vested in the debtor immediately before that disposition.; s. 29 (4) 'debtor' means the person to whom a motor vehicle is bailed under a hire-purchase agreement.

194 Shogun Finance Ltd v Hudson [2003] UKHL 62, [51]-[55] per Lord Hobhouse.

195 Shogun Finance Ltd v Hudson [2003] UKHL 62, [35] per Lord Nicholls.

196 Shogun Finance Ltd v Hudson [2003] UKHL 62, [84]-[85] per Lord Millett.

197 Law Commission, Ninth Programme of Law Reform (Law Com No. 293, 2005), para. 1.16, 3.51-3.57.
198 Cheshire and Fifoot, 13th ed. (1996) 263
199 Hudson v Shogun Finance Ltd [2001] EWCA Civ 1000; [2002] QB 834 (28 June 2001), [4] per Sedley LJ; Shogun Finance Ltd v Hudson [2003] UKHL 62; [2004] 1 AC 1101 (19 November 2003), [16] per Lord Nicholls (dissenting).
200 Smith v Hughes (1871) LR 6 QB 597.
201 Smith v Hughes (1871) LR 6 QB 597.
202 Couturier v Hastie (1856) 5 HL Cas 673
203 Scriven Brothers v Hindley [1913] 3 KB 564.
204 Bell v Lever Brothers Ltd [1932] AC 161 HL.
205 [1932] AC 161 HL 217-8.
206 Great Peace Shipping Ltd v Tsavliris Salvage (International) Ltd, The Great Peace [2002] EWCA Civ 1407.
207 McRae v Commonwealth Disposals Commission (1951) 84 CLR 377 (HCA).
208 Associated Japanese Bank (International) Ltd v Crédit du Nord SA [1989] 1 WLR 255 QBD per Lord Steyn.
209 The Great Peace [2002] EWCA Civ 1407.
210 Brennan v Bolt Burden [2004] EWCA Civ 1017.
211 Baker, 2002, 331-333, Aylesbury v Wattes (1382) YB Mich 6 Rich II p. 119, pl. 27; 103 Selden Society 47.
212 Baker 2002, 355-356.
213 Ibbetson, 1999, 223.
214 Supreme Court Act 1981, s. 69 (1).
215 Pasley v Freeman (1789) 3 Term Rep 51.
216 Ibbetson, 1999, 208-209.
217 Ibbetson, 1999, 235;
218 Redgrave v Hurd (1881) 20 ChD 1 per Jessel MR; Newbigging v Adam (1886) 34 ChD 582; Whittington v Seale-Hayne (1990) 82 LT 49; cf. Ibbetson, 1999, 252.
219 Andrew Burrows, The law of Restitution, Butterworths, London, 1993, 130-132, ‘misrepresentation; examples of restitutionary rescission’.

220 Smith v Hughes (1871) LR 6 QB 597, 607 per Blackburn J.

221 Pankhania v Hackney London Borough Council [2002] EWHC 2441 (Ch) (on misrepresentation of law); Brennan v Bolt Burden [2004] EWCA Civ 1017 (on mistake of law).

222 Baker, 2002, 355-356.

223 Ibbetson, 1999, 223.

224 CIBC Mortgages plc v Pitt [1993] UKHL 7; [1994] 1 AC 200, 209.

225 Hedley Byrne Co Ltd v Heller & Partners Ltd [1963] UKHL 4; [1964] AC 465 (28 May 1963).

226 Carter v Boehm (1766) 3 Burr 1905; 97 ER 1162; Banque Financière de la Cité SA v Westgate Insurance Co Ltd [1992] 2 AC 249 HL.

227 Davies v London and Provincial Marine Insurance Co Ltd (1878) 8 ChD 469.

228 Conlon v Simms [2006] EWHC 401 (Ch); [2006] EWCA Civ 1749.

229 Greenwood v Greenwood (1863) 2 DeGJ&S 28; 46 ER 285.

230 Hamilton v Watson (1845) 12 Cl&Fin 109; 8 ER 1339 HL. スコットランドの事件であるが、イングランド・ウェールズにも適用される。

231 Royal Bank of Scotland plc v Etridge (No. 2) [2001] UKHL 44.

232 Consumer Protection (Distance Selling) Regulations 2000 (SI 2000/2334); Financial Services (Distance Marketing) Regulations 2004 (SI 2004/2095).

233 Sale of Goods Act 1893, s. 14 (1); Sale of Goods Act 1979, s. 14 (3).

234 Jack Beatson, 'Has the Common Law a Future' [1997] Cambridge Law Review 291, 303-7.

235 Juries Act 1918 and Administration of Justice (Miscellaneous Provisions) Act 1933.　幡新大実『英国における公権力行使の私法的制御について』比較法研究六七号（二〇〇六年）二二八頁、二三二～二三七頁に二〇世紀以降の民事陪審制度について記述あり。

236 Ibbetson, 1999, 71-2, 208.

237 Ibbetson, 1999, 234, 252; 強暴の訳はボワソナード民法典財産編三〇五条から。

238 Barton v Armstrong [1973] UKPC 2; [1976] AC 104.

239 Occidental Worldwide Investment Corporation v Skibs A/S Avanti (The Siboen and the Sibotre) [1976] 1 Lloyd's Rep 293(QB).

240 Universe Tankships Inc of Monrovia v International transport Workers Federation (The Universe Sentinel) [1981] UKHL 9; [1983] 1 AC 366 (1 April 1981).

241 CTN Cash and Carry Ltd v Gallaher ltd [1993] EWCA Civ 19; [1994] 4 All ER 714 (15 February 1993).
242 Theft Act 1968, s. 21 (1).
243 CTN Cash and Carry Ltd v Gallaher Ltd [1994] 4 All ER 714 CA 719 per Steyn LJ.
244 Pao On v Lau Yiu Long [1979] UKPC 2; [1980] AC 614 (9 April 1979).
245 North Ocean Shipping Co Ltd v Hyundai Construction Co Ltd, The Atlantic Baron [1978] 3 All ER 1170, [1979] QB 705 QBD.
246 Huyton SA v Peter Cremer GmbH & Co [1999] 1 Lloyd's Rep 620 QB 636.
247 Rookes v Barnard [1964] UKHL 1; [1964] AC 1129 (21 January 1964).
248 p. 74, p. 144-145.
249 Williams v Roffey Brothers & Nicholls (Contractors) Ltd [1989] EWCA Civ 5; [1991] 1 QB 1 (23 November 1989); Atlas Express Ltd v Kafco (Importers and Distributors) Ltd [1989] 1 QB 833 QB.
250 Ibbetson, 1999, 209.
251 'What be I to do? How can I help myself? You see these men will have their money': Williams v Barley (1866) LR 1 HL 200.
252 Williams v Barley (1866) LR 1 HL 200.
253 Bank of Credit and Commerce International SA v Aboody [1990] QB 923 CA 925.
254 Royal Bank of Scotland v Etridge (No. 2) [2001] UKHL 44; [2002] 2 AC 773 [14] per Lord Nicholls, [219] per Lord Scott.
255 'What be I to do? How can I help myself? You see these men will have their money': Williams v Barley (1866) LR 1 HL 200.
256 CIBC Mortgages plc v Pitt [1993] UKHL 7; [1994] 1 AC 200.
257 National Westminster Bank plc v Morgan [1985] AC 686 HL.
258 Royal Bank of Scotland plc v Etridge (No. 2) [2001] UKHL 44; [2002] 2 AC 773 [220] per Lord Scott; Allcard v Skinner (1887) 36 ChD 145 CA, 185.
259 Allcard v Skinner (1887) 36 ChD 145 CA.
260 Lancashire Loans Ltd v Black [1934] 1 KB 381 CA.
261 Royal Bank of Scotland v Etridge (No. 2) [2001] UKHL 44; [2002] 2 AC 773.
262 Barclays Bank plc v O'Brien [1994] 1 AC 180 HL.
263 Royal Bank of Scotland v Etridge [2001] UKHL 44; [2002] 2 AC 773 (11 October 2001).

264 Ibid., [44]-[49] per Lord Nicholls of Birkenhead.
265 Ibid., [49] per Lord Nicholls, cf. CIBC Mortgages plc v Pitt [1993] UKHL 7; [1994] 1 AC 200.
266 Ibid., [56], [67] per Lord Nicholls.
267 オーストラリア J. W. Carter and D. J. Harland, Contract Law in Australia, 4th ed., Butterworths, Chatswood NSW, 2002, ch. 15; アメリカ Uniform Commercial Code, s. 2-302; E. A. Farnsworth, Contracts, 4th ed., Aspen, New York, 2004, para. 4.28.
268 Credit Lyonnais Bank Netherlands NV v Burch [1996] EWCA Civ 1292; [1997] 1 All ER144 (20 June 1996)
269 Multiservice Bookbinding Ltd v Marden [1979] Ch 84 ChD 106; Hart v O'Connor [1985] AC 1000 PC 1017-18.
270 Hart v O'Conner [1985] AC 1000 PC 1024, 1027.
271 Eastern Counties Railways v Hawkes (1855) 5 HLC 331 at 347-8 (citing earlier cases).
272 Treitel, 2007, 595.
273 Hazell v Hammersmith and Fulham Borough Council [1992] 2 AC 1 HL.
274 Pharmaceutical Society of Great Britain v Dickson [1970] AC 403.
275 Ashbury Railway Carriage & Iron Co Ltd v Riche (1875) LR 7 HL 653.
276 Companies Act 2006, c. 46.
277 Tinsley v Milligan [1994] AC 340 HL. 本書第三編第11章三節九六頁。
278 Francis Bacon (1561-1626; Lord Chancellor 1617-1621), Maxims of the Law, Reg. 25.
279 Francis Bacon, Maxims of the Law, Reg. 3.
280 Ibbetson, 1999, 84.
281 ちなみにローマ法では「危険は買主にあり」(periculum est emptoris)。
282 Baker, 2002, 331-333, Aylesbury v Wattes (1382) YB Mich 6 Rich II p. 119, pl. 27; 103 Selden Society 47; Ibbetson, 1999, 84.
283 Baker 2002, 355-356.
284 Ibbetson, 1999, 86.
285 Ibbetson, 1999, 86.
286 Ibbetson, 1999, 86.
287 Ibbetson, 1999, 86.

288 Ibbetson, 1999, 83- 87, 223.

289 Ibbetson, 1999, 83- 87, 223.

290 Boone v Eyre (1777) 1 Hy Bl 273n.

291 Bettini v Gye (1876) LR 1 QBD 183, 188 per Blackburn J.

292 Hong Kong Fir Shipping Co Ltd v Kawasaki Kisen Kaisha Ltd [1962] 2 QB 26 per Upjohn LJ.

293 Hugo Grotius, de iure belli ac pacis, Paris, 1625, III.xix.14, 'sed simul sciendum est duobus modis fieri posse ut quis a perfidia vacet, nec tamen id faciat quod promissum est, defectu scilicet conditionis, et per compensationem. Defectu conditionis non vere liberator promissor, sed eventus ostendit nullam esse obligationem ut quae non nisi sub conditione contracta erat. Et huc referendus casus, si prior alter non implerit quod ex sua parte implere tenebatur. Nam unius eiusdemque contractus capita singula alia aliis inesse videntur per modum conditioni, quasi expressum esset, haec ita faciam si et alter faciat quae promisit.'; cf. Zimmermann, Law of Obligations, 1996, p. 803.

294 Hugo Grotius, The Rights of War and Peace, John Morrice's English translation in 1738 of Jean Barbeyrac's French edition (Richard Tuck ed., Indianapolis, 2005).

295 脚註293参照。

296 Zimmermann, 1996, 803.

297 Zimmermann, 1996, 801, n. 133.

298 Cf. Barry Nicholas, The French Law of Contract, 2nd ed. Clarendon Press, Oxford, 1992, 156.

299 Bettini v Gye (1876) LR 1 QBD 183 per Blackburn J.

300 Ibbetson, 1999, 224.

301 Baker, 2002, 336, 357; Ibbetson, 1999, 85.

302 Baker, 2002, 357-358.

303 Gardiner v Gray (1815) 4 Camp 144; Laing v Fidgeon (1815) 4 Camp. 169 (at nisi prius), 6 Taunt. 108 (in banc).

304 Liverpool City Council v Irwin [1977] AC 239

305 Photo Production Ltd v Securicor Transport Ltd [1980] UKHL 2, [1980] AC 827 (14 February 1980) 849 per Lord Diplock; Cartwright, 2007, 255.

306 Cheshire, Fifoot and Furmston's Law of Contract, 13th ed., Butterworths, London, 1996, p. 558, p. 606; Treitel (and Edwin Peel), The Law of

Contract, 12th ed., Sweet and Maxwell, 2007, p. 855

307 Bettini v Gye (1876) LR 1 QBD 183 per Blackburn J.

308 Photo Production Ltd v Securicor Transport Ltd [1980] UKHL 2, [1980] AC 827, 849 per Lord Diplock.

309 Hongkong Fir Shipping Co Ltd v Kawasaki Kisen Kaisha Ltd [1962] 2 QB 26　CA.

310 Photo Production Ltd v Securicor Transport Ltd [1980] UKHL 2, [1980] AC 827, 849 per Lord Diplock.

311 実は一九七九年動産売買法（Sale of Goods Act 1979）の制定段階では黙示条項（implied term）という用語しか使われなかったが、後述する一九八二年動産役務提供契約（Supply of Goods and Services Act 1982）で黙示契約条件（implied condition）という用語が用いられ、一九九四年動産売買提供法（Sale and Supply of Goods Act 1994）で、一九七四年動産売買法にも黙示契約条件が挿入された。

312 Cartwright, 2007, 247.

313 Zimmermann, Law of Obligations, 1996, 771, 825.

314 Ibbetson, 1999, 21, Baker, 2002, 318-321.

315 Zimmermann, Law of Obligations, 1996, 777-781.

316 Peter Birks, Unjust Enrichment, 2nd ed., Oxford University Press, 2005, p. 69.

317 Zimmermann, Law of Obligations, 1996, 542-545, 576-577.

318 Theodore Sedwick, Treatise on the Measure of Damages, 2nd ed., New York, 1852, p. 6.

319 Oliver Wendell Holms, The Common Law, Little, Brown & Co, Boston, 1881, 301, 'The remedy [of specific performance] is an exceptional one. The only universal consequence of a legally binding promise is, that the lawmakes the promisor pay damages if the promised event does not come to pass. In every case it leaves him free from interference until the time for fulfilment has gone by, and therefore free to break his contract if he chooses.'

320 Golden Strait Incorporation v Nippon Yusen Kabushiki Kaisha [2007] UKHL 12 at [22] per Lord Bingham, ' The first is that contracts are made to be performed, not broken. It may prove disadvantageous to break a contract instead of performing it.'

321 Uniformity of Process Act 1832, Real Property Limitation Act 1833, Common Law Procedure Act 1852.

322 Common Law Procedure Act 1852, Supreme Court of Judicature Acts 1873-1875.

323 Photo Production Ltd v Securicor Transport Ltd [1980] UKHL 2, [1980] AC 827, 848-9 per Lord Diplock.

324 Co-operative Insurance Society Ltd v Argyll Stores (Holdings) Ltd [1998] AC 1 HL 13 per Lord Hoffmann.

325 De Francesco v Barnum (1890) LR 45 ChD 430 CA 438 per Fry LJ.

326 Trade Union and Labour Relations (Consolidation) Act 1992, s. 236.
327 Falcke v Gray (1859) 4 Drew 651, 62 ER 250.
328 Co-operative Insurance Society Ltd v Argyll Stores (Holdings) Ltd [1998] AC 1 HL 15-16.
329 Warner Brothers Pictures Incorporation v Nelson [1937] 1 KB 209 CA.
330 Jaggard v Sawyer [1995] 1 WLR 269 CA 288 per Millett LJ.
331 Wrotham Park Estate Co Ltd v Parkside Homes Ltd [1974] 1 WLR 798 CA 811 per Brightman LJ.
332 Rules of the Supreme Court 1965 Ord 45 r 8.
333 Hong Kong Fir Shipping Co Ltd v Kawasaki Kisen Kaisha Ltd, The Hongkong Fir [1962] 2 QB 26 CA.
334 この手の解除条件は自然法にもある。例、グロチウス『戦争と平和の法』一六二五年二巻一五章一五節 'Si pars una fedus violaverit, poterit altera a federe discedere: nam capita federis singula conditionis vim habent. ... Sed hoc ita verum est, ni aliter convenerit: quod fieri interdum solet ne ob quasvis offensas a federe discedere liceat.'「同盟国が盟約に違反すれば相手国は同盟から解放されうる。なぜなら盟約の各条項は条件の効力を持つからである。・・・ただし、同盟は軽微な違反によっては解消されるべきではないと約されている場合がよくあるので、そういう場合以外に限られる」cf. Zimmermann, 1996, 803.
335 Photo Production Ltd v Securicor Transport Ltd [1980] UKHL 2, [1980] AC 827, 849 per Lord Diplock.
336 履行拒絶の英語 repudiation のラテン語源には離婚（repudium）の意味がある。
337 Hochster v De La Tour (1852) 2 El & Bl 678, 690, 118 ER 922, 926.
338 Co-operative Insurance Society Ltd v Argyll Stores (Holdings) Ltd [1998] AC 1 HL 15-16.
339 Robinson v Harman (1848) 1 Ex. 850, at 855 per Parke B; Senate Electrical Wholesalers Ltd v Alcatel Submarine Networks Ltd [1999] 2 Lloyd's Rep 423 CA 430.
340 Treitel, 12th ed., 2007, p. 1004; Cartwright, 2007, 262.
341 Planché v Colburn (1831) 8 Bing. 14.
342 Ruxley Electronics and Construction Ltd v Forsyth [1995] UKHL 8, [1996] AC 344 (29 June 1995).
343 Ruxley Electronics and Construction Ltd v Forsyth [1994] 1 WLR 650 (CA) 650 at 659 per Staughton LJ.
344 Ruxley Electronics and Construction Ltd v Forsyth [1995] UKHL 8, per Lord Lloyd, Lord Bridge, Lord Keith and Lord Mustill.
345 Ruxley Electronics & Construction Ltd v Forsyth [1995] UKHL 8 per Lord Lloyd, with whom Lord Bridge, Lord Keith and Lord Mustill agreed.

346 Addis v Gramophone Co Ltd [1909] AC 488 HL.

347 Jarvis v Swan Tours Ltd [1973] QB 233 CA; Jackson v Horizon Holidays Ltd [1975] 1 WLR 1468 CA.

348 Farley v Skinner (No. 2) [2001] UKHL 49.

349 Banco de Portugal v Waterlow & Sons Ltd [1932] AC 452 HL.

350 British Westinghouse Electric and Manufacturing Co Ltd v Underground Electric Railways Company of London Ltd (No. 2) [1912] AC 673 HL.

351 'the damages which the other party ought to receive in respect of such breach of contract should be such as may fairly and reasonably be considered either arising naturally, i.e., according to the usual course of things, from such breach of contract itself, or such as may reasonably be supposed to have been in the contemplation of both parties, at the time they made the contract, as the probable result of the breach of it.'

352 Ibbetson, 1999, 231-232; Anderson B's second principle, as clarified partly by Asquith LJ in Victoria Laundry (Windsor) Ltd v Newman Industries Ltd [1949] 2 KB 528 (CA) and partly by the House of Lords in C. Czarnikow Ltd v Koufos, The Heron II [1967] UKHL 4, [1969] 1 AC 350 (17 October 1967).

353 Hadley v Baxendale (1854) 9 Exch 341, 156 ER 145, per Alderson B.

354 平井宜雄『損害賠償法の理論』東京大学出版会一九七一年一四六～一五〇頁。

355 Robert Joseph Pothier, Traité des obligations, 1761, no. 160, »... le débiteur n'est tenu que des dommages et intérêts qu'on a pu prévoir, lors du contrat, que le créancier pourrait souffrir de l'inexécution de l'obligation.«

356 Alfred William Brian Simpson in Cheshire, Fifoot and Furmston's Law of Contract, 13th ed., Butterworths, London, 1996, p. 14

357 Williams v Barton (1839) 13 La 404 per Eustis J.

358 Zimmermann, Law of Obligations, 1996, 830.

359 第三編不法行為法第13章「占居者責任」の歴史概説一〇四－一〇五頁も参照。

360 Ibbetson, 1999, 230-232.

361 Victoria Laundry (Windsor) Ltd v Newman Industries Ltd [1949] 2 KB 528 per Asquith LJ.

362 C. Czarnikow Ltd v Koufos, The Heron II [1967] UKHK 4, [1969] 1 AC 350 (17 October 1967).

363 Ibbetson, 1999, 229-232.

364 Cartwright, 2007, 267.

365 Dunlop Pneumatic Tyre Co Ltd v Selfridge & Co Ltd [1915] AC 847 HL.

366 Photo Production Ltd v Securicor Transport Ltd [1980] UKHL 2, [1980] AC 827, 849 per Lord Diplock, 'the party not in default may elect to put an end to all primary obligations of both parties remaining unperformed'.

367 Zimmermann, 1996, 802.

368 Zimmermann, 1996, 802. ツィムマーマンは取消（rescission）の語も用いている（Zimmermann, 1996, 800）。

369 Treitel, 2007, 855 et seq; Cartwright, 2007, 241 et seq (frustration), 255 et seq (breach).

370 Photo Production Ltd v Securicor Ltd [1980] AC 827 HL.

371 Günter Heinz Treitel, The Law of Contract, 12th ed, 2007, 924.

372 田中英夫編『英米法辞典』東京大学出版会一九九一年三六八頁。

373 Jackson v Union Marine Insurance Co Ltd (1874) LR 10 CP 125.

374 Cf. Zimmermann, 1996, 579-580, Decretum Gratiani, Thomas Aquinas, Baltorus, and Baldus.

375 Taylor v Caldwell (1863) 3 B&L 826, 122 ER 309 per Blackburn J.

376 Paradine v Jane (1647) Aleyn 26, 27; 82 ER 897, 897.

377 Paradine v Jane (1647) Aleyn 26, 27; 82 ER 897, 897.

378 Taylor v Caldwell (1863) 3 B&L 826. 122 ER 309, (Court of Queen's Bench).

379 Taylor v Caldwell (1863) 3 B&L 826. 122 ER 309.

380 Taylor v Caldwell (1863) 3 B&L 826.

381 Taylor v Caldwell (1863) 3 B&L 826, 833; 122 ER 309, 312.

382 Taylor v Caldwell (1863) 3 B&L 826, 839; 122 ER 309, 313.

383 Kennedy v The Panama, New Zealand and Australian Royal Mail Co Ltd (1867) LR 2 QB 580, 587-8 per Blackburn J; cf. John Cartwright, 'The Rise and Fall of Mistake' in Ruth Sefton-Green ed., Mistake, Fraud and Duties to Inform in European Contract Law, Cambridge University Press, 2004, 67-71.

384 Davis Contractors Ltd v Fareham Urban District Council [1956] UKHL 3 (19 April 1956).

385 Davis Contractors Ltd v Fareham Urban District Council [1956] UKHL 3, [1956] AC 696, 728-9 per Lord Radcliffe.

386 Davis Contractors Ltd v Fareham Urban District Council [1956] AC 696 HL 728-9 per Lord Radcliffe.

387 Ocean Tramp Tankers Corporation v V/O Sovfracht, The Eugenia [1964] 2 QB 226 CA 239 per Lord Denning MR.

388 Maritime National Fish Ltd v Ocean Trawlers Ltd [1935] AC 524 (PC Canada).
389 J Lauritzen AS v Wijsmuller BV, The Super Servant Two [1990] 1 Lloyd's Rep 1 CA.
390 Joseph Constantine SS Line v Imperial Smelting Corporation Ltd [1942] AC 154.
391 Tsakiroglou & Co Ltd v Noblee Thorl GmbH [1962] AC 93 HL.
392 FA Tamplin Steam Ship Co Ltd v Anglo-Mexican Petroleum Products Co Ltd [1916] 2 AC 397 HL.
393 Fibrosa Spolka Akcyjna (sub nom Fibrosa Société Anonyme) v Fairbairn Lawson Combe Barbour Ltd [1942] UKHL 4 (15 June 1942); [1943] AC 32.
394 Davis Contractors Ltd v Fareham Urban District Council [1956] UKHL 3 (19 April 1956).
395 幡新大実『イギリスの司法制度』東信堂二〇〇九年九八～九九頁。
396 Golden Strait Corporation v Nippon Yusen Kabushiki Kaisha [2007] UKHL 12 (28 March 2007).
397 Golden Strait Corporation v Nippon Yusen Kabushiki Kaisha [2007] UKHL 12.
398 Fibrosa Spolka Akcyjna (sub nom Fibrosa Société Anonyme) v Fairbairn Lawson Combe Barbour Ltd [1942] UKHL 4 (15 June 1942); [1943] AC 32.
399 Gamerco SA v ICM Fair Warning (Agency) Ltd [1995] 1 WLR 1226 QBD.
400 BP Exploration Co (Libya) Ltd v Hunt (No. 2) [1983] AC 352 HL.
401 Golden Strait Corporation v Nippon Yusen Kabushiki Kaisha [2007] UKHL 12.
402 [2007] UKHL 12 [35] per Lord Scott, agreed with by Lord Carswell at [68] and by Lord Brown at [85].
403 [2007] UKHL 12 [22] per Lord Bingham, Senior Law Lord, '… if, on their repudiation being accepted, the charterers had promptly honoured their secondary obligation to pay damages, the transaction would have been settled well before the Second Gulf War became a reality.'
404 Treitel, The Law of Contract, 12th ed., Sweet and Maxwell, London, 2007, para. 19-121, p. 988.
405 National Carriers Ltd v Panalpina (Northern) Ltd [1980] UKHL 8 (11 December 1980), [1981] AC 675 at 687, 702.
406 Peter Birks, Unjust Enrichment, 2nd ed., Oxford University Press, 2005, pp. 117-119.

第五編　不当利得法

第28章　不当利得法

一　歴史的概要

● 第四編契約法において、イギリスの「原状回復」ないし「不当利得」法について各所で触れる機会があったが、すでに見たとおり、契約も不法行為もないところから発生する債権債務関係、「法律上の原因のない利得」(ドイツ民法典八一二条〔Bereicherung ohne rechtlichen Grund〕、ボアソナード民法典財産編三六一条〔enrichissement sans cause légitime〕、日本民法典七〇三条)という発想はなかった。イギリスの裁判所は昔から破邪顕正を仕事としていて、邪(wrong、不法行為と契約違反)でも正(right、物権や契約上の権利)でもないところから権利義務関係の発生するという発想に乏しかったと思われる。

● 支払い義務なく間違って支払った金銭、つまりローマ法の「非債弁済」(indebirum solutum)(『法学提要』三巻二七章六節[1])は、イギリス法では、結果信託(resulting trust)を発生させる。すなわち、理由なくものを受領した結果、信託が成立し、受領者は受領物を目的物とする信託の受託者となり、渡した者は信託の受益者となる。さらに、広くは、事実関係をみて裁判所がエクィティの原則に従って信託を擬制ないし発生させる擬制信託(constructive trust)があるが、ともかく信託の受益者は目的物のエクィティ上の所有者となり、エクィティ上の物権が発生する。この点は後述する。

● また、ホールト首席裁判官によれば、無効契約によって支払われた金銭や「受領理由の消失した」(failure of consideration)[2]金銭の回復(restitution)には、「負債返済の約束違反の訴え」(ラテン語的英語で indebitatus assumpsit)[3]

の「被告は原告のために金銭を受領した」という訴陳[4]（count for money had and received to the plaintiff's use）[5]を利用することができた[6]。負債返済の約束違反の訴えの定型句「被告は原告に借りがあり（indebitatus）、返済することを請け合い（assumpsit super se）誠実に約束した（fideliter promisit）」という部分は、すでに一七世紀において、黙示契約として裁判所が読み込むようになっており、次第に黙示契約の擬制（fiction）によって、不当利得（非債弁済）返還請求にあたるものまでを包含するに至った[7]。

黙示契約の擬制が行なわれた訴訟は、これだけではなく、通常の約束違反の訴え（assumpsit）の訴陳として、「原告が被告の求めに応じて仕事をし、被告はそれが価値を生み出した分の報酬として常識的な相当額（現在完了形で quantum meruit）を支払うと約束した」という主張や、「原告が被告の求めに応じて物を渡し、被告はその引渡当時の価値として常識的な相当額（未完了〔半過去〕形で quantum valebat）を支払うと約束した」という主張があった。さらに負債返済の約束違反の訴え（indebitatus assumpsit）の訴陳（count）の一つとして、「原告は被告の特定の必要による求めに応じてそのために費用を支出し（money laid out to the defendant's use at his special instance and request）、被告はそれを償還すると約束した」というものもあった[8]。いずれも、「被告が求めた」とか、「被告が支払う約束をした」という部分は、当初は状況から推認することのできる事件が見られたものの、次第に必ずしもそうとは言い切れない、むしろ裁判所がそういう黙示契約を擬制した事件もあらわれた[9]。こうして、財産の引渡時の相当額（quantum valebat）や労務が価値を生み出した分の相当額（quantum meruit）の訴えは、その支払約束が完全に擬制となると、「法律上の原因なく原告の財産や労務により被告は利益を得た」という不当利得の訴えに接近する。「被告のために出費した（money laid out to the defendant's use）」という訴えも、共同保証人同士の間の求償とか埋葬費用求償といった特定の場合であったにせよ、被告からの要請や償還約束が擬制であったとすると、「義務なくして本人のために有益な費用を支出した管理人が本人に対してその償還を請求する」という事務管理の訴えに接近する。実際に、一八世紀には、たとえば「労務が価値を生み出した分の相当額」の訴えは「準契約的」(quasi-contractual)であると認識されていた[10]。

実は、ホールト首席裁判官は、この種の新しい訴訟方式が既存の訴訟方式の領域を次々に侵略していくことを制止することに熱心だったので、そのホールトが、無効契約によって支払った金銭や受領理由の消失した(failure of consideration)金銭の回復には、「負債約束(indebitatus assumpsit)違反」の訴訟方式を用いて「被告は原告のために金銭を受領した」と陳述(count)することを許容したのは[11]、ひょっとすると、ラテン語的英語「借りがある」(indebitatus)を正確なラテン語「借りがない」の意味で解釈して、ローマ法の非債弁済返還請求〔condictio indebitis solutis〕の代わりにしようとしたのかもしれない。次いで、ホールトの一八世紀の後継者マンスフィールド伯爵は、「被告は原告のために金銭を受領した」という訴陳による返金義務を「自然法とエクイティ上の義務」と述べて[12]、その背後に、ローマ法のポンポニウスの有名な不当利得則「何人も他人の出捐や損害によって利得しないことが自然法により衡平である」(『学説彙纂』五〇巻一七編二〇六章)[13]が横たわっていることを暗示した。まさに、中世ローマ法が、普通法(ius commune)という名の「太陽」として、イギリスの固有法という「地の法」に、理性の光を注いだ瞬間であった[14]。しかし、それは、ほんの一瞬、光明が差し込んだに過ぎず、イギリスには、それから約二世紀に渡り、大西洋の向こう岸から新風が吹き込むまで、「黙示契約の擬制」という煤煙と霧(スモッグ)が立ち込め続けたのである。

ところで、ポンポニウスの不当利得則には「(これは)何人も他人の出捐で利得しないのが自然により衡平である(からである)」(『学説彙纂』一二巻六編一四章)[15]という版もあり、これに一七世紀西欧の指導的自然法学者の一人グロチウスの『オランダ法学入門』にならって、「正当な原因なく」とつけると[16]、現在のドイツの不当利得法（ドイツ民法典八一二条）になる[17]。ポンポニウスのこの版は、ローマ法の非債弁済返還請求（condictio indebiti soluti）に即したもののようであるが、コンディクチオ（condictio）というラテン語自体には「正当な根拠のない利得」というニュアンスはまったくなく、「通知」程度の意味しかなく、もともと特定物や定額金銭の返還請求（被告への出頭通知による法的訴権〔legis actio condictio〕）という訴訟手続を指していた。このように、不当利得という技術的な概念が、あとから抽出されてくること自体は、とくに不思議ではない。

●

さて、イギリスに戻って、一七世紀のホールトと一八世紀のマンスフィールド伯爵の努力は、一九世紀の裁判所に受け継がれることはなかったが、ケンブリッジの歴史比較法学者ヘンリー・メインには継承された。メインはイギリスの「原告のために受領した金銭」訴訟の前提である黙示契約はあくまで契約であるが、準契約は決して契約ではないことを説いて、黙示契約と準契約の峻別を強調した[18]。これが、大西洋を渡って、米ハーバード大学（エイミスとキーナー）とシカゴ大学（ウッドワード）において「他人の出捐で不当に利得してはならない」という原則を中核とし、次第に不純物を取り去りながら、比較的純粋な不当利得法（unjust enrichment）へと発展した[19]。

●

なお、英語で表記する場合、ドイツの不当利得はドイツ語（ungerechtfertigte Bereicherung）を直訳して unjusti*fied* enrichment とするが、アメリカの不当利得はエイミスにならって unjust enrichment[20]として区別する。なぜなら、グロチウス理論にもとづく現在のドイツの「正当な原因のない利得」ないし「説明のつかない利得」の返還義務という概念は、アメリカの「不当原因（unjust factors）による原状回復義務」とは、微妙にニュアンスが違うからである[21]。

●一方、イギリスでは、メインの学術的努力は実を結ばず、裁判実務が不当利得問題にもっぱら黙示契約の拡張で対応してきた歴史のために、二〇世紀に入っても、契約能力のない当事者を被告とする「黙示契約」は成り立たないとか[22]、明示契約があるときに「黙示契約」は成立しないなどという理由で、不当利得返還請求が否定されるという故障が続いた。しかし、一九三二年のウィンフィールドの不法行為法の教科書が不当利得事務管理法に一章を割いたこと[23]、一九三七年にアメリカ法律協会の原状回復法リステイトメントが公刊されたこと[24]、翌年のライト貴族院裁判官によるイギリス判例法の現状の批判[25]、ホルズワースやジャクソンの出版[26]により、ようやくイギリス法曹界もアメリカ不当利得法の発展に注意を払うようになり、一九四一年報告のユナイテド・オーストラリア対バークレーズ銀行（United Australia v Barclays Bank）事件貴族院判決[27]（Lord Atkin）が、はじめて黙示契約分析から決別し、一九四二年六月一五日のファイブローサ社対フェアバーン社（Fibrosa v Fairbairn）事件（原告はポーランドの会社で被告のイギリス会社から機械を購入するため金銭を支払ったあと、第二次世界大戦の勃発により機械を受け取れなくなった事件）貴族院判決（Lord Wright）は、黙示契約による分析の間違いを批判して、「コンシダレーションの消失」（failure of consideration）による原状回復を認めた[28]。ユナイテド・オーストラリア（United Australia v Barclays）事件とファイブローサ（Fibrosa v Fairbairn）事件における貴族院判決によって、イギリス法においてはじめて契約でも不法行為でもない別の債権発生事由が誕生し、最終的に一九八八年六月六日のリプキン・ゴーマン対カープネイル（Lipkin Gorman v Karpnale）事件貴族院判決[29]で、それが「不当原因利得」として確立されたといえよう[30]。しかし、「確立された」と言っても、新法典が制定されたわけではないので、これまでの「黙示契約の擬制」にもとづく判例法が一夜にしてすべて置き換わったわけではなく、判例法国の法の変化は、その論点の事件の発生を待ちながら、事件ごとに、今も亀の歩みのように進んでいるのである。

● 現代イギリス法の発展に一九世紀以来無視できない影響を与えている教科書の分野では、一九六六年にはゴフとジョーンズの原状回復法（law of restitution）の教科書が公刊され[31]、さらに二〇〇三年にはピーター・バークスの不当利得（unjust enrichment）の教科書が公刊され[32]、さらなる理論的な整理と純化の試みが進んでいる。

● これまでのところ、イギリスの裁判所は、これまでの判例法に依拠した数々の不当原因（unjust factors）による原状回復を認めている。ドイツのマイヤーは、不当原因分析では、無因分析が返還を許さない事件でこれを許し、無因分析が返還を認める事件でこれを拒否することになるとしている[33]。

▽ さて、「不当原因」を、バークスは、利得を与えた当事者の意思の不全（deficient intent）と、原状回復を要請する公的方針（public policy）に二分し、利得を与えた当事者の意思の不全を、意思の欠如（no intent）、意思の欠陥（impaired intent）、意思の前提条件の欠陥（qualified intent）に三分している[34]。このうち、意思の欠陥というのは、契約の無効と取消の原因のうち違法性を除くものを含み、意思の前提条件の欠陥は、後発的な契約解除の原因を含む。

▽ イギリスの不当利得（unjust enrichment）は、まず救済制度としての原状回復（restitution）から分析が始まったため、その原因たる不当利得を概念化する際に、原状回復を要請する実践的な文脈の一つとして、契約が実は無効だった、取消された、途中で解除されたという事態の発生原因に注意が向けられて、「不当原因」（unjust factors）なる概念が成立したということができよう。当然、不当利得という概念と、この不当原因という概念の整合性の悪いことを、バークスは率直に認めている[35]。

● バークスは、金利スウォップ（swap）契約の履行終了後になって契約無効による原状回復を求めた事件で、ホブハウス高等法院裁判官が、先述のファイブローサ事件におけるような契約の途中解除原因「コンシダレーションの消失」（failure of consideration）をこの場合の不当原因とすることはできないとしながら、「コンシダレーションの欠如」（absence of consideration）による原状回復を認めたことに注目した[36]。バークスは、後者のコンシダレーションは、契約成立要素としての「約因」ではなく、グロチウス流の「正当な原因（の欠如）」に他ならず、正当原因の欠如は、それ自体としては不当原因の一つとはなりえない、別の次元の無因利得の概念そのものなので、イギリス法も、これを機会に、カナダ法に続いて、不当原因を廃止して、無因利得法に転換すべきであると論じている[37]。

▽「金利スウォップ（swap）契約」とは、固定金利の利息を流動金利の利息と取り替える契約で、銀行甲からの借入金の利払いにつき、金利変動の危険負担を分散するため、別の銀行乙と利息交換（swap）契約を結び、甲に支払う固定金利で計算した利息を乙に補填してもらう代わりに乙には変動金利で計算した利息を払う。その間に金利が下落すれば変動金利で利息を払う借主に有利、金利が上昇すれば固定金利の利息を払う乙に有利で、イギリスの地方自治体の財務管理に広く利用されていたが、貴族院が金利スウォップは自治体の財務管理としては越権（ultra vires）であるとしたため[38]、金利スウォップ契約で損をした乙の立場の銀行多数が多数の自治体を訴えて原状回復を求めた[39]。

●「コンシダレーション」（consideration）には、イギリス契約法上、不要式契約成立要素の「約因」という意味があるのでまぎらわしいが、たとえば、一六九一年のマーティン対シトウェル（Martin v Sirwell）事件で、原告が被告に無効の契約で金銭を支払い、無効が発覚してその返還を請求したとき、ホールト首席裁判官は「この金銭は理由、わけ、コンシダレーション（reason, occasion, consideration）なく受領された」と述べた[40]。この文脈のコンシダレーションは契約の成立要素などではなく、利得する理由、原因、根拠ほどの意味であることは明らかである。同様に、一七六〇年のモーゼス対マクファーレン（Moses v Macferlan）事件における首席裁判官マンスフィールド伯爵の「この種のエクィティ上の訴えは次の場合、金銭を間違って渡したとき、またはコンシダレーションに基づいて金銭を支払ったが、そのコンシダレーションが消失したとき（money paid ... upon a consideration which happens to fail）に利用できる」という用例も[41]、明らかにローマ法の「理由があってものを与えたが、その理由が存続しなかったための返還請求」（『学説彙纂』一二巻四編 condictio causa data causa non secuta）をイギリス流に表現したものであることが、すでに一八〇六年にポチエの『債権論』を英訳出版したウィリアム・エヴァンズにより証明されている[42]。マンスフィールド伯爵は「約因」としてのコンシダレーションを廃止しようとした首席裁判官なので、右のモーゼス対マクファーレン事件におけるコンシダレーションの消失は、「約因」の消失ではなく、金銭受領の「理由」の消失という意味だったのである。

▽　なお、モーゼス対マクファーレン事件は細かく見ると不当利得ではない。被告マクファーレンは、原告モーゼスが約束手形に裏書（endorsement）してくれたら、モーゼスの債務履行を請求することはないと約束し、モーゼスはその約束を信じて裏書した。マクファーレンはその裏書にもとづいてモーゼスを訴えて約束手形を支払わせた。怒ったモーゼスは別の裁判所（王座裁判所）にマクファーレンを前述の「被告は原告のために金銭を受領した」（money had and received to the plaintiff's use）という訴陳で訴えた。本当は詐欺であろうが、「訴えない」という将来の約束は事実の表示ではなく、かつマクファーレンが約束当時は正直に訴えないつもりであったと主張すれば、不実表示法もなかった時代に詐欺を立証することは至難であり、契約があったとしても訴訟する権利を剥奪する契約は無効であり、エクィティ裁判所は過度の形式主義で利用できないなどの技術的な理由から、いわば詐欺（不法行為）でも契約違反でもない第三の訴権という意味

で「準契約的」機能を持つ訴訟方式が利用された。首席裁判官マンスフィールド伯爵は、モーゼスは非常にひろい意味で「間違って金を支払った」当事者に当たると見て処理したが、厳密な不当（無因）利得法の視点からすれば、モーゼスの支払いには裁判所の判決という決定的な正当原因があったのである。

●一方、イギリスの不当利得は、対人請求権（ius in personam）だけではなく、前述の結果信託や擬制信託（constructive trust）により、エクィティ上の対物請求権（ius in rem）を生む。もちろん、大陸法でも所有権にもとづく返還請求権（rei vindicatio）と不当利得返還請求権の相互関係が議論されるが、この対物請求権（rei vindicatio）は決して不当利得から発生する権利ではない。これに対して信託は、不当利得から対物請求権を発生させる。たとえば、チェイス・マンハッタン銀行対イスラエル・ブリティシュ銀行事件で、原告は被告に二重払い（非債弁済）をし、被告は破産したという事実関係で、グールディング高等法院大法官部（エクィティ部）裁判官は、原告の過払い分を目的物とする擬制信託の成立のために、原告は、被告の不当利得について、対物請求権者として、被告に対する物的担保権のない債権者（対人請求権者）に先んじて、原状回復を求めることができるとした[43]。実は、この帰結の公平性を疑う論者は誰もいないのに、対物請求権の発生には近時反対論がある[44]。とくに先述の金利スウォップ契約事件の一つ、ドイツの銀行がロンドンのイズリントン区役所を訴えたWestdeutsch Landesbank Girozentrale v Islington London Borough Council事件の一九九六年五月二二日の貴族院判決におけるブラウン・ウィルキンソン裁判官の批判が代表的なもので[45]、全般に、判例傾向も、学説傾向も、そしてアメリカにおける動行も、不当利得からのエクィティ上の対物請求権の発生に否定的となっているが、バークスは、この点でイギリス法がドイツ法にならわなければならない論理的必然性は皆無であるばかりか、逆に判例法の一貫性を崩して混乱をもたらすとしている[46]。イギリス法において、不当利得は、単に債権債務を発生させる契約と不法行為に次ぐ第三の原因であるだけでなく、信託下の物権を発生させる、言い換えれば、対人権と対物権の両者に跨る法律要件として存在し、また今後も発展していく可能性を持っているのである[47]。

二　バークス論

● 最後に、故バークス教授のイギリスの不当利得法の現状分析の構造を簡単に紹介する。それは、①原告の出捐をもって被告が利得したという法律要件（causative event）、②不当原因（unjust factors）、③法律要件が生む法律効果（law's responses）としての原状回復（restitution）請求権、そして④抗弁（defences）の四段階構造からなる[48]。

● より広くバークスの私法分析概念を見ると、「法律要件」（causative events）には、「同意表示」（manifestation of consent）[49]、多様な法源のもとの「法的義務違反」（wrong）[50]、不当利得（unjust enrichment）、その他の雑多な法律要件、たとえば事務管理（negotiorum gestio）、課税要件（taxable event）、などがあり、これらの法律要件の生む法律効果には、原状回復（restitution）、補償（compensation）、懲罰（punishment）その他の帰結（goals）の請求権がある[51]。救済（remedy）というイギリス法では普通に使われる用語に対して、バークスはより中立的に帰結（goal）請求権と捉えている。

▽ 法律要件、法律効果という言葉は、我妻博士が「法律関係においては、一定の生活関係が存在すると、これについて法律的保障のある一定の効果が発生することになる。そして、この効果を法律効果といい、この法律効果を生ずる生活関係を法律要件という」[52]と解説しているところを参考にして、バークスの用語の和訳の目的で「援用」した。

▽ 「同意表示」（manifestation of consent）は、「意思表示」（Willenserklärung; declaration of intention）を意識した概念であるが、バークスは、その例として契約、信託表示、不動産物権移転、遺言（contracts, declarations of trust, conveyances, wills）を挙げている[53]。なぜ遺言が「同意」表示なのか考えさせられるが、法律効果について本人の同意があるということだと思われる。意思表示としない理由も、同様に法律効果についての同意として概念化されているからである。同意表示は、従って、そのまま法律効果を生じる法律要件であり、バークスは、法律要件を同意表示とそれ以外に二分し、実際に、同意表示の例として挙げられたものは、すべて広義のdeed、つまり狭義のdeedである捺印証書がその存在を証明しようとする行為といえるので、同意表示とはイギリス流の「法律行為」（deed）のことであると捉えられよう。

◇広義のdeedについて、一三三八年の無名事件で、衆座裁判所（Common Bench）は、捺印証書によらない契約の存在を「相手方に貸す代りに相手方の役務を得ているので（客観的に）認識できる行為（deed）があり、対価（quid pro quo）がある」として認めた[54]。捺印証書そのものも、蝋を垂らして捺印の上、証人たちの目の前で「行為（act and deed）」（の証拠）として引渡されたのである[55]。

● バークスの法律要件と法律効果の平面座標

	原状回復	補償	懲罰	その他の帰結
同意表示				
法的義務違反				
不当利得				
その他の法律要件				

（註、すべての欄が埋まらなければならないわけではない[56]。）

● バークスは意思説を受容しているが、イギリス契約法の現状におけるポチエ流の同意（consent）説の影響は限られており、むしろ取引（bargain）説の方が実態に即している。

● なおバークスは、その他の法律要件に入るものとして事務管理（negotiorum gestio）～ヨーロッパ共通参照枠組草案ＤＣＦＲではbenevolent intervention in another's affairsと英訳されている[57]～を挙げている。しかし、イギリス法は基本的に「他人のために余計なおせっかいを焼いて、裁判所に訴えてその金運を試す」輩を大量に排出することを恐れてきた[58]。当事者が好きでした行動に法的保護を与えることに慎重な姿勢は、不法行為法のvolenti non fit injuria（好きで被った被害に違法性はない）とかエクイティのequity does not assist a volunteer（エクィティは好きでした当事者を助けない）という言葉にも表れている。たとえば東城丸事件貴族院判決でライト貴族院裁判官は、「陸上であれば、他人の財産を守ろうとして介入した当事者には、法律上、何らの報酬を受ける権利もない」ことを強調した[59]。ただし、詳述しないが、イギリス法にも先述の埋葬費用などのほか、海難救助（salvage）など極例外的に有益的費用の償還を認める場合がある。

注

1 Institutiones, III, 27. 6. is cui quis per errorem non debitum solvit, quasi ex contractu debere videtur.

2 ローマ法の「（特定物金銭）を与えた原因が存続しなかったために、与えたものの返還を請求する訴訟」（condictio causa data non secuta）をイギリス法に当てはめた表現。

3 なおindebitatus assumpsitは、ラテン語に見えるかもしれないが、むしろ英語のラテン語的表記であり、従ってindebitatusは決して「非債」を意味せず、逆に借りがあることを意味する（indebtedness）。江戸時代のほとんど漢字だけで書かれた和文を想起すべし。

4 日本では刑事訴訟の「訴因」として有名なカウント（count）は、ノルマン・フランス語のcompte（コント、説明、報告、出来事）の英語化した発音に由来し、ラテン語ではナラティオー（narratio）と表現されており、原告の冒頭陳述の物語で法的に重要なポイントを集約した部分を指した（Baker, 2002, 76）。

5 Ibbetson, 1999, 271: 'the allegation that the defendant had received a sum of money to the use of the plaintiff, which sum of money he had subsequently promised to pay.「原告のために」というのは信託の前身のユースと同じ表現（ad opus; to the use）である。

6 Baker, 2002, 343, 373, Martin v Sitwell (1691) Milsom and Baker, 1986, 467, 468; Holmes v Hall (1704) 6 Mod rep 161.

7 Baker, 2002, 367-377.

8 Baker, 2002, 367-368 (quantum valebat and quantum meruit), 374-375 (money laid out).

9 Ibbetson, 1999, 269-273.

10 Cock v Vivian (1734) W Kel 203, 205.

11 Martin v Sitwell (1691) Milsom and Baker, 1986, 467 at 468; Holmes v Hall (1706) 6 Mod. Rep. 161; Baker 2002, 373.

12 Moses v Macferlan (1760) 2 Burr 1005 at 1010, 'ties of natural justice' and equity, per Lord Mansfield.

13 D50.17.206 (Pomponius libro nono ex variis lectionibus) iure naturae aequum est neminem cum alterius detrimento et injuria fieri locupletiorem.

14 本書第二編8章四節四二–四三頁参照。

15 D12.6.14 (Pomponius Libro 21 ad Sabinum), nam hoc natura aequum est neminem cum alterius detrimento fieri locupletiorem.

16 Hugo Grotius, *Inleiding tot de Hollandsche Rechtsgeleertheyd*, III.xxx.18, 'buiten rechtelicke oorzake' (ohne rechtliche Ursache).

17 Zimmermann, 1996, 885-6; Ibbetson, 1999, 286.

18 Sir Henry Maine, Ancient Law (1861) 343-344.

19 James Barr Ames, 'The History of Assumpsit: Implied Assumpsit' 2 Harvard Law Review (1888), 53 at 66; William A. Keener, *Treatise on the Law of Quasi-Contracts*, New York (1893); Frederic Campbell Woodward (University of Chicago), *The Law of Quasi Contracts* (Boston, 1913); Ibbetson, 1999, 284-286; Baker 2002, 375-6.

20 James Barr Ames, 'The History of Assumpsit: Implied Assumpsit' 2 Harvard Law Review (1888), 53 at 66, 'fundamental principle of justice that no one ought unjustly to enrich himself at the expense of another'; American Law Institute, *Restatement of the Law of Restitution* (published in 1937), and Restatement of the Law, Third, Restitution and Unjust Enrichment (tentative draft No. 6, 2008).

21 Reinhard Zimmermann, 'Unjustified Enrichment: The Modern Civil Law Approach' (1995) 15 Oxford Journal of Legal Studies 403.

22 Sinclair v Brougham [1914] AC 398 (HL); Chandler v Webster [1904] KB 493 CA.

23 Percy H. Winfield, *The Province of the Law of Tort*, Cambridge, 1931, 116-89. ウィンフィールドの名前は、今日でも Winfield and Jolowicz on Tort, Sweet and Maxwell, London の名（二〇〇六年に一七版）で続いている。

24 American Law Institute, *Restatement of the Law of Restitution*, 1936.

25 Lord Wright, 'Sinclair v. Brougham' [1938] Cambridge Law Journal 305.

26 Sir William Searle Holdsworth, *A History of English Law, London*, 1903-1938, 8.88-98; Richard Meredith Jackson, *The History of Quasi-Contract in English Law*, Cambridge, 1936; United Australia Ltd v Barclays Bank Ltd [1941] AC 1, 5-7 per Denning KC.

27 United Australia Ltd v Barclays Bank Ltd [1941] AC 1 HL.

28 Fibrosa Spolka Akcyina v Fairbairn, Lawson, Combe Barbour Ltd [1942] UKHL 4; [1943] AC 32, 61-4 per Lord Wright.

29 Lipkin Gorman (a firm) v Karpnale Ltd [1988] UKHL 12; [1991] 2 AC 548.

30 Ibbetson, 1999, 287-288.

31 Robert Goff and Gareth Jones, *The Law of Restitution*, Sweet and Maxwell, London, 1966.

32 Peter Birks, *Unjust Enrichment*, 1st ed., Oxford, 2003; 2nd ed., 2005.

33 Sonja Meier, 'Restitution after Executed Void Contracts' in Peter Birks and Francis Rose eds., *Lessons of the Swaps Litigation*, Mansfield Press, London, 2000, 206-213.

34 Birks, 2000, para. 15.46-15.173.

35 Peter Birks, 'Unjust Enrichment', in Peter Birks ed., *English Private Law*, vol. II, Oxford University Press, 2000, para. 15.46.

36 Westdeutsche Landesbank Girozentrale v Islington London Borough Council; Kleinwort Benson Ltd v Sandwell Borough Council (1993) [1994] 4 All ER 890 per Hobhouse J (affirmed by the Court of Appeal in Mahon & Company Ltd v Kensignton and Chelsea Royal London Borough Council [1999] QB 215); Birks, 2005, 110.

37 Birks, *English Private Law*, 2000, 15.119-123; Birks, *Unjust Enrichment*, 2005, 44-45.

38 Hazell v Hammersmith and Fulham Borough Council [1992] 2 AC 1 HL.

39 Birks, 2005, p. 109.

40 Martin v Sitwell (1691) 1 Show KB 156; Holt 25; Milsom and Baker, 1986, 467 at 478, 'And as to our case, the money is not only to be returned by the custom, but the policy is made originally void, the party for whose use it was made having no goods on board; so that by this discovery the money was received without any reason, occasion, or consideration, and consequently it was originally received to the plaintiff's use.' per Holt CJ.

41 Moses v Macferlan (1760) 2 Burr 1005, 1012; 97 ER 676, 679 per Lord Mansfield CJKB.

42 Sir William David Evans, *A Treatise on the Law of Obligations or Contracts, by M. Pothier*, Joseph Butterworth, London, 1806, vol. 2, p. 380; Sir

William David Evans, 'Essay on the Action for Money Had and Received' (1802) [1998] Restitution Law Review 1, 9-11.

43 Chase Manhattan Bank NA Ltd v Israel-British Bank (London) Ltd [1981] Ch 105 per Goulding J.

44 Robert Pearce and John Stevens, *The Law of Trusts and Equitable Obligations*, 2nd ed., Butterworths, London, 1998, p. 686.

45 Westdeutsche Landesbank Girozentrale v Islington London Borough Council [1996] UKHL 12; [1996] AC 669, 714 per Lord Browne-Wilkinson.

46 Birks, 2005, 185-194; 203-204.

47 Birks, 2005, 32-38.

48 Peter Birks, 'Unjust Enrichment' in Peter Birks ed., *English Private Law*, Vol. II, Oxford University Press, 2000, p. 525.

49 Birks, 2005, 21

50 Birks, 2005, 21 法源は、コモンロー、エクイティ、制定法、契約（当事者法）。

51 Birks, 2005, 20-28.

52 我妻栄『新訂民法総則』岩波書店一九六五年〔二六三〕。

53 Birks, 2005, 21.

54 Anonymous case (1338) YB 11&12 Edw. III, Rolls Series, p. 587 (Common Pleas), Milsom and Baker, 1986, 228 at 229, 'But here you have his service in return for his hire, of which knowledge may be had; and you have quid pro quo' per Shareshull (judge).

55 Baker, 2002, 322.

56 Birks, 2005, 24.

57 Draft Common Frame of Reference (DCFR), Book V.

58 Birks, *English Private Law*, 2000, 15.156, 'breed overnight a nation of busy-bodies anxious to perform useless and meddlesome services for others and to try their luck with the courts' quoting from E. W. Hope, 'Officiousness' (1930) 15 Cornell Law Quarterly 25, 26.

59 The Tojo Maru [1972] AC 242 (HL) 268 per Lord Wright. 政府間海事協議機関（IMCO）の一九七六年海事債権責任制限条約（Convention on the Limitation of Liability for Maritime Claims, 1976）の制定につながった事件。

あとがき

本書は、二〇〇八年にオックスフォード大学欧州法比較法研究所において客員フェローとして研究の機会を得て、所長のシュテファン・フォーゲナウアー教授の「大陸法家のための英米法入門」（Common Law for Civil Lawyers）と「比較法」（Comparative Law）の講義と同教授がジョン・カートライト教授とサイモン・ウィトカー教授と一緒に担当している「ヨーロッパ私法」（European Private Law）の講義を傍聴したところをもとに、イギリス債権法の概説を試みたものである。

フォーゲナウアー教授はドイツ人で、主著は『イングランドとヨーロッパ大陸における制定法解釈』（*Die Auslegung von Gesetzen in England und auf dem Kontinent*, Mohr Siebeck, Tübingen, 2001）であるが、マックス・プランク国際外国私法研究所所長のラインハルト・ツィムマーマン教授のお弟子さんであり、古代ローマ法から中世ローマ法（普通法）を通して近代西欧各国法、そして将来のヨーロッパ共通私法法典へという壮大な歴史的時間軸の中で、イギリス法を見るという、古典的であって同時に斬新な方法論は、今後の日本の英米法研究においても基礎的な位置を占めるべきものであろう。

日本においては戒能通厚教授がいち早くその重要性に気づかれ、早稲田大学比較法研究所の講演会において、二〇〇七年一二月のフォーゲナウアー教授の来日講演を皮切りに、二〇〇九年七月の桐蔭横浜大学の小川浩三教授の講演を経て、同年一一月のツィムマーマン教授の来日講演に至る連続講演会にご招待いただいた。まさに刮目に価する重要な講演会であった。

本書は、その学恩に対するお礼である。挑戦した主題は、あまりにも大きく、現在のヨーロッパにおけるイギリス法の基礎研究の最先端部分を日本に紹介するといっても、ツィムマーマン・フォーゲナウアー流のドイツ的イギリス法研究の衝撃は大きく、当惑を禁じえないものであり、この果てしない大海原に最終的に漕ぎ出す勇気を得たのは、ケンブリッジ大学の世俗法（Civil Law）教授デイビット・イベットソン教授の名著に接してからであった。思えば二〇〇〇年にオックスフォード大学の世俗法教授であった故ピーター・バークス教授にお会いして以来、一〇年近くが経つ。こうしてイギリスの不法行為法、契約法、不当利得法を手軽にまとめて概説することは当時からの一つの目標であったが、実際のところ、主題の底知れぬ大きさに益々圧倒されているのが実情である。

ただ、故バークス教授とフォーゲナウアー教授の謦咳に接する大きな契機を作っていただいたセント・アントニーズ・カレッジの学長（一九九七年〜二〇〇七年）サー・マラック・グールディングの父上の故サー・アービン・グールディング高等法院大法官部裁判官のチェイス・マンハッタン銀行対イスラエル銀行事件判決の、最もイギリス法らしい意義の最大の理解者が、バークス教授であったことに、本書執筆の過程であらためて気づくことができた。この幸運に感謝し、それに報いるべく、今後の精進の糧にしたいと思う。

本書は、右記フォーゲナウアー、カートライト、バークス、イベットソン、ベイカーの著作や講義に負うところが大であるが、文責は、一切、現著者にある。

最後に、本書の上梓を引き受けていただいた東信堂の下田勝司社長と皆さんに深く感謝し、本書を私の長いイギリス遊学を辛抱強く支えてくれた亡き父の霊前に捧げたい。

二〇一〇年三月京都にて

著　者

参照文献

(古典)

- Aristotle, *Nicomachean Ethics*, Loeb Classical Library Edition, Harvard University Press, London (1934)
- John Austin, *The Province of Jurisprudence Determined and The Uses of the Study of Jurisprudence*, (1832), Hackett, Indianapolis, 1998.
- William Blackstone, *Commentaries on the Laws of England*, 6th ed., (1774)
- Sir Mackenzie D. Chalmers (1847-1927), *Digest of the Law of Bills of Exchange* (1878)
- Sir Matthew Hale (d. 1676), *Hale's Common Law of England*, 6th ed. (1820)
- Hugo Grotius, *De Iure Belli ac Pacis*, (Paris, 1625) and (Amsterdam, 1632).
- Hugo Grotius (translated into English by John Morrice from the French edition by Jean Barbeyrac), *The Rights of War and Peace*, (London, 1738).
- Sir Frederick Pollock (1845-1937), Digest of the Law of Partnership (1877)
- Samuel Pufendorf, *De Iure Naturae et Gentium*, (Francofurt ad Moenum, 1694)
- Samuel Pufendorf (translated by Jean Barbeyrac), *Le Droit de la Nature et des Gens*, Nouvelle Edition, Jean Nours, (Londre, 1715)
- Samuel Pufendorf (translated by Basil Kennett), *Of the Law of Nature and Nations*, 2nd-5th translations, A&J Churchill etc., (Oxford, 1703-1729)

(引用文献)

- Baker, 1981 = John Hamilton Baker, 'Origins of the "Doctrine" of Consideration 1535-1585' in Morris S. Arnold et al ed., *On the Laws and Customs of England: Essays in Honour of Samuel E. Thorne*, The University of North Carolina Press, Chapel Hill, pp. 336-341.
- Baker and Milsom, 1986 = John Hamilton Baker and Stroud Francis Charles Milsom, *Sources of English Legal History: Private Law to* 1750, Butterworths, London.
- Baker, 2002 = John Hamilton Baker, *An Introduction to English Legal History*, 4th ed., Butterworths, London.
- Bellomo, 1995 = Manlo Bellomo (translated by Lydia G. Cochrane), *The Common Legal Past of Europe:* 1000-1800, 2nd, The Catholic University of America Press, Washington, DC.
- Birks, 2000 = Peter Birks ed., *English Private Law*, (two volumes), Oxford University Press.
- Birks, 2005 = Peter Birks, *Unjust Enrichment*, 2nd ed., Oxford University Press.
- Borkowski, 2005 = Andrew Borkowski and Paul du Plessis, *Textbook on Roman Law*, 3rd ed., Oxford University Press.
- Cartwright, 2007 = John Cartwright, *Contract Law: An Introduction to the English Law of Contract for the Civil Lawyers*, Hart Publishing, Oxford.
- Cheshire and Fifoot, 1996 = Cheshire, Fifoot and Fumston's Law of Contract, 13th ed., Butterworths, London.
- Goode, 2004 = Royston Miles Goode, *Commercial Law*, 3rd ed., Penguin, London.
- Ibbetson, 1999 = David Ibbetson, *A Historical Introduction to the Law of Obligations*, Oxford University Press.
- Markesinis, 2002 = Basil S. Markesinis and Hannes Unberath, *The German Law of Torts: A Comparative Treatise*, 4th ed., Hart

Publishing, Oxford.

- Markesinis, 2006 = Basil S. Markesinis, Hannes Unberath and Angus Johnston, *The German Law of Contract: A Comparative Treatise*, 2nd ed., Hart Publishing, Oxford.
- Milsom, 1981 = Stroud Francis Charles Milsom, *Historical Foundations of the Common Law*, 2nd ed., Butterworths, London.
- Nicholas, 1992 = Barry Nicholas, *The French Law of Contract*, 2nd ed., Clarendon Press, Oxford.
- Pennington, 1993 = Kenneth Pennington, *The Prince and the Law*, 1200-1600: *Sovereignty and Rights in the Western Legal Tradition*, University of California Press, Berkeley.
- Simpson, 1975 = Alfred William Brian Simpson, *A History of the Common Law of Contract: The Rise of the Action of Assumpsit*, Clarendon Press, Oxford.
- Treitel, 2007 = Günter Heinz Treitel and Edwin Peel, *The Law of Contract*, 12th ed, Sweet and Maxwell, London.
- Winfield and Jolowicz, 2002 = Winfield and Jolowicz on *Tort*, 17th ed., Sweet and Maxwell, London.
- Zimmermann, 1996 = Reinhard Zimmermann, *The Law of Obligations: Roman Foundations of the Civilian Tradition*, Oxford University Press.
- Zimmermann, 2001 = Reinhard Zimmermann, *Roman Law, Contemporary Law, European Law: The Civilian Tradition Today*, Oxford University Press.

（和文）

● 河上正二訳著、Okko Behrends『歴史の中の民法』日本評論社　二〇〇一年
● 佐々木有司訳、Reinhard Zimmermann『ローマ法・現代法・ヨーロッパ法、シヴィル・ロー的伝統の現在』信山社　二〇〇八年
● 幡新大実『イギリスの司法制度』東信堂　二〇〇九年
● 幡新大実「英国における公権力行使の私法的制御について」比較法研究六七号（二〇〇六年）二一八―二四二

(5) ローマ法源索引

ローマ法大全（Corpus Iuris Civilis）

勅法彙纂（Codex）

学説彙纂（Digesta）

法学提要（Institutiones）

(日本企業・船名事件)

川崎汽船会社事件⇒ Hong Kong Fir Shipping Co Ltd v Kawasaki Kisen Kaisha Ltd
将軍ファイナンス事件⇒ Shogun Finance Ltd v Hudson; Hudson v Shogun Finance Ltd
東城丸事件⇒ The Tojo Maru
日商岩井事件⇒ Nissho Iwai Petroleum Co Ltd v Cargill International SA
日伸海運事件⇒ Nisshin Shipping Co Ltd v Cleves & Co Ltd
日本海事協会事件⇒ Marc Rich & Co AG v Bishop Rock Marine Co Ltd and NKK
日本郵船事件⇒ Golden Strait Incorporation v Nippon Yusen Kabushiki Kaisha
三井三和第一勧銀野村證券合同出資会社事件⇒ Associated Japanese Bank (International) Ltd v Crédit du Nord SA

(ドイツ判例)

RGZ99, 147 (8.6.1920) ………… 173
BGH NJW 1964, 33 (16.10.1963) ………… 221 (n.181)
BGH NHW 1965, 1955 (6.7.1965) - Testamentfall ………… 220 (n.177)
BGHZ66, 51; NJW 1976, 712 (28.1.1976)　野菜くず事件 ………… 221
BGHZ91, 324; NJW 1984, 2279 (7.6.1984) ………… 174

(フランス判例)

Cass.civ.16.1.1888, D.1888.1.77, S.1888.1.121 ………… 214-215 (n.157)
Cass.civ.14.5.1991, D.1991.449 ………… 34 (n. 26)

W

Walford v Miles [1992] 2 AC 128 HL ········· 189 (n.71)
Walker v Northumberland County Council [1995] 1 All ER 737 ········· 115
Walton Stores (Interstate) Ltd v Maher (1988) 164 CLR 387 HC Australia ········· 200 (n.113), 348 (n.17)
Ward v Byham [1956] 2 All ER 318 CA ········· 198 (n.105)
Warner Brothers Pictures Incorporation v Nelson [1937] 1 KB 209 CA ········· 276 (n.329)
Watson v Buckley [1940] 1 All ER 174 ········· 100
Watt v Hertfordshire County Council [1954] 1 WLR 835 ········· 82
Watt v Longsdon [1930] 1 KB 130 ········· 141
Way v Latilla [1937] 3 All ER 795 HL ········· 348 (n.14)
Wells v Cooper [1958] 2 QB 265 ········· 81, 108
Wells v Wells [1999] 1 AC 345 HL ········· 147, 150 (n.92, n93)
Westdeutsche Landesbank Girozentrale v Islington London Borough Council; Kleinwort Benson Ltd v Sandwell Borough Council (1993) [1994] 4 All ER 890 ········· 329 (n.36), 331
Wheat v Lacon[1966] AC 552 HL ········· 107
Wheeler v Saunders [1996] Ch 19 ········· 128
White v Bluett (1853) 23 LJEx 36 ········· 196 (n.98)
White v Jamieson (1874) LR 18 Eq 303 ········· 127
White v Jones [1995] UKHL 5; [1995] 2 AC 207 (16 February 1995) ········· 90-91, 220-221
Whitehouse v Jordan [1980] UKHL 12, [1981] 1 All ER 267 (17 December 1980) ········· 82
Whittington v Seale-Hayne (1990) 82 LT 49 ········· 236 (n.218)
William Lacey (Hounslow) Ltd v Davis [1957] 1WLR 932 QB ········· 346-347 (n.13)
William Sindall plc v Cambridgeshire County Council [1994] 1 WLR 1016 CA ········· 241
Williams v Barley (1866) LR 1 HL 200 ········· 248 (n.251, n.252 and n.255)
Williams v Barton (1839) 13 La 404 (Louisiana) ········· 284 (n.357)
Williams v Roffey Brothers & Nicholls (Contractors) Ltd [1989] EWCA Civ 5; [1991] 1 QB 1 (23 November 1989) ········· 198, 201, 247
Wilkinson v Downton [1897] 2 QB 57 ········· 72 (n.12)
Wilmott v Barber (1880) 15 ChD 96 ········· 200 (n.112)
Wilson v First County Trust (No. 2) [2003] UKHL 40 ········· 34 (n.29)
Wilson v Pringle [1987] QB 237 ········· 72
Wilsons & Clyde Coal Co Ltd v English [1937] UKHL 2, [1938] AC 57 (19 July 1937) ··· 113-115, 120
Winward v TVR Engineering [1986] BTLC 366 ········· 99
With v O'Flanagan [1936] Ch 575 CA ········· 237
Woodar Investment Development Ltd v Wimpey Construction UK Ltd [1980] 1 WLR 277 (HL) 283 ········· 222 (n.185)
Woodward v Mayor of Hastings [1954] KB 174 ········· 109
Wooldridge v Sumner [1962] EWCA Civ 3, [1963] 2 QB 43 (4 June 1962) ········· 82
Wrotham Park Estate Co Ltd v Parkside Homes Ltd [1974] 1 WLR 798 CA ········· 277 (n.331)

Y

Youssoupoff v MGM Pictures Ltd [1934] 5 TLR 581 ········· 133

EWCA Civ 1407 ········ 232-233
The Hannah Blumenthal (Paal Wilson & Co A/S v Partenreederi Hannah Blumenthal) [1983] 1 AC 854 HL ········ 173
The Heron II (C. Czarnikow Ltd v Koufos) [1967] UKHL 4, [1969] 1 AC 350 (17 October 1967) ········ 283 (n.352), 284
The Himalaya (Adler v Dickson) [1954] EWCA Civ 3, [1955] 1 QB 158 (29 October 1954) ··· 217, 223
The Mihalis Angelos (Maredelanto Compania Navoera SA v Bergbau-Handel GmbH) [1971] 1 QB 164 CA ········ 264
The New York Star (Port Jackson Sevedoring Proprietary Ltd v Salmond & Spraggon (Australia) Pty Ltd) [1981] 1 WLR 138 PC ········ 217
The Oropesa (Lord v Pacific Steam Navigation Co Ltd) [1943] P 32 ········ 84
The Siboen and the Sibotre (Occidental Worldwide Investment Corporation v Skibs A/S Avanti) [1976] 1 Lloyd's Rep 293 QB ········ 244
The Starsin [2003] UKHL 12, [2003] 2 WLR 711 (13 March 2003) ········ 217
The Super Servant Two (J Lauritzen AS v Wijsmuller BV) [1990] 1 Lloyd's Rep 1 CA ········ 292-293
The Tojo Maru [1972] AC 242 HL ········ 336
The Universe Sentinel (Universe Tankships Inc of Monrovia v International transport Workers Federation) [1981] UKHL 9; [1983] 1 AC 366 (1 April 1981) ········ 244
The Wagon Mound (No. 1), (Overseas Tankship (UK) Ltd v Morts Dock and Engineering Co Ltd) [1961] AC 388 PC New South Wales ········ 85
The Wagon Mound (No. 2) [1967] 1 AC 617 PC ········ 126
Thomas v Thomas (1842) 2 QB 851; 114 ER 330 ········ 196 (n.97)
Thompson v Smiths Shiprepairers (North Shields) Ltd [1984] QB 405 ········ 114
Thoroughgood's Case (1582) 2 Co Rep 9a ········ 228
Tinsley v Milligan [1994] 1 AC 340 HL ········ 96, 256 (n.277)
Tolley v Fry [1931] AC 333 ········ 136
Toogood v Spyring (1834) 1 CM&R 181 ········ 141
Tool Metal Manufacturing Co Ltd v Tungsten Electric Co Ltd [1955] UKHL 5; [1955] WLR 761 (16 June 1955) ········ 199-200 (n.110)
Tsakiroglou & Co Ltd v Noblee Thorl GmbH [1962] AC 93 HL ········ 293
Tunberville v Savage (1669) 1 Mod. 3 ········ 72
Turbervile v Stampe (1697) 1 Ld Raym 264, Baker and Milsom 559 KB ········ 105 (n. 56), 112 (n.64), 119 (n.68, n.71)
Tweddle v Atkinson (1861) 1 B&S 393; 121 ER 762 QB ········ 194 (n.91), 213, 215, 223

U

United Australia Ltd v Barclays Bank Ltd [1941] AC 1 HL ········ 327

V

Vacwell v BDH Chemicals [1971] 1 QB 88 ········ 86
Vellino v Chief Constable of Greater Manchester [2001] EWCA Civ 1249 ········ 97
Victoria Laundry (Windsor) Ltd v Newman Industries Ltd [1949] 2 KB 528 ········ 284

217 (n.166)
Seager v Copydex Ltd (No. 2) [1969] 1 WLR 809 CA ······ 348 (n.16)
Sedleigh-Denfield v O'Callaghan [1940] AC 880 ······ 127
Senate Electrical Wholesalers Ltd v Alcatel Submarine Networks Ltd [1999] 2 Lloyd's Rep 423 CA
280 (n.339)
Shah v Standard Chartered Bank (1998) Times, May 13 ······ 138
Shirlow v Southern Foundries [1939] 2 KB 206 CA ······ 262-263
Shogun Finance v Hudson [2003] UKHL 62; [2004] 1 AC 1101 (19 November 2003) ··· 167, 229-231
Sim v Stretch [1936] 52 TLR 669 ······ 133
Simpkins v Pays [1955] 3 All ER 10 Assizes ······ 209
Sinclair v Brougham [1914] AC 398 HL ······ 327 (n.22, n.25)
Slade's Case (1602) 4 Co Rep 91 ······ 180, 181
Smith v Baker & Sons [1891] AC 325 HL ······ 95
Smith v Bush [1990] 1 AC 831 HL ······ 98, 268, 269
Smith v Hughes (1871) LR 6 QB 597 ······ 172-173, 189-190, 231, 237
Smith v Land & House Property Corporation (1884) 28 ChD 7 CA ······ 238
Smith v Leech Brain [1962] 2 QB 405 ······ 86
Smith v Morgan [1971] 1 WLR 803 ChD ······ 345 (n.5)
Snelling v John G Snelling Ltd [1973] QB 87 QBD ······ 209
Spring v Guardian Assurance [1995] 2 AC 296 ······ 92
Stennett v Hancock and Peters [1939] 2 All ER 578 ······ 99, 100
Stephens v Myers (1840) 4 C&P 349 ······ 72
Steven Berkoff v Julie Burchill and Times Newspapers Ltd [1996] EWCA Civ 564 ······ 136 (n. 87)
Stevenson v McLean (1880) 5 QBD 346 ······ 205
Stokes v Guest, Keen and Nettleford [1968] 1 WLR 1776 ······ 82
Stone v Wythipol (1588) 1 Leon 113 ······ 193 (n.84)
Stilk v Myrick (1809) 2 Camp 317; 170 ER 1168 ······ 197 (n.102)
Sturges v Bridgman (1879) 11 ChD 852 ······ 126, 128
Symons v Darknoll (1628) Baker and Milsom 562 ······ 105 (n.52)

T

Tameside & Glossop Acute Services NHS Trust v Thompstone [2008] EWCA Civ 5 ······ 151 (n.96)
Tarry v Ashton (1875) LR 1 QBD 314 ······ 119 (n.70)
Taylor v Caldwell (1863) 3 B&L 826; 122 ER 309 ······ 289 (n.375), 290-291
Telnikoff v Matusevitch [1992] 2 AC 343 ······ 139
Tetley v Chitty [1986] 1 All ER 663 ······ 128
The Aello (Sociedad Financiera de Bienes Raices SA v Agrimpex Hungarian Trading Co for Agricultural Products) [1961] AC 135 ······ 175
The Atlantic Baron (North Ocean Shipping Co Ltd v Hyundai Construction Co Ltd) [1978] 3 All ER 1170, [1979] QB 705 QBD ······ 246
The Eugenia, (Ocean Tramp Tankers Corporation v V/O Sovfracht) [1964] 2 QB 226 CA ··· 292 (n.387)
The Eurymedon (New Zealand Shipping Co Ltd v A M Satterthwaite & Co Ltd) [1974] UKPC 1, [1975] AC 154 (25 February 1974) ······ 217, 219 (n.174)
The Great Peace (Great Peace Shipping Ltd v Tsavliris Salvage (International) Ltd) [2002]

Ramsden v Dyson and Thornton (1866) LR 1 HL 129 ········· 200 (n.112)
Ramsgate Victoria Hotel Co Ltd v Montefiore (1866) 1 LR 1 Exch 109 ········· 204
Rann v Hughes (1778) 4 Bro.P.C. 27 ········· 193-194 (n. 89), 208 (n.129)
Re Casey's Patents [1892] 1 Ch 104 CA ········· 197 (n.101)
Re McArdle [1951] Ch 669 CA ········· 196-197 (n.100)
Re Moorcock (1889) 14 PD 64 CA ········· 262
Re Selectmove [1995] 2 All ER 531 CA ········· 197
Redgrave v Hurd (1881) 20 ChD 1 CA ········· 235, 236 (n.218)
Redland Bricks v Morris [1970] AC 652 ········· 152-153
Ready Mixed Concrete (South East) Ltd v Minister of Pensions and National Insurance [1968] 2 QB 497 ········· 116-117
Reeves v Metropolitan Police Commissioner [2000] 1 AC 360 HL ········· 95
Regina (R) v Ireland [1998] AC 147 ········· 72
R v Meade and Belt (1823) 1 Lew CC 184 ········· 72
R v Secretary of State for Transport, ex parte Factortame Ltd (No. 1) [1989] UKHL 1, [1990] 2 AC 85 (18 May 1989) and the same (No. 2) [1990] UKHL 13, [1991] 1 AC 603 (11 October 1990) ········· 25 (n.7)
R v Secretary of State for Transport, ex parte Factortame Ltd (No. 2) [1990] UKHL 13, [1991] 1 AC 603 (11 October 1990) ········· 53 (n.67)
Reynolds v Times Newspapers Ltd [2001] 2 AC 127 ········· 141
Rich v Kneeland (1613) Baker and Milsom 562 KB ········· 105 (n. 52)
Robinson v Harman (1848) 1 Ex. 850 ········· 280 (n.339)
Robinson v Kilvert (1889) 41 ChD 88 ········· 126
Roe v Minister of Health [1954] 2 QB 56 ········· 82
Roles v Nathan [1963] 1 WLR 1117 ········· 108
Rookes v Barnard [1964] AC 1129 ········· 145, 246
Rose v Plenty [1976] 1 All ER 97 ········· 117
Routledge v Grant (1828) 4 Bing 653; 130 ER 920 ········· 203
Royal Bank of Scotland v Etridge (No. 2) [2001] UKHL 44; [2002] 2 AC 773 ········· 243 (n.231), 248, 249 (nn.258, 261), 250, 251-252
Royscott Trust Ltd v Rogerson and Maidenhead Honda Centre [1991] 2 QB 297 CA ········· 240-241
Ruxley Electronics and Construction Ltd v Forsyth [1995] UKHL 8, [1996] AC 344 (29 June 1995) 281-283
Rylands v Fletcher (1868) LR 3 HL 330 ········· 105, 119, 131-132

S

St Anne's Well Brewery v Roberts (1929) 140 LT 1 ········· 128
St Helen's Smelting v Tipping (1865) 11 HLC 642 ········· 125
Saltman Engineering Co Ltd v Campbell Engineering Co Ltd (1948) 65 RPC 203 CA ········· 348 (n.15)
Saunders v Anglia Building Society [1971] 1 AC 1004 HL ········· 228 (n.189)
Scotson v Pegg (1861) 6 H&N 295 ········· 219
Scott v Shepherd (1773) 2 W.Bl 892 ········· 85
Scriven Brothers v Hindley [1913] 3 KB 564 ········· 232
Scruttons Ltd v Midland Silicones Ltd [1961] UKHL 4, [1962] AC 446 (6 December 1961)

Newstead v London Express Newspapers [1940] 1 KB 377 …… 137
Nissho Iwai Petroleum Co Ltd v Cargill International SA [1993] 1 Lloyd's Rep 80 …… 175
Nisshin Shipping Co Ltd v Cleves & Co Ltd [2003] EWHC 2602 (Comm); [2004] 1 Lloyd's Rep 38 (7 November 2003) …… 224 (n.186)
Nocton v Ashburton [1914] AC 932 …… 89, 90-91

O

Ogwo v Taylor [1988] AC 431 HL …… 95
Olley v Marlborough Court [1949] 1 KB 532 CA …… 262
Oscar Chess Ltd v Williams [1957] 1 WLR 370 CA …… 261
Owens v Brimmell [1977] QB 859 …… 94

P

Page v Smith [1996] 1 AC 155 HL …… 87
Pankhania v Hackney London Borough Council [2002] EWHC 2441 (Ch) …… 238 (n.221)
Pao On v Lau Yiu Long [1979] UKPC 2; [1980] AC 614 (9 April 1979) …… 245-246 (n.244)
Paradine v Jane (1647) Aleyn 26; 82 ER 897 …… 290
Paris v Stepney Borough Council [1951] AC 367 …… 81-82
Partridge v Crittenden [1968] 1 WLR 1204 QB …… 203
Pasley v Freeman (1789) 3 Term Rep 51 …… 233, 234 (n.215)
Payne v Cave (1789) 3 Term Rep 148 …… 203
Pepper v Hart [1992] UKHL 3; [1993] AC 593 (26 November 1992) …… 34 (n.28)
Peter Pan Manufacturing Corporation v Corsets Silhouette Ltd [1967] 1 WLR 923 CA …… 348 (n.16)
Petromec Inc v Petroleo Brasilieiro SA [2005] EWCA Civ 891 …… 346 (n.10)
Pharmaceutical Society of Great Britain v Boots Cash Chemist (Southern) Ltd [1953] 1 QB 401 CA …… 203
Pharmaceutical Society of Great Britain v Dickson [1970] AC 403 …… 255 (n.274)
Phillips v Brittania Hygienic Laundry [1923] 2 KB 832 …… 122
Photo Production Ltd v Securicor Transport Ltd [1980] UKHL 2, [1980] AC 827 (14 February 1980) …… 263 (n.305), 264 (nn.308, 310), 274, 277-278, 286 (n.366), 287
Pickard v Smith (1861) 10 CBNS 470 …… 105 (n.61)
Pickett v British Rail Engineering [1980] AC 136 …… 147
Pillans and Rose v Van Mierop and Hopkins (1765) 3 Burr 1664 …… 193 (n.86), 208 (n.128)
Pinnel's Case (1602) 5 Co Rep 117a …… 197
Pitts v Hunt [1991] 1 QB 24 CA …… 96
Planché v Colburn (1831) 8 Bing. 14 …… 281 (n.341)
Practice Statement (Judicial Precedent) [1966] 1 WLR 1234 …… 25 (n.8)
Pratt Contractors Ltd v Transit New Zealand [2003] UKPC 83 …… 345 (n.6)
Price v Easton (1833) 4 B&Ad 433 …… 194

Q

Quinn v Leathem [1901] 1 AC 495 HL …… 27-28 (n.12)

R

R&B Customs Brokers v United Dominions Trust [1987] EWCA Civ 3 …… 267

Livingstone v Rawyards Coal (1880) 5 App Cas 25 HL ········· 144, 149
London Passengers Transport Board v Upson [1949] 1 All ER 60 HL ········· 120-121
Lonrho v Shell (No. 2) [1982] AC 173 ········· 122-123
Luxor (Eastbourne) Ltd v Cooper [1941] AC 108 ········· 206

M

McCutcheon v McBrayne [1964] 1 All ER 430 HL ········· 262
McDermid v Nash Dredging & Reclamation Co Ltd [1986] UKHL 5, [1987] AC 906 (2 July 1986) 113
McFarlane v EE Caledonia [1994] 2 All ER 1 ········· 88
McGhee v National Coal Board [1972] UKHL 7, [1972] 3 All ER 1008 (15 November 1972) ········· 84
McLoughlin v O'Brian [1983] 1 AC 410 ········· 88
McRae v Commonwealth Disposals Commission (1951) 84 CLR 377 (Australia) ········· 233
McWilliams v Sir William Arrol [1962] 1 WLR 295 ········· 114
Mahon & Company Ltd v Kensignton and Chelsea Royal London Borough Council [1999] QB 215 330 (n.36)
Manchester Diocesan Council of Education v Commercial and General Investments Ltd [1969] 3 All ER 1593 ChD ········· 206 (n.124)
Marc Rich & Co AG v Bishop Rock Marine Co Ltd and NKK [1995] UKHL 4; [1996] AC 211 (6 July 1995) ········· 90
Maritime National Fish Ltd v Ocean Trawlers Ltd [1935] AC 524 (PC Canada) ········· 292 (n.388)
Martin v Sitwell (1691) 1 Show KB 156 ········· 193 (n. 83), 324 (n.6), 325 (n.11), 329
Martin v Watson [1996] AC 74 ········· 75
Matania v National Provincial Bank [1936] 2 All ER 633 ········· 127
Merritt v Merritt [1970] 2 All ER 760 CA ········· 209
Messer UK v Britvic Soft Drinks [2002] EWCA Civ 548 ········· 267-268
Metropolitan Water Board v Dick Kerr & Co Ltd [1918] AC 119 ········· 293
Monson v Tussauds [1894] 1 QB 671 ········· 136
Morgan v Odhams Press [1971] 1 WLR 1239 ········· 137
Moses v Macferlan (1760) 2 Burr 1005, 97 ER 676 ········· 193 (n. 83), 325 (n.12), 330-331
Mullin v Richard [1998] 1 All ER 920 ········· 81
Multiservice Bookbinding Ltd v Marden [1979] Ch 84 ChD ········· 253 (n.269)
Murphy v Brentwood District Council [1991] 1 AC 398 HL ········· 88, 92

N

Nash v Sheen (1953) Times, March 13 ········· 73
Nance v British Colombia Electric Railway Co [1951] AC 601 PC (Ca) ········· 93-94
National Carriers Ltd v Panalpina (Northern) Ltd [1980] UKHL 8 (11 December 1980), [1981] AC 675 ········· 299
National Coal Board v England [1954] AC 403 HL ········· 96
National Westminster Bank plc v Morgan [1985] AC 686 HL ········· 249 (n.257)
Navenby v Lassels (1368) Baker and Milsom 552 KB ········· 104 (n. 49), 105 (n. 58)
Nettleship v Weston [1971] 2 QB 691 ········· 81
Newbigging v Adam (1886) 34 ChD 582 ········· 236 (n.218)

Huyton SA v Peter Cremer GmbH & Co [1999] 1 Lloyd's Rep 620 QB 636 ………………… 246 (n.246)
Hyde v Wrench (1840) 3 Beav 334 ……………………………………………………………………… 205

I

Imperial Chemical Industries v Shatwell [1965] AC 656 HL ……………………………………… 95, 116
Indermaur v Dames (1866) LR 2 CP 311 ……………………………………………………… 105 (n.61)
Ingram v Little [1961] 1QB 31 CA ……………………………………………………… 229 (nn. 191-192)
Interfoto v Stiletto [1989] QB 433 CA ……………………………………………………………… 262
Invercergill City Council v Hamlim [1996] AC 624 PC (NZ) ……………………………………… 93

J

Jackson v Horizon Holidays Ltd [1975] 1 WLR 1468 CA ……………………………222 (n.184), 282 (n.347)
Jackson v Union Marine Insurance Co Ltd (1874) LR 10 CP 125 …………………………………… 289
Jaggard v Sawyer [1995] 1 WLR 269 CA ………………………………………………… 276-277 (n.330)
Jarvis v Swan Tours Ltd [1973] QB 233 CA ……………………………………………………… 282 (n.347)
Jobling v Associated Dairies [1982] AC 794 ………………………………………………………… 85
Johnson v Agnew [1980] AC 367 ……………………………………………………………………… 286
Jolley v Sutton London Borough Council [2000] 1 WLR 1082 ………………………………… 109-110
Jones v Livox Quarries [1952] 2 QB 608 …………………………………………………………… 94
Joseph Constantine SS Line v Imperial Smelting Corporation Ltd [1942] AC 154 ………… 293 (n.390)

K

Kemsley v Foot [1952] AC 345 ……………………………………………………………………… 139
Kennedy v The Panama, New Zealand and Australian Royal Mail Co Ltd (1867) LR 2 QB 580
291 (n.383)
Keppel Bus v Sa'ad bin Ahmad [1974] 1 WLR 1082 ………………………………………………… 118
Kleinwort Benson v Lincoln City Council [1992] 2 AC 349 HL ………………………………… 42 (n.48)
Kleinwort Benson v Sandwell Borough Council (1993) [1994] 4 All ER 890 ……………… 329 (n.36)
Krell v Henry [1903] 2 KB 740 CA …………………………………………………………………… 294
Kubach v Hollands [1937] 3 All ER 970 …………………………………………………………… 101
Kuddus v Chief Constable of Leicestershire [2001] UKHL 29 …………………………………… 145

L

Laing v Fidgeon (1815) 4 Camp. 169 …………………………………………………………… 263 (n.303)
Lancashire Loans Ltd v Black [1934] 1 KB 381 CA ……………………………………………… 249 (n.260)
Latimer v AEC Ltd [1953] UKHL 3, [1953] AC 643 (25 June 1953) ……………………………… 82, 114
Leakey v National Trust [1980] QB 485 …………………………………………………………… 127
Les Affréteurs Réunis SA v Leopold Walford (London) Ltd [1919] AC 801 HL …………… 220 (n.175)
L'Estrange v Graucob [1934] 2 KB 394 CA ………………………………………………………… 262
Lewis v Averay [1972] 1 QB 198 CA ………………………………………………………… 229 (nn.191-192)
Linden Gardens Trust Ltd v Lenesta Sludge Disposals Ltd [1994] 1 AC 85 HL ………… 217 (n.170)
Lipkin Gorman (a firm) v Karpnale Ltd [1988] UKHL 12; [1991] 2 AC 548 ……………………… 327
Lister v Hesley Hall Ltd [2001] UKHL 22 …………………………………………………………… 118
Liverpool City Council v Irwin [1977] AC 239 ……………………………………………… 263 (n.304)

Golden Strait Incorporation v Nippon Yusen Kabushiki Kaisha [2007] UKHL 12 ······ 273, 295, 297-298
Goldsmith v Bhoyrul [1998] QB 459 ······ 143 (n.88)
Gorris v Scott (1875) LR 9 Exch 125 ······ 122
Grant v Australian Knitting Mills [1936] AC 85 PC ······ 100-101
Greenwood v Greenwood (1863) 2 DeGJ&S 28; 46 ER 285 ······ 242 (n.229)
Griffiths v Arch Engineering [1968] 3 All ER 217 ······ 100, 101
Groves v Lord Winborne [1898] 2 QB 402 ······ 122

H

Hadley v Baxendale (1854) 9 Exch 341, 156 ER 145 ······ 283-285
Haley v London Electricity Board [1965] AC 778 ······ 81
Hambrook v Stokes [1925] 1 KB 141 ······ 88
Hamilton v Watson (1845) 12 Cl&Fin 109; 8 ER 1339 HL ······ 243 (n.230)
Hart v O'Connor [1985] AC 1000 PC ······ 253 (n.269), 254 (n.270)
Haseldine v Daw [1941] 2 KB 343 ······ 100, 109
Haynes v Harwood [1935] 1 KB 146 CA ······ 95
Hazell v Hammersmith and Fulham Borough Council [1992] 2 AC 1 HL ······ 255 (n.273), 331 (n.38)
Heath v Mayor of Brighton (1908) 98 LT 718 ······ 126
Hedley Byrne Co Ltd v Heller & Partners Ltd [1963] UKHL 4; [1964] AC 465 (28 May 1963)
79, 89, 133 (n.79), 165, 241-242, 342
Heil v Rankin [2001] PIQR Q16 ······ 85
Henderson v Henry Jenkins [1970] AC 282 ······ 82-83
Henderson v Merrett Syndicates Ltd [1994] UKHL 5; [1995] 2 AC 145 (24 July 1994) ······ 91, 165
Henthorn v Fraser [1892] 2 Ch 72 ······ 205
Herne Bay Steam Boat Co v Hutton [1903] 2 KB 683 CA ······ 294
Herschtal v Stewart & Andern [1940] KB 155 ······ 100
Heydon's Case (1584) 3 Co Rep 7a ······ 34
Hochster v De La Tour (1852) 2 El & Bl 678 ; 118 ER 922 ······ 278 (n.337)
Hoenig v Isaacs [1952] EWCA Civ 6; [1952] 2 All ER 176 (13 February 1952) ······ 281
Hollis v Dow Corning (1996) 129 DLR (4th) 609 ······ 101
Hollywood Silver Fox Farm Ltd v Emmett [1936] 2 KB 475 ······ 126
Holmes v Hall (1704) 6 Mod rep 161 ······ 324 (n.6), 325 (n.11)
Holwell Securities v Hughes [1974] 1 All ER 161 CA ······ 205
Holwood v Hopkins (1600) 101 Selden Society 89 ······ 133 (n.78)
Home Office v Dorset Yacht [1970] AC 1004 ······ 79
Honeywill & Stein Ltd v Larkin Brothers Ltd [1934] 1 KB 191 CA ······ 120 (n.72)
Hong Kong Fir Shipping Co Ltd v Kawasaki Kisen Kaisha Ltd [1962] 2 QB 26 CA ··· 259 (n.292), 264, 277
Hotson v East Birkshire Health Authority [1987] AC 750 ······ 83
Hudson v Shogun Finance Ltd [2001] EWCA Civ 1000; [2002] QB 834 (28 June 2001)
230-231 (n.199)
Hughes v Lord Advocate [1963] AC 837 ······ 85-86
Hughes v Percival (1883) 8 App Cas 443 ······ 119 (n.66)
Hulton v Jones [1910] AC 20 ······ 137
Hunter v Canary Wharf [1997] AC 655 ······ 126-127

Dodd Properties v Canterbury City Council [1980] 1 WLR 433 ………… 120 (n.72)
Doe (on the demise of Rochester) v Bridges (1831) 1 B&Ad 847 ………… 122
Donoghue (M'Alister) v Stevenson [1931] UKHL 3, [1932] AC 562 (26 May 1931) ………… 43-44, 77, 78-80, 88, 99
Dooley v Cammell Laird [1951] 1 Lloyd's Rep 271 ………… 87
Doyle v Olby [1969] 2 QB 158 CA; East v Maurer [1991] 1 WLR 461 CA ………… 240
Dunlop Pneumatic Tyre Co Ltd v Selfridge & Co Ltd [1915] AC 847 ………… 213, 215, 285 (n.365)

E

E. Hobbs v Baxender Chemical [1992] 1 Lloyd's Rep 54 ………… 101
E.R. v J.P. (1675) Baker and Milsom 562 KB ………… 105 (n. 53)
Eastern Counties Railways v Hawkes (1855) 5 HLC 331 ………… 255 (n. 271)
Edgington v Fitzmaurice (1885) LR 29 ChD 459 CA ………… 238-239
Edwards v Skyways Ltd [1964] 1 All ER 494 QBD ………… 209
Elton John v Mirror Group [1997] QB 586 ………… 143
Errington v Errington [1952] 1 KB 290 ………… 206
Esso Petroleum Co Ltd v Mardon [1976] QB 801 CA ………… 238
Esther Rantzen v Mirror Group [1994] QB 670 ………… 143
Evans v Triplex Safety Glass [1936] 1 All ER 283 ………… 100
ex parte Island Records [1978] Ch 122 ………… 122

F

FA Tamplin Steam Ship Co Ltd v Anglo-Mexican Petroleum Products Co Ltd [1916] 2 AC 397 HL ………… 293 (n.392)
Falcke v Gray (1859) 4 Drew 651, 62 ER 250 ………… 275-276 (n.327)
Fairchild v Glenhaven Funeral Services Ltd [2002] UKHL 22, [2003] 1 AC 32 ………… 84
Farley v Skinner (No. 2) [2001] UKHL 49 ………… 283 (n.348)
Felthouse v Bindley (1863) 1 New Rep 401 Ex ………… 205
Fibrosa Spolka Akcyjna (sub nom Fibrosa Société Anonyme) v Fairbairn Lawson Combe Barbour Ltd [1942] UKHL 4; [1943] AC 32 (15 June 1942) ………… 293-294, 296, 327
Fisher v Bell [1961] 1 QB 394 DC ………… 203
Foakes v Beer (1884) 9 App Cas 605 HL ………… 197
Freeman v Cooke (1848) 2 Exch 654 ………… 172
Froom v Butcher [1976] QB 286 CA ………… 94

G

Gamerco SA v ICM Fair Warning (Agency) Ltd [1995] 1 WLR 1226 QBD ………… 296 (n.399)
Gardiner v Gray (1815) 4 Camp 144 ………… 263 (n.303)
George Mitchell v Finney Lock [1983] 2 AC 803 HL ………… 267
Gibson v Manchester City Council [1979] UKHL 6; [1979] 1 WLR 294 ………… 207-208
Glasgow Corporation v Muir [1943] AC 448 ………… 81
Glasgow Corporation v Taylor [1922] 1 AC 44 ………… 108
Glinski v McIver [1962] AC 726 ………… 75
Godfrey v Demon Internet [2001] QB 201 ………… 142

Carter v Boehm (1766) 3 Burr 1905; 97 ER 1162 ········· 242 (n.226)
Case of Prohibitions del Roy (1607) 12 Co Rep 63 ········· 11 (n.38)
Cassidy v Daily Mirror [1929] 2 KB 331 ········· 136
Cassidy v Ministry of Health [1951] 2 KB 343 ········· 82
Caswell v Powell Duffyn Associated Collieries [1940] AC 152 ········· 123
Central London Property Trust Ltd v High Trees House Ltd [1947] KB 130 HC ········· 198-199, 200
Centrovincial Estates plc v Merchant Investors Assurance Co [1983] Com LR 158 CA········· 172-173
Century Insurance v Northern Ireland Road Transport Board [1942] AC 509 ········· 117
Chadwick v British Railways Board [1967] 1 WLR 912 ········· 87
Chandler v Webster [1904] KB 493 CA ········· 327 (n.22)
Chappell & Co Ltd v Nestlé Co Ltd [1960] AC 87 HL········· 196 (n. 99)
Chase Manhattan Bank NA Ltd v Israel-British Bank (London) Ltd [1981] Ch 105 Ch ········· 331 (n.43)
Christie v Davey [1893] 1 Ch 316········· 126
Clunis v Camden and Islington Health Authority [1998] QB 978 CA ·········96-97
Cock v Vivian (1734) W Kel 203 ········· 325 (n.10)
Coggs v Barnard (1703) 2 Ld Raym 909 ········· 78 (n.27)
Collins v Wilcock [1984] 1 WLR 1172 CA, [1984] 3 All ER 374 ········· 72
Combe v Combe [1951] 2 KB 215 CA········· 195, 198 (n.107), 200
Condon v Basi [1985] 1 WLR 866 CA ·········95-96
Conlon v Simms [2006] EWHC 401 (Ch); [2006] EWCA Civ 1749········· 242 (n.228)
Co-operative Insurance Society Ltd v Argyll Stores (Holdings) Ltd [1998] AC 1 HL ········· 275 (n.324), 276 (n.328), 279 (n.338)
Cope v Sharpe [1912] 1 KB 496 ········· 71
Corkery v Carpenter [1951] 1 KB 102 ········· 35 (n.30)
Courtney & Fairbairn Ltd v Tolaini Brothers (Hotels) Ltd [1975] 1 WLR 297 CA ········· 188 (n.70)
Couturier v Hastie (1856) 5 HL Cas 673 ········· 232
Cox v Troy (1822) 5 B & Ald 474········· 201 (n.119)
Credit Lyonnais Bank Netherlands NV v Burch [1996] EWCA Civ 1292; [1997] 1 All ER144 (20 June 1996) ········· 253 (n.268)
Cundy v Lindsay (1878) 3 App Cas 459 HL········· 229 (nn.191-192)

D

D&C Builders Ltd v Rees [1966] 2 QB 617 CA ········· 199 (n.109)
Dakhyl v Labouchere [1908] 2 KB 325········· 139
Dalton v Angus (1881) 6 App Cas 740 ········· 119 (n.66)
Davies v London and Provincial Marine Insurance Co Ltd (1878) 8 ChD 469 ········· 242 (n.227)
Davis Contractors Ltd v Fareham Urban District Council [1956] UKHL 3 (19 April 1956) 291-292, 294
De Francesco v Barnum (1890) LR 45 ChD 430 CA ········· 275 (n.325)
Dearle v Hall (1828) 3 Russ 1 ········· 218 (n.173)
Denny, Mott & Dickson Ltd v James B Fraser & Co Ltd [1944] AC 265 ········· 293
Derbyshire County Council v Times Newspapers Ltd [1993] 1 All ER 1011 ········· 142-143
Derry v Peek [1889] UKHL 1; [1889] 14 App Cas 337 (1 July 1889) ········· 89, 235, 343 (n.3)
Dickinson v Dodds (1876) 2 ChD 463········· 204
Dimmock v Hallett (1866) 2 Ch App 21 ········· 237

Beaulieu v Finglam (1401) YB Pas. 2 Henry IV, fo. 18, pl. 6 ………………………… 79 (n. 28), 104 (n.51), 105 (n.59), 119 (n.68)
Bell v Lever Brothers Ltd [1932] AC 161 HL …………………………………………………… 232
Beswick v Beswick [1967] UKHL 2, [1968] AC 58 (29 June 1967) ……………………………… 222
Bettini v Gye (1876) LR 1 QBD 183 ……………………………… 259 (n.291), 260 (n.299), 264 (n.307)
Biffa Waste Services Ltd v Maschinenfabrik Ernst Hese GmbH [2008] EWCA Civ 1257 …… 120 (n. 73)
Bissett v Wilkinson [1927] AC 177 PC ……………………………………………………………… 238
Black v Christchurch Finance Co [1894] AC 48 PC 54……………………………………… 119 (n.67)
Black-Clawson International Ltd v Papierwerke Waldhof-Aschaffenburg AG [1975] UKHL 2; [1975] AC 591 (5 March 1975) ………………………………………………………… 34 (n.27)
Blackpool and Fylde Aero Club Ltd v Blackpool Borough Council [1990] 1 WLR 1195 CA … 345 (n.6)
Blyth v Birmingham Waterworks (1856) 11 Exch 78 ……………………………………………… 80
Bolam v Friern Hospital Management Committee [1957] 2 All ER 118 ……………………… 81
Bolitho v City and Hackney Health Authority [1998] AC 232 ………………………………… 81
Bolton v Mahadeva [1972] 2 All ER 1322 CA ………………………………………………… 281
Bolton v Stone [1951] AC 850 ……………………………………………………………………… 81
Bonnington Castings v Wardlow [1956] AC 613 …………………………………………………… 84
Boone v Eyre (1777) 1 Hy Bl 273n ……………………………………………………… 259 (n.290)
Bower v Peate (1876) LR 1 QBD 314 ………………………………………………………… 119 (n.66)
Brennan v Bolt Burden [2004] EWCA Civ 1017 ………………………………233 (n.210), 238 (n.221)
Brew Brothers v Snax [1970] 1 QB 612…………………………………………………………… 128
Brinkibon v Stahag Stahl [1983] 2 AC 34 ………………………………………………………… 206
British Railway Board v Herrington [1972] AC 877 HL ………………………………………… 106
British Westinghouse Electric and Manufacturing Co Ltd v Underground Electric Railways Company of London Ltd (No. 2) [1912] AC 673 HL ……………………………… 283 (n.350)
Broadmeadow v Rushden (1365) 103 Selden Society 422……………………………… 78 (n.26)
Broom v Morgan [1953] 1 QB 597 ………………………………………………………………… 116
Brown v Cotterill [1934] 51 TLR 21………………………………………………………………… 100
Bukton v Townsend (1348) Baker and Milsom 358 KB…………………………………… 104 (n. 50)
Bunge Corporation, New York v Tradax Export SA Panama [1981] 1 WLR 711 HL ……………… 264
Butler Machine Tool Co Ltd v Ex-Cell-O Corporation (England) Ltd [1979] 1 WLR 401 CA 207 (n.125)
Byrne v Deane [1937] 1 KB 818 …………………………………………………………………… 135
Byrne v Van Tienhoven (1880) 5 CPD 344 ………………………………………………………… 203

C

CIBC Mortgages plc v Pitt [1993] UKHL 7; [1994] 1 AC 200 (21 October 1993) ……239 (n.224), 249
CTN Cash and Carry Ltd v Gallaher ltd [1993] EWCA Civ 19; [1994] 4 All ER 714 (15 February 1993 ……………………………………………………………… 245 (n. 241, n.243)
Cable & Wireless Plc v IBM United Kingdom Ltd [2002] EWHC 2059 (Comm) …………… 345 (n.8)
Cambridge Water Co Ltd v Eastern Counties Leather plc [1993] UKHL 12, [1994] 2 AC 264 (9 December 1993) ……………………………………………………… 129, 131-132
Caparo Industries plc v Dickman [1990] UKHL 2; [1990] 2 AC 605 (8 February 1990) 79, 80, 89, 221
Capital & Counties Bank Ltd v Henty & Sons (1882) 7 App Cas 741 ……………………… 136
Carlill v Carbolic Smokeball Co Ltd [1893] 1 QB 256 CA ……………………………………… 202-203

（4） 判例索引

注１、（凡例）、253 (n.269) は本文頁番号（本文頁上の注番号）を表す。判例名は各編末注に記載。編末注の頁番号は無記載。

注２、船の名前で呼ばれる判例は、船名に The をつけて表示し、当事者名は（ ）内に記した。

A

Adams v Lindsell (1818) 1 B & Ald 681 …… 201, 205
Addis v Gramophone Co Ltd [1909] AC 488 HL …… 282 (n.346)
Alcock v Chief Constable of South Yorkshire Police [1991] UKHL 5, [1992] 1 AC 310 (28 November 1991) …… 87, 88
Alcock v Wraith (1991) 59 BLR 16 CA …… 119-120
Alfred McAlpine Construction Ltd v Panatown Ltd [2001] 1 AC 518 HL …… 222 (n.185)
Allcard v Skinner (1887) 36 ChD 145 CA …… 249 (n.258, n.259)
Allianz SpA v West Tankers Inc [2009] EUECJ C-185/07 (10 February 2009), [2009] 1 AC 1138 …… 55-57
American Cynamid v Ethicon [1975] AC 396 …… 153
Andrews v Initial Cleaning Services [1999] TLR 614 …… 114
Andrews v Hopkinson [1957] 1 QB 229 …… 99-100
Anglia Television Ltd v Robert Reed [1972] 1 QB 60 CA …… 281
Anns v Merton London Borough Council [1978] AC 728 …… 92
Anonymous case (1338) YB 11&12 Edw. III, Rolls Series, p. 587 (Common Pleas) …… 333 (n.54)
Arab News Network v Jihad Al Khazen [2001] EWCA Civ 118 …… 135
Ashbury Railway Carriage & Iron Co Ltd v Riche (1875) LR 7 HL 653 …… 255
Associated Japanese Bank (International) Ltd v Crédit du Nord SA [1989] 1 WLR 255 QBD 233 (n.208)
Atlas Express Ltd v Kafco (Importers and Distributors) Ltd [1989] 1 QB 833 QB …… 247 (n.249)
Aylesbury v Wattes (1382) YB Mich 6 Rich II p. 119, pl. 27; 103 Selden Society 47 234 (n.211), 258 (n.282)

B

BP Exploration Co (Libya) Ltd v Hunt (No. 2) [1983] AC 352 HL …… 297
Baird Textile Holdings Ltd v Marks & Spencer plc [2001] EWCA Civ 274 …… 201 (n.116)
Baker v Willoughby [1970] AC 467 …… 84
Balfour v Balfour [1919] 2 KB 571 CA …… 209
Banco de Portugal v Waterlow & Sons Ltd [1932] AC 452 HL …… 283 (n.349)
Bank of Credit and Commerce International SA v Aboody [1990] QB 923 CA …… 248
Bannerman v White (1861) 10 CBNS 844 …… 261
Banque Financière de la Cité SA v Westgate Insurance Co Ltd [1992] 2 AC 249 HL …… 242 (n.226)
Barclays Bank plc v O'Brien [1994] 1 AC 180 HL …… 250-251
Barnett v Chelsea and Kensington Hospital Committee [1969] 1 QB 428 …… 83
Barton v Armstrong [1973] UKPC 2; [1976] AC 104 …… 244
Baxter v Camden London Borough Council (1998) The Times, November 1 …… 128-129

（連合王国・下位立法）

（欧州連合立法）

（フランス民法典）

（ドイツ民法典）

（日本ボワソナード民法典）

（日本現行民法典）

(3) 法令索引

(連合王国・議会制定法)

A

B

C

D

E

F

H

I

J

L

ルズ首席裁判官）
LJ = Lord Justice of Appeal（控訴院裁判官）
MR = Master of Rolls（記録長官・控訴院民事部長）
SCJ = Justice of the Supreme Court（連合王国最高裁裁判官）

ノッティンガム卿（Earl of Nottingham, Heneage Finch, 1621-82, LC 1675-82）…186

ハ行

バークス（Birks, Peter, 1941-2004, Regius Professor of Civil Law, Oxford）… 51, 272, 299, 328-329, 331-334
バーロウ（Burrow, Sir James, d.1782）……… 49
パピニアヌス（Papinianus, Aemilius, floruit 203-d.212）……………………… 260
バルトルス（Bartolus de Saxoferrato, 1317-57）…………………………………………… 43
ビンガム（Bingham, Thomas, b.1933, MR 1992-1996, LCJ 1996-2000, Law Lord 2000-2009）…………………… 273, 297-298
プーフェンドルフ（Pufendorf, Samuel, 1632-94）…………………68, 76, 77, 186, 208
ブライトマン（Brightman, John, 1911-2006, Law Lord 1982-86）…………… 173
ブラウン・ウィルキンソン（Browne-Wilkinson, Nicolas Christopher Henry, b. 1930, Law Lord 1991-2000）………… 251
ブラクトン（Bracton, Henry de, d.1268, JKB 1247-57）……………………………… 11
ブラックストーン（Blackstone, Sir William, 1723-80, Vinerian Professor 1758-）…42, 48, 50, 105
ブラックバーン（Blackburn, Colin, 1813-1896, Law Lord 1876-96）… 172, 190, 237, 259, 260, 263, 290-291
プロウデン（Plowden, Edmund, 1518-85, Middle Temple）…………………… 49, 208
ヘイル（Hale, Sir Matthew, 1609-76, CBEx 1660-71, CJKB 1671-76）……………… 42, 50
ベンサム（Bentham, Jeremy, 1748-1832）… 45
ホールズベリー（Earl of Halsbury, Hardinge Stanley Giffard, 1823-1921）………… 27, 50
ホールト（Holt, Sir John, 1689-1710, CJKB 1689-1710）……………105, 168, 193, 323, 326
ポチエ（Pothier, Robert Joseph, 1699-1772） 174, 186, 201, 208, 225, 284, 291
穂積陳重（入江陳重）……………………… 164
ホフマン（Hoffmann, Leonard Hubert, b.1934, Law Lord 1995-2009）………………276, 279
ホルズワース（Holdsworth, Sir William Searle, 1871-1944, Vinerian Professor 1922-）……327
ポロック（Pollock, Sir Frederick, 1845-1937）……………………… 28, 48, 49, 50, 209
ポンポニウス（Pomponius, Sextus, floruit -118）………………………………… 325

マ行

マンスフィールド伯爵（Earl of Mansfield, William Murray, 1705-93, CJKB 1756-1788） 43, 168, 186, 193, 194, 208, 242, 259, 263, 299, 325, 326, 330-331
ミレット（Millett, Peter, b.1932, LJ 1994-98, Law Lord 1998-2004）………………230, 253
メイトランド（Maitland, Frederic William, 1850-1906, Downing Professor 1888-）… 48
メイン（Maine, Sir Henry James Sumner, 1822-1888）…………………………… 326

ラ行

ライト（Wright, Robert Alderson, 1869-1964, Law Lord 1932-35, MR 1935-37, Law Lord, 1937-47）………………………………45
レウェリン（Llewellyn, Karl, 1893-1962）… 175
ロイド（Lloyd, Anthony John Leslie, b.1929, Law Lord 1993-?）……………………… 282
ロック（John Locke）…………………………46

注

AG = Attorney-General（法務総裁）
CBEx = Chief Baron of the Exchequer（財務府裁判所首席判事）
CJ = Chief Justice（首席判事）
CJCP = Chief Justice of Common Pleas（人民間訴訟裁判所首席判事）
CJKB = Chief Justice of King's Bench（王座裁判所首席判事）
CJQB = Chief Justice of Queen's Bench（女王座裁判所首席判事）
floruit = 'flourished'（活躍時期）
J = High Court Judge（高等法院裁判官）
Law Lord（貴族院裁判官）
LC = Lord Chancellor（大法官）
LCJ = Lord Chief Justice（イングランド・ウェー

(2) 人名索引

ア行

アーチボルド（Archbold, John Frederick, 1785-1870, Lincoln's Inn）……………… 50
アトキン（Atkin, James Richard, 1867-1944, Law Lord 1928-44）……… 43, 45, 79, 134, 232
アモス（Amos, Andrew, 1791-1860）……… 48
アリストテレス（Aristotle, 384-321 BC） 47, 70, 76
アンソン（Anson, Sir William Reynell, 1843-1914, Vinerian Professor 1874-81）… 48, 51
アンダーソン（Anderson, Sir Edmund, 1527-1605, CJCP 1582-1605）……… 133
イェーリング（Jhering, Rudolph von, 1818-1892）…………………………… 346
ヴァイナー（Viner, Charles, 1678-1756） 49-50
ウィンフィールド（Winfield, Percy Henry, Rouse Ball Professor of English Law at Cambridge, 1928-43）………………… 50, 327
ウッドワード（Woodward, Frederic Campbell, floruit 1913）………………… 326
ウォーカー（Walker, Robert, b.1938, Law Lord 2002-2010, SCJ 2010-）………… 297
ウルピアヌス（Ulpianus, Domitius, c.170-223）……………………………… 213-215
エイミス（Ames, James Barr, 1846-1910）…326
エヴァンズ（Evans, William D. floruit 1806） 201
オースティン（Austin, John, 1790-1859）…164

カ行

ガイウス（Gaius, floruit 130-178）………… 51
カウパー（Cowper, Henry, 1758-1840, Middle Temple）…………………………… 49
キーナー（Keener, William, floruit 1893）…326
クック（Coke, Sir Edward, 1552-1634, AG 1594-1606, CJCP 1606-13, CJKB 1613-16）…………………………… 11, 49, 50, 168
グランビル（Glanvill, Sir Ranulf de, d.1190, CJ 1180-89）…………………… 11, 166, 179
グロチウス（Grotius, Hugo, 1583-1645） 68, 76, 214, 259-260, 326
コックバーン（Cockburn, Sir Alexander, 1802-80, AG 1851-52&1852-56 CJCP 1856-59, CJQB 1859-75, LCJ 1875-80）… 190

サ行

サヴィニー（Savigny, Friedrich Karl von, 1779-1861）……………… 163, 167, 186, 209
サンジェルマン（St. German, Christopher, d. 1540, Middle Temple）…………… 105, 192
スキナー（Skinner, Sir John, Chief Baron of the Exchequer 1777-87）……………… 193
スクラットン（Scrutton, Sir Thomas Edward, 1856-1934, LJ 1916-34）……………… 45
スタイン（Styn, Johan van Zyl, b.1932, Law Lord 1995-2005）…………………… 245, 345

タ行

ダイシー（Dicey, Albert Venn, 1835-1922, Vinerian Professor 1882-）………………… 48
ダグラス（Douglas, Sylvester, 1743-1833, Lincoln's Inn）……………………………… 49
チッティー（Thomas Chitty, 1802-78）…… 50
チャルマーズ（Chalmers, Sir Mackenzie Dalzell, 1847-1927）…………28, 167, 168, 174
チェッシャー（Cheshire, Geoffrey Chevalier, 1886-1978, Vinerian Professor 1944-49）… 50
ディプロック（Diplock, William John Kenneth, 1907-85, Law Lord 1968-?）… 173, 274, 286
デニング（Denning, Alfred Thompson, 1899-1999, J 1944-48, LJ 1948-57, Law Lord 1957-62, MR 1962-82）… 199, 207
デブリン（Devlin, Patrick Arthur, 1905-1992, Law Lord 1961-1964）…………… 79

ナ行

ニコルス（Nicholls, Donald, b.1933, Law Lord 1994-2007）…………………… 230, 251

ま行

民事責任の制限ないし排除の告示ないし特約（disclaimer）…………… 97-99, 266-271
名誉毀損（defamation）………… 68-69, 132-143
　絶対特権（absolute privilege）……138, 140
　相対特権（qualified privilege） 138, 140-141
無因性（Abstraktionsprinzip）…………166, 230
申込と承諾による意思の合致…… 201-208, 209
黙示条項（implied terms）………………… 262-263
目的論的解釈⇒ teleological interpretation
文字通り解釈則⇒ Literal Rule

や行

約因（⇒「約因」という意味以外の consideration もある）………… 5, 164-165, 183, 192-198, 209, 212, 224, 296
約因と経済的強迫（economic duress）… 198, 247
約因と第三者のためにする契約………… 224
約束違反の訴え（assumpsit super se et fideliter promisit）………68, 183, 184-185, 323-325
約束的禁反言（promissory estoppel） …… 196, 198-201, 348
約束の信託（trust of promise）… 219-220, 223-224
郵便による承諾の特例（postal rule ⇒ 発信主義）……………………………40, 205-206
ヨーロッパ契約法の統合、収斂等……… 194, 210-212, 230, 269-271, 345-346
傭船契約（charterparty） ………… 163, 176-179, 219-220, 223-224

ら行

リコール（自主回収）…………………… 101
履行拒絶（repudiation）…………… 278, 295, 298
リステイトメント（米契約法）……… 30, 175
リステイトメント（米原状回復法）…… 327
隣人原則⇒ neighbour principle, 過失

duty) ………………………… 68-69, 120-123
制定法の起草………………………………36-41
雪冤宣誓 (wage of law) ………………… 180, 257
接触暴行 (battery) ……………………72-73
絶対契約の法理 (doctrine of absolute contract)
288, 290
占居者責任 (occupiers' liability) ……… 68-69,
104-111
先制違反 (anticipatory breach) …………… 278
先制拒絶 (anticipatory repudiation) ……… 278
先例拘束性 (stare decisis) ………………… 25-26
訴訟方式 (forms of actions) ……… 7-10, 12-13, 68
損害賠償 (damages) ……………50, 144-152, 222,
240-241, 278-285,286-287
損害賠償額の予定 (liquidated damages)
184, 285
損害賠償の基準…………………… 144, 280-283
損害賠償の種類………………………… 144-145
損害賠償の範囲…… 86-86, 126, 240, 273, 283-285
損失補填 (indemnity) …………………… 240

た行

代位責任 (vicarious liability) ……… 68-69, 116-120
第三者のためにする契約…………… 39-41, 91,
213-216, 223-224,
大法官裁判所 (Court of Chancery「エクィ
ティ裁判所」) ………………… 13, 22, 184, 236
代理 (agency) …… 168-169, 216-217, 272, 273-275
大陸法 (Civil Law) ……………………… 21
中世ローマ法……………3-5, 11, 22-23, 27, 42-43,
46, 48, 289, 291
懲罰的損害賠償 (exemplary damages) …74, 144-145
定額債⇒ debt
典型契約⇒契約各論
ドイツ契約法とイギリス不法行為法…… 89,
90-93, 98, 112, 220-221
とがの訴え⇒侵害訴訟 (trespass) ……… 8-9
特定品⇒ detinue
特定履行 (specific performance) ……222, 274, 275

な行

捺印証書 (covenant, deed) …… 181-183, 184, 271

は行

陪審制…………………………… 7, 50, 74-6, 78
破邪顕正 (rights and wrongs) …………7-9, 187
発信主義 (承諾) ……………………40, 205-209
判例法の解釈………………………………42-45
非債弁済 (indebitum solutum) ………… 323, 325
ヒマラヤ条項……………………………217, 223
表示 (representation) …………………… 237-239
非良心的取引 (unconscionable bargain) 253, 254
不実表示 (misrepresentation ⇒表示) … 165, 226,
269, 341-342
付随条項 (warranties ⇒保証) ……… 234, 258,
263-265, 277
普通法 (ius commune) (⇒「中世ローマ
法」) ………………………… 3-4, 22-23, 42-43
物権行為⇒処分行為
物権的禁反言 (proprietary estoppel) ………… 200
不当威圧 (undue influence「過剰影響力」)
226, 243, 247-253, 349
不当利得 (unjust enrichment, cf. 原状
回復 restitution) ………… 226, 323-332, 346-348
船荷証券 (bill of lading) ………………217, 223
不法監禁 (false imprisonment) ……… 73, 74-76
不要式契約 (parol contract) ………… 180, 183,
192-193, 215, 276
フラストレーション (frustration) … 230, 287,
288-299
フランス民法典………………………… 4, 201
分離性 (Trennungsprinzip) ……………… 166
ベイルメント (bailment) …………… 9, 51,164
法圏 (Rechtskreis; legal family) ………… 12, 21
暴行 (assault) ………………………………72
法人の権利能力……………… 255-256, 325, 329
法曹ギルド (Inns of Court) ………… 11, 46, 48
法と道徳の峻別………………… 29-31, 297-298
法は既婚夫人に優しい (law's tender
treatment of married woman) …………252, 349
法律関係に入る意図 (intention to create
legal relationship) …………………… 208-209
保証 (権原や品質等の、warranty ⇒付随
条項) …………………… 184, 234, 238, 257-258

か行

過失（negligence）………… 43-45, 68-69, 76-99
因果関係（causation）………… 83-86, 168
寄与過失（contributory negligence）… 93-95
公序良俗違反…………………………96-97
心の傷（psychiatric injury）…………87-88
純粋に経済的損失（pure economic loss）
88-90, 164-165, 341-342
承諾（volenti non fit injuria）…………95-96
責任の引受（assumption of responsibility）
90-92, 165
損害の疎遠性（remoteness of damage）… 85
注意義務（duty of care）………… 78-83, 86-90
過失の不実表示…………………… 241, 341-342
過剰影響力（undue influence）⇒不当威圧
為替手形（bill of exchange）……… 28, 169, 208, 223
完全補償原則（principle of full compensation）
149-150
帰責論（theory of imputation）………… 68, 70, 76
教会法………………………… 42, 68, 74, 132-133
強迫（duress）…………………………… 244-247
金銭賠償原則の起源…………………… 271-273
金利スウォップ契約事件（swaps cases）… 255, 328-329, 331
苦痛と娯楽の喪失（慰謝料）（pain and suffering and loss of amenity）…… 149, 281-283
クリーンハンズの原則（clean hands）……… 276
経済的強迫（economic duress）… 198, 199, 201, 244
契約違反の法的帰結…………………… 271-287
契約解釈……………………………… 170-174
契約解除（termination）……………… 286-287
契約各論（典型契約）の欠如… 169-170, 176-178
契約条件（conditions, cf. 付随条項 warranties）
258, 259-261, 263-265, 277, 286
契約条項（terms of contract） 257, 261-263, 277
契約の根本的違反（fundamental breach）
277-278
契約の相対効（privity of contract）…… 212-224
契約の無効取消原因…………………… 225-256
契約前交渉の自由……………………… 187-191
欠陥補正則⇒ Mischief Rule
原因（causa, 契約の）………………… 192-193
厳格責任（strict liability）……………… 68, 179
原状回復（restitution）…… 168, 240, 259, 279-280
更改（novation）…………………………… 219
国王裁判所（King's Courts「コモンロー裁判所」）……… 13, 22, 26, 45, 75, 166, 168, 180, 184, 193, 236, 257, 271-272, 273-275
国王の平和（king's peace）……………… 9, 69
国際商慣習法（lex mercatoria）…………… 168
コモンロー（Common Law） 13, 21, 22, 26, 256
コモンロー裁判所⇒国王裁判所
コモンローの４つの意味 ………………… 22

さ行

債権行為（Verpflichtungsgeschäft）……… 166
債権譲渡……………………………… 217-218
裁判官の権威……………………………45-47
裁判所侮辱罪（contempt of court）……… 275
詐欺（deceit）… 68-69, 182, 184, 233-235, 257, 341-342
錯誤（mistake）…………………… 226, 227-233
差止命令（injunctions）……… 152-153, 274, 276
シートベルト……………………………… 94
時効……………………………… 71, 72, 143, 183
事情変更（⇒フラストレーション）…… 288-289
実定法主義（legal positivism）……………… 29
司法消極主義……………………………… 45
事務管理（negotiorum gestio）…………… 334
自由身分の土地所有（freehold）………… 8-9
証拠開示（disclosure）………………… 190-191
情報提供義務違反（non-disclosure）…… 242-244
使用者責任（employers' liability）……68, 112-115
処分行為（Verfügungsgeschäft）………… 166
侵害訴訟（trespass）……………8-9, 12, 67-76
侵害の事実訴権……………12, 69, 184-185, 272
信義則（Treu und Glauben; good faith）
29-31, 168, 169, 170-176, 349
神聖ローマ帝国…………………… 3, 22-23, 46
信託（trust）……………… 219-220, 323, 331-332
スコット法（Scots Law）……… 23, 136-137, 349
生活妨害（nuisance）………………………… 68
公的生活妨害（public nuisance）…… 129-131
私的生活妨害（private nuisance）…… 124-129
制裁金（penalties）の禁止 ……………… 184
製造物責任（product liability）…………69, 99-104
制定法解釈上の推定……………………… 35-6
制定法上の義務違反（breach of statutory

(1) 事項索引

著者紹介

幡新　大実（はたしん おおみ）
1966年生、1991年、東京大学法学部卒
1999年、ランカスター大学PhD
2003年、英国法廷弁護士（インナー・テンプル）
2004年、オックスフォード大学セント・アントニーズ・カレッジ上級客員研究員
2008年、オックスフォード大学欧州法比較法研究所客員フェロー
2010年、早稲田大学国際教養学部非常勤講師

主要著書
『国連の平和外交』（訳書）東信堂、2005年
『イギリスの司法制度』東信堂、2009年

イギリス債権法

2010年9月1日　　初　版第1刷発行　　〔検印省略〕

＊定価はカバーに表示してあります。

著者©幡新大実／発行者 下田勝司　　印刷・製本／中央精版印刷

東京都文京区向丘1-20-6　　郵便振替 00110-6-37828
〒113-0023　TEL (03) 3818-5521　FAX (03) 3818-5514
発行所 株式会社 東信堂

Published by TOSHINDO PUBLISHING CO., LTD.
1-20-6, Mukougaoka, Bunkyo-ku, Tokyo, 113-0023 Japan
E-mail : tk203444@fsinet.or.jp　http://www.toshindo-pub.com

ISBN978-4-88713-994-7　C3032

東信堂

〈未来を拓く人文・社会科学シリーズ〈全17冊・別巻2〉〉

科学技術ガバナンス	城山英明編	一八〇〇円
ボトムアップな人間関係—心理・教育・福祉・環境・社会の12の現場から	サトウタツヤ編	一六〇〇円
高齢社会を生きる—老いる人／看取るシステム	清水哲郎編	一八〇〇円
家族のデザイン	小長谷有紀編	一八〇〇円
水をめぐるガバナンス—日本、アジア、中東、ヨーロッパの現場から	蔵治光一郎編	一八〇〇円
生活者がつくる市場社会	久米郁夫編	一八〇〇円
グローバル・ガバナンスの最前線—現在と過去のあいだ	遠藤乾編	二二〇〇円
資源を見る眼—現場からの分配論	佐藤仁編	二〇〇〇円
これからの教養教育—「カタ」の効用	葛西康徳・鈴木佳秀編	二〇〇〇円
「対テロ戦争」の時代の平和構築—過去からの視点、未来への展望	黒木英充編	一八〇〇円
企業の錯誤／教育の迷走—人材育成の「失われた一〇年」	青島矢一編	一八〇〇円
日本文化の空間学	桑子敏雄編	二二〇〇円
千年持続学の構築	木村武史編	一八〇〇円
多元的共生を求めて—〈市民の社会〉をつくる	宇田川妙子編	一八〇〇円
芸術は何を超えていくのか？	沼野充義編	一八〇〇円
芸術の生まれる場	木下直之編	二〇〇〇円
文学・芸術は何のためにあるのか？	吉岡洋・岡田暁生編	二〇〇〇円
紛争現場からの平和構築—国際刑事司法の役割と課題	城山英明・石田勇治・遠藤乾編	二八〇〇円
〈境界〉の今を生きる	荒川歩・川喜田敦子・谷川竜一・内藤順子・柴田晃芳編	一八〇〇円
日本の未来社会—エネルギー・環境と技術・政策	城山英明・鈴木達治郎・角和昌浩編	二二〇〇円

〒113-0023　東京都文京区向丘1-20-6　TEL 03-3818-5521　FAX03-3818-5514　振替 00110-6-37828
Email tk203444@fsinet.or.jp　URL:http://www.toshindo-pub.com/

※定価：表示価格（本体）＋税